高等学校信息安全系列教材

网络空间安全：C语言程序设计

主　编　宋　军
副主编　杨　帆　童恒建

本丛书获得中国地质大学（武汉）本科教学工程项目基金（ZL201742）和中央高校教育教学改革基金（本科教学工程）资助

科学出版社
北　京

版权所有，侵权必究

举报电话：010-64030229，010-64034315，13501151303

内 容 简 介

本书内容以网络空间安全专业 C 语言程序设计基础知识和基本方法为核心，以培养基本程序设计能力、基础逻辑思维能力和学生自主学习能力为导向，同时有适当的密码学、信息论和计算数论知识的拓展。本书注重实用性和简洁性，以快速掌握程序设计思路和基本方法为出发点，突出解决问题的方法和实践应用的分析。全书主要包括以下内容：程序设计概述、算法简介、C 语言程序设计基础、选择结构程序设计、循环结构程序设计、数组、函数与模块化程序设计、位操作、指针、结构体、文件。

本书体系完整、结构严谨、内容简洁、强调实效，编写过程中兼顾学习效果和学习目标，并配有各种题型的习题，同时适当地引入了一些针对密码学、信息论和计算数论知识的教学案例及应用问题。为便于读者学习与复习，本书在每章后提供了主要知识点小结，并在附录部分提供了 Visual Studio 2017 的使用和调试方法（详见附录 6）、12306 网站预订火车票系统源代码及其分析（详见附录 7）。

本书可作为工科一、二年级本科生 C 语言程序设计学习教材，也可作为全国计算机等级考试二级 C 语言参考教材。

图书在版编目（CIP）数据

网络空间安全：C 语言程序设计/宋军主编. —北京：科学出版社，2018.10
高等学校信息安全系列教材
ISBN 978-7-03-058798-5

Ⅰ. ①网… Ⅱ. ①宋… Ⅲ. C 语言-程序设计-高等学校-教材
Ⅳ. TP312.8

中国版本图书馆 CIP 数据核字（2018）第 210499 号

责任编辑：闫　陶 / 责任校对：董艳辉
责任印制：彭　超 / 封面设计：彬　峰

科 学 出 版 社 出版
北京东黄城根北街 16 号
邮政编码：100717
http://www.sciencep.com

武汉市首壹印务有限公司 印刷
科学出版社发行　各地新华书店经销
*

2018 年 10 月第 一 版　开本：787×1092　1/16
2018 年 10 月第一次印刷　印张：17 1/4
字数：390 000
定价：60.00 元
（如有印装质量问题，我社负责调换）

前　言

计算思维（computational thinking）作为人类三大科学思维（理论思维、实验思维、计算思维）方式之一，涉及运用计算机科学的基本概念去求解问题、设计系统和理解人类的行为，涵盖了反映计算机科学广泛性的一系列思维活动。计算思维关注的核心内容是人的思维方式和求解问题的能力，是通过约简、嵌入、转化和仿真等方法，将一个看似困难的问题重新阐释成一个可以理解并解决的问题，将计算思维渗透到 C 语言程序设计教学中，以系统化、逻辑化、结构化的思维方式理解、分析和解决计算问题，从分析需求、划分问题、设计算法、编写程序、编辑调试一系列程序设计环节，培养和提升计算思维和实验思维能力，逐步形成一套自发的、良好的分析方法和编程习惯。

本教材力图在遵循教师教学规律和学生认知规律的基础上，将程序设计语言教学作为一个"生动鲜活"的载体，以快速掌握程序设计思想和基本方法为出发点，突出解决问题的方法和实践应用的分析过程，避免机械的规则学习和被动的语法记忆，帮助学生在有限时间里快速构建工程化、系统化、结构化程序设计的思想和方法。本书内容以信息安全专业 C 语言程序设计基础知识和基本方法为核心，以培养基本程序设计能力、基础逻辑思维能力和学生自主学习能力为导向，同时有适当的相关密码学、信息论和计算数论知识的拓展。

C 语言程序设计通常作为信息安全和计算机等相关专业本科学习的基础性专业课程，肩负着全面、系统地介绍计算机和信息安全基础知识，对后继专业课程奠定基础和引领方向的作用。

本书共 11 章，包括程序设计概述、算法简介、C 语言程序设计基础、选择结构程序设计、循环结构程序设计、数组、函数与模块化程序设计、位操作、指针、结构体、文件。教材内容可划分为认知、基础、巩固和提高 4 个阶段。其中，程序设计概述、算法简介、C 语言程序设计基础 3 章重点突出基本概念、定义、语法的理解和学习；选择结构程序设计、循环结构程序设计、数组 3 章侧重基本编程思想、问题分析思路、解决方法和技巧；函数与模块化程序设计、位操作 2 章是对前述内容的深化和相关知识的扩展；指针、结构体、文件 3 章注重逻辑思维能力的培养和编程技能的提升。全书各章节在教学内容安排和知识点组织方面，力图综合考虑知识的深度和内容的广度，达到逐步培养编程能力和提升逻辑思维能力的目的。

本书由宋军、杨帆、童恒建、顿明、王开心等编著。第 1~3 章由宋军编写，第 4~6 章由童恒建编写，第 7、10、11 章由杨帆编写，第 8 章由顿明编写，第 9 章由王开心编写。全书由宋军、杨帆、童恒建统稿，武汉大学彭国军教授、沈志东教授主审。感谢本教学团队成员的支持帮助。由于编者水平有限，书中难免有疏漏和不妥之处，恳请读者批评指正。

作　者

2018 年 8 月 1 日

于中国地质大学（武汉）

目 录

第1章 程序设计概述 ... 1
1.1 计算机与程序设计 ... 1
1.1.1 为计算机科学做出突出贡献的三位著名科学家 ... 1
1.1.2 冯·诺伊曼体系结构 ... 2
1.1.3 计算机系统层次结构及语言级 ... 3
1.1.4 计算机语言 ... 4
1.1.5 程序、程序设计和程序设计语言 ... 5
1.1.6 三种基本程序结构 ... 5
1.2 C语言的发展、特点及程序设计 ... 6
1.2.1 C语言的发展 ... 6
1.2.2 C语言的特点 ... 6
1.2.3 C语言程序设计过程 ... 7
1.3 C语言的课程特点及学习方法 ... 8
1.4 简单的C语言程序 ... 9
1.5 C语言程序编写规范 ... 11
1.6 本章小结 ... 12
习题1 ... 13

第2章 算法简介 ... 15
2.1 简单的程序举例 ... 15
2.2 算法的特性 ... 17
2.3 怎样表示一个算法 ... 17
2.3.1 自然语言 ... 18
2.3.2 流程图 ... 18
2.3.3 伪代码 ... 20
2.3.4 用计算机语言表示算法 ... 21
2.4 结构化程序设计方法 ... 22
2.5 凯撒密码 ... 22
2.6 本章小结 ... 25
习题2 ... 25

第3章 C语言程序设计基础 ... 26
3.1 简单的顺序程序设计 ... 26
3.2 数据的表现形式及运算 ... 27
3.2.1 数据类型 ... 27
3.2.2 标识符、常量和变量 ... 28

  3.2.3　数据类型及其表示形式···29
 3.3　常见运算符及其表达式··33
  3.3.1　运算符优先级和结合性···33
  3.3.2　算术、赋值运算符及其表达式···33
  3.3.3　自增、自减运算符及其表达式···34
  3.3.4　关系运算符和关系表达式··35
  3.3.5　逻辑运算符和逻辑表达式··35
  3.3.6　类型转换运算符···36
  3.3.7　逗号运算符··37
 3.4　C 语句的作用与分类···38
 3.5　基本的输入和输出··39
  3.5.1　printf()函数和 scanf()函数···39
  3.5.2　字符输入和输出···42
 3.6　欧几里得算法···44
 3.7　本章小结··45
 习题 3··45
第 4 章　选择结构程序设计···47
 4.1　选择结构和条件判断···47
 4.2　用 if 语句实现选择结构···47
 4.3　条件表达式的值··48
 4.4　条件运算符···48
 4.5　选择结构的嵌套··49
 4.6　switch 分支选择··51
 4.7　本章小结··54
 习题 4··55
第 5 章　循环结构程序设计···56
 5.1　while 循环···56
 5.2　do...while 循环···58
 5.3　用 for 语句实现循环···59
 5.4　循环的嵌套···62
 5.5　改变循环的执行状态···64
  5.5.1　break 语句··64
  5.5.2　continue 语句··64
 5.6　Feistel 结构轮函数···65
 5.7　本章小结··68
 习题 5··68
第 6 章　数组···70
 6.1　一维数组··70
  6.1.1　怎样定义一维数组··70

  6.1.2 怎样引用一维数组元素 ································· 71
  6.1.3 一维数组初始化 ····································· 71
  6.1.4 一维数组程序举例 ··································· 72
 6.2 二维数组 ··· 73
  6.2.1 怎样定义二维数组 ··································· 74
  6.2.2 怎样引用二维数组元素 ······························· 74
  6.2.3 二维数组初始化 ····································· 75
  6.2.4 二维数组程序举例 ··································· 77
 6.3 字符数组 ··· 78
  6.3.1 怎样定义字符数组 ··································· 78
  6.3.2 字符数组初始化 ····································· 78
  6.3.3 怎样引用字符数组中的元素 ··························· 78
  6.3.4 字符串和字符串结束标志 ····························· 79
  6.3.5 字符串的输入和输出 ································· 80
  6.3.6 使用字符串处理函数 ································· 84
  6.3.7 字符数组应用举例 ··································· 87
 6.4 CBC 加密模式 ··· 88
 6.5 本章小结 ··· 90
习题 6 ··· 91

第 7 章 函数与模块化程序设计

 7.1 怎样定义函数 ··· 93
 7.2 函数的调用 ··· 95
  7.2.1 函数的调用形式 ····································· 95
  7.2.2 函数调用时的数据传递 ······························· 95
  7.2.3 函数调用的过程 ····································· 97
  7.2.4 函数的返回值 ······································· 97
 7.3 对被调用函数的声明和函数原型 ··························· 98
  7.3.1 被调用函数的声明 ··································· 98
  7.3.2 函数原型 ··· 99
 7.4 函数的嵌套调用 ··· 99
 7.5 函数的递归调用 ·· 101
 7.6 数组作为函数参数 ······································ 102
  7.6.1 数组元素作函数参数 ································ 102
  7.6.2 数组名作函数参数 ·································· 103
  7.6.3 多维数组名作函数参数 ······························ 107
 7.7 局部变量和全局变量 ···································· 109
  7.7.1 局部变量 ·· 109
  7.7.2 全局变量 ·· 110
  7.7.3 变量的存储方式和生存期 ···························· 112

7.8	关于变量的声明和定义	112
7.9	内部函数和外部函数	113
7.9.1	内部函数	114
7.9.2	外部函数	114
7.9.3	常用函数库	116
7.10	MD5 匹配	116
7.11	本章小结	118
习题 7		118

第 8 章 位操作 120

8.1	二进制简介	120
8.1.1	二进制与十进制的转换	120
8.1.2	十六进制、八进制与十进制、二进制的转换	120
8.2	计算机数据的表示形式	121
8.2.1	原码	122
8.2.2	反码	122
8.2.3	补码	122
8.2.4	带符号数的运算	123
8.3	位操作	123
8.4	位操作的应用	126
8.5	位操作程序实例	130
8.6	S 盒	131
8.7	本章小结	133
习题 8		134

第 9 章 指针 135

9.1	地址和指针的概念	135
9.1.1	地址的概念	135
9.1.2	取址运算	136
9.1.3	指针变量的概念	137
9.1.4	定义和使用指针变量	137
9.1.5	指针变量的运算	142
9.2	通过指针引用数组	145
9.2.1	数组元素的指针	145
9.2.2	通过指针引用一维数组元素	147
9.2.3	通过指针引用二维数组元素	149
9.3	字符串指针	154
9.3.1	指向字符数组的指针	154
9.3.2	指向字符串的指针	155
9.3.3	字符串指针与字符数组	157
9.4	指针数组和数组指针	160

9.5 函数指针和指针函数 166
9.5.1 函数指针的定义 166
9.5.2 函数指针的赋值 166
9.5.3 通过函数指针调用函数 166
9.5.4 指针函数的定义 169
9.5.5 函数指针作为函数参数 170
9.5.6 指针变量作为函数参数 171
9.5.7 数组作为函数参数 172
9.6 S-DES 算法 174
9.7 本章小结 181
习题 9 181

第 10 章 结构体 183
10.1 结构体类型 183
10.1.1 结构体变量的声明 183
10.1.2 结构体变量的定义 184
10.1.3 结构体变量的初始化和引用 185
10.1.4 结构体数组 186
10.1.5 结构体指针 186
10.1.6 结构体指针作为函数参数 187
10.2 链表 187
10.2.1 什么是链表 188
10.2.2 链表节点的创建 188
10.2.3 链表的基本操作 189
10.3 枚举类型 190
10.4 共用体 191
10.4.1 共用体变量的定义 191
10.4.2 共用体变量的引用 192
10.4.3 共用体变量的初始化 193
10.5 用 typedef 声明新类型名 193
10.6 本章小结 194
习题 10 194

第 11 章 文件 195
11.1 文件概述 195
11.1.1 文件的概念 195
11.1.2 文件操作的基本流程 195
11.1.3 文件分类 196
11.1.4 文件类型指针 197
11.2 文件的打开和关闭 197
11.2.1 文件的打开 197

11.2.2	文件的关闭	198
11.3	文件的读和写	198
11.3.1	字符读/写函数	198
11.3.2	数据块读/写函数	200
11.3.3	格式化读/写函数	202
11.4	文件的定位	203
11.4.1	fseek()函数	203
11.4.2	rewind()函数	204
11.4.3	ftell()函数	204
11.5	文件操作中的错误检测	205
11.5.1	ferror()函数	205
11.5.2	feof()函数	205
11.5.3	clearerr()函数	205
11.6	本章小结	205
习题 11		206
参考文献		207
附录 1	**ASCII 码对照表**	208
附录 2	**运算符优先级表**	210
附录 3	**C 语言常用库文件**	212
附录 4	**C 语言常用库函数**	214
附录 5	**C 语言常见错误对照表**	218
附录 6	**Visual Studio 2017 的使用和调试方法**	226
附录 7	**12306 网站预订火车票系统源代码及其分析**	240

第 1 章　程序设计概述

21 世纪，信息科学与技术飞速发展，大数据、智能化、云计算、物联网以及移动互联网结合的"大智云物移"，代表了当前信息技术发展新阶段的时代特征。信息资源是一种重要的生产要素和社会财富，信息的获取、存储、处理及安全保障能力成为一种国家软实力和竞争力的重要标志。信息安全与信息"如影随形"，哪里有信息，哪里就有信息安全问题。

网络空间安全学科是计算机、电子、通信、数学、物理、生物、管理、法律和教育等学科交叉融合而形成的一门交叉学科[1]，有明确的研究对象和鲜明的学科特点，具备相对独立的理论体系和技术方法。它与这些学科既有紧密的联系，又有本质的不同，从而构成了一个独立的一级学科。当前，网络空间安全学科的主要研究方向包括密码学、网络安全、信息系统安全、信息内容安全和信息对抗等。网络空间安全学科的定义是：网络空间安全学科是研究信息获取、信息存储、信息传输和信息处理领域中信息安全保障问题的一门新兴学科[1]。信息安全问题的典型特征是人与人、技术与技术之间的对抗，它会随着时代发展和技术进步不断演进和革新。相应地，信息安全课程教学和人才培养一直是一个新事物，有不断变化发展的基础理论、技术体系和应用体系，并且有鲜明的时代背景和专业特殊性。

1.1　计算机与程序设计

1.1.1　为计算机科学做出突出贡献的三位著名科学家

20 世纪，计算机科学与技术取得了巨大进步。其中，三位著名科学家（图 1.1）艾伦·马西森·图灵（Alan Mathison Turing，1912—1954）、约翰·冯·诺伊曼（John von Neumann，1903—1957）、克劳德·埃尔伍德·香农（Claude Elwood Shannon，1916—2001）为计算机和通信科学的发展做出了突出贡献，以下简要介绍他们的经历和贡献。

(a) 艾伦·马西森·图灵　　(b) 约翰·冯·诺伊曼　　(c) 克劳德·埃尔伍德·香农

图 1.1　为计算机科学做出突出贡献的三位著名科学家

（1）艾伦·马西森·图灵，英国著名数学家、逻辑学家、密码学家，被称为计算机科学之父、人工智能之父。1936 年，图灵在 Journal of the London Mathematical Society 权威数学杂志上，发表了一篇题为 On Computable Numbers, with an Application to the Entscheidungs Problem 数字计算在决断难题中的应用的论文。在这篇开创性的论文中，图灵给"可计算性"做出了一个严格的数学定义，提出了著名的"图灵机"（Turing machine）设想，这一理论奠定了现代计算机的理论基础，从理论上证明了通用数字计算机的可行性。图灵曾协助盟军破解德国的著名密码系统 Enigma，为第二次世界大战中取得胜利做出了不可磨灭的贡献。图灵是计算机逻辑的奠基者，提出了"图灵机"和"图灵测试"等重要概念。人们为纪念其在计算机科学领域的卓越贡献专门设立了"图灵奖"，图灵奖被誉为"计算机界的诺贝尔奖"。

（2）约翰·冯·诺伊曼是 20 世纪最杰出的数学家之一。1945 年，冯·诺伊曼提出了"存储程序"设计思想和二进制原理，为电子计算机的逻辑结构设计奠定了基础，成为计算机设计的基本原则。冯·诺伊曼理论的要点是：数字计算机的数制采用二进制；计算机按照程序顺序执行。人们将冯·诺伊曼的这个理论称为冯·诺伊曼体系结构。从 ENIAC 到当前最先进的计算机几乎都采用了冯·诺伊曼体系结构。由于在计算机逻辑结构设计上的伟大贡献，冯·诺伊曼被誉为"计算机之父"。

（3）克劳德·埃尔伍德·香农是美国数学家、信息论的创始人。香农分别在 1948 年和 1949 年在 Bell System Technical Journal 上发表了具有深远影响的论文——A Mathematical Theory of Communication 和 Communication in the Presence of Noise，这两篇论文成为了信息论的奠基性著作。论文阐明了通信的基本问题，给出了通信系统的模型，提出了信息量的数学表达式，解决了信道容量、信源统计特性、信源编码、信道编码等一系列基本问题，首次引入了"比特"（bit）和信息"熵"等重要概念。1949 年，香农又发表了另外一篇重要论文——Communication Theory of Secrecy Systems，提出了保密系统的数学模型、完善保密性、理想保密系统、唯一解距离、理论保密性和实际保密性等重要概念，开创了信息理论研究密码的新途径，这一贡献的重要意义在于使保密通信"由艺术变成科学"。香农的开创性研究奠定了现代数字通信的理论基础，他被誉为"信息论及数字通信之父"。

1.1.2　冯·诺伊曼体系结构

冯·诺伊曼计算机主要包括存储器、运算器、控制器、输入设备和输出设备 5 个部件，如图 1.2 所示。其中：

（1）存储器用来存放数据和程序；

（2）运算器主要运行算术运算和逻辑运算，并将中间结果暂存到运算器中；

（3）控制器主要用来控制和指挥程序与数据的输入、运行，以及处理运算结果；

（4）输入设备用来将人们熟知的信息形式转换为计算机能够识别的信息形式，常见的有键盘、鼠标等；

（5）输出设备可以将机器运算结果转换为人们熟知的信息形式，如打印机输出、显示器输出等。

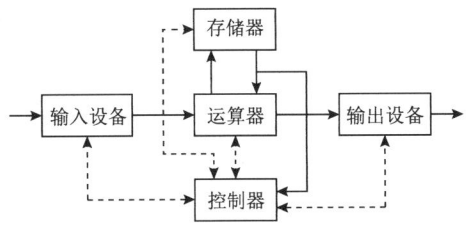

图 1.2 典型的冯·诺伊曼计算机结构框图

冯·诺伊曼体系结构具有以下特点：指令和数据均采用二进制码表示；指令和数据不加区别地混合存储在同一个存储器中，均可按地址寻访；指令由操作码和地址码组成，操作码用来表示操作的性质，地址码用来表示操作数在存储器中的位置；指令在存储器中按顺序存放，一般指令是按顺序执行的；在特定条件下，可以根据运算结果或者设定的条件改变执行顺序；典型的冯·诺伊曼计算机以运算器为中心，输入设备、输出设备和存储器的数据通过运算器进行传递。

冯·诺伊曼计算机工作原理（CPU 工作原理），可简单描述为一个不断取出指令、分析指令、执行指令的程序执行过程，即本质上采取串行顺序处理的工作机制，逐条执行指令序列，如图 1.3 所示。

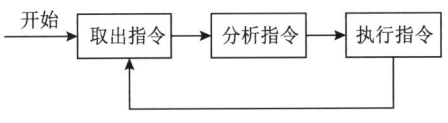

图 1.3 冯·诺伊曼计算机工作原理

1.1.3 计算机系统层次结构及语言级

现代计算机系统是由紧密相关的硬件（固件）和软件组成的一个复杂整体。为便于从整体上进行描述、分析和设计，人们从使用语言的角度出发，将计算机系统按功能划分为 5 个层次级别，每一层以一种语言为特征。计算机系统的层次结构及语言级如图 1.4 所示。

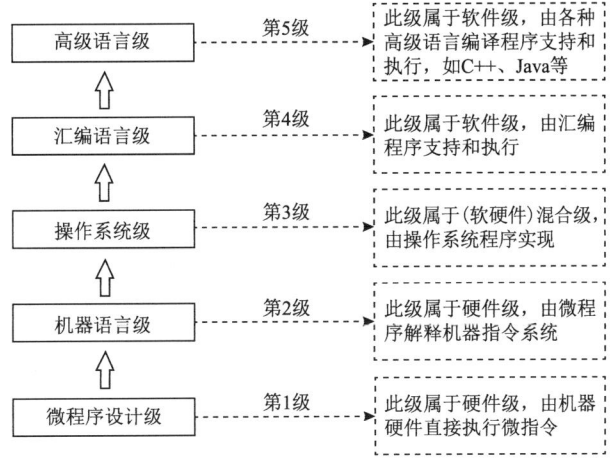

图 1.4 计算机系统层次结构及语言级

图 1.4 中，按照从下到上的顺序，计算机系统层次结构及语言级主要功能和特点如下：

第 1 级，微程序设计级，属于硬件级，由机器硬件直接执行微指令，构成计算机系统最底层的硬件系统。这一级通常由组合逻辑和时序逻辑电路实现。

第 2 级，机器语言级，也属于硬件级，由微程序解释机器指令系统。这一级控制硬件系统的操作。计算机能够直接识别和执行机器语言。

第 3 级，操作系统级，属于（软硬件）混合级，由操作系统程序实现，由机器指令和广义指令组成。这一级统一管理和调度计算机系统中的各类软、硬件资源，支撑其他系统软件和应用软件运行。

第 4 级，汇编语言级，属于软件级，由汇编程序支持和执行。这一级给程序设计人员提供了一种符号形式语言，即汇编语言，用以减少程序编写的复杂性。

第 5 级，高级语言级，也属于软件级，由各种高级语言编译程序支持和执行。这一级面向用户，为方便用户编写应用程序而设置。高级语言程序经编译程序翻译成汇编语言（或某种中间语言程序，或机器语言程序）后执行。

以上这种层次划分不是绝对的。除第 1 级外，其他各级通常都需要下面各级及其程序的支持。其中，第 1~3 级编写程序使用的语言基本上是二进制语言，机器执行和解释较容易；第 4~5 级编写程序使用的语言一般是符号语言，用英文字母和符号来表示程序，便于人们理解和使用。各层次之间关系紧密，上层是下层功能的扩展，下层是上层的基础，这是计算机系统层次结构的一个特点。

1.1.4 计算机语言

计算机语言的发展是一个不断演化进步的过程。计算机语言有高级语言和低级语言之分。低级语言分机器语言（二进制语言）和汇编语言（符号语言），这两种语言都是面向机器的语言，和具体机器的指令系统密切相关。机器语言用指令代码编写程序，而符号语言用指令助记符来编写程序。高级语言是较接近自然语言和数学公式的编程语言，是以人类的自然语言为基础的编程语言。简单来说，计算机语言演化大体经历了机器语言、汇编语言、高级语言三个阶段，以下简要介绍这三个阶段的特点和区别。

（1）机器语言是计算机唯一能识别和执行的语言。机器语言由二进制码组成，每一串二进制码称为一条指令。一条指令规定了计算机执行的一个动作。一台计算机所能懂得的指令的全体，称为这台计算机的指令系统。不同型号的计算机的指令系统不同。

（2）汇编语言是一种广泛应用于电子计算机、微处理器、微控制器或其他可编程器件的低级语言，亦称为符号语言。在汇编语言中，用助记符代替机器指令的操作码，用地址符号或标号代替指令或操作数的地址。在不同设备中，汇编语言对应不同的机器语言指令集，通过汇编过程转换成机器指令。也就是说，特定的汇编语言和特定的机器语言指令集是一一对应的。因此，汇编语言程序难以在不同平台之间移植。

（3）高级语言是相对于汇编语言和机器语言而言的。高级语言是较接近自然语言和数学公式的编程语言，是以人类的自然语言为基础的编程语言，基本脱离了机器的硬件系统。高级语言包括很多编程语言，如 Java、C、C++、C#、python、Lisp、Prolog 等，这些语言通常具有不同的语法和命令格式。高级语言包括结构化高级语言和面向对象语言等，此处不再赘述。

通常来说，高级语言与计算机的硬件结构及指令系统无关，可更好地表示数据的运算和程序的控制结构，能方便地描述各种算法，也更容易学习掌握。高级语言编译生成的程序代码一般较长，执行速度较慢。相对于高级语言而言，汇编语言更适合编写一些对速度和代码长度要求高或直接控制硬件的程序。

1.1.5 程序、程序设计和程序设计语言

计算机程序，也称为软件或程序，通常是指一组指示计算机或其他具有信息处理能力的装置执行动作或做出判断的指令。简单来说，计算机程序是人们为了解决某种问题，用计算机可以识别的语言和代码编写的一系列数据处理步骤，是计算机能识别的一系列指令的集合[2]。它通常用某种程序设计语言编写，运行于某种目标体系结构上，计算机能严格按照这些步骤和指令操作。

程序设计是针对实际问题，给出解决这个问题的程序构造的过程和步骤。程序设计通常以某种程序设计语言为工具，根据解决这个问题所需的步骤，给出这种语言下的程序。程序设计过程一般包括分析、设计、编码、测试、纠错、优化等阶段。程序是结果和目标，程序设计是过程。

程序设计语言是用于书写计算机程序的语言。通俗地说，这类语言是以一组记号和一组规则为基础，根据规则并由记号构造的记号串总体。在程序设计语言中，这些记号串就称为程序。程序设计语言包括三个方面的要素，即语法、语义和语用。程序设计语言是为方便人们进行程序设计提供的一种工具，是编写程序、表达算法的一种"约定"，是人与计算机进行交流的一种手段[3]。程序设计语言随着计算机技术的发展而不断发展。

1.1.6 三种基本程序结构

在日常生活中，我们可以找到很多程序设计的例子。例如，一个学生早晨起床后的行为可以描述为：起床；刷牙；洗脸；吃饭；早自习；上课。这是一种最常用的程序结构——"顺序结构"。顺序结构程序设计比较简单，只需要按照解决问题的顺序实现相应的程序语句，执行顺序自上而下，依次执行。又如，12306 网站预订火车票，这是一个较复杂的例子，用户行为可以描述为以下步骤：

（1）进入 12306 客服中心官网。
（2）用户登录：①输入用户名、密码，图片验证码；
　　　　　　　　②如输入错误，重新输入，直至输入正确。
（3）车票预订：①选择乘车区间；
　　　　　　　　②选择乘车时间；
　　　　　　　　③选择乘车类型；（如车次等）
　　　　　　　　④选择乘车人；
　　　　　　　　⑤确认提交。

(4）网上支付：①选择支付类型；
②选择支付银行；
③如支付成功，打印和保存支付凭据。

上述行为由一系列操作步骤组成，仅采用简单的顺序结构进行设计是不够的，还存在根据判断条件分情况处理的情形（如步骤（4）），以及重复执行一组操作的情形（如步骤（2）），这两种情形分别称为选择（分支）结构和循环结构。其中，典型的顺序结构如步骤（3）中①~⑤所示。如果用户对步骤（3）中车票预订结果不满意，可以修改步骤（3）中的选择并重复提交，这样就产生了一个新的循环结构。

在程序设计实践中，顺序结构、选择结构和循环结构一般不是彼此孤立的，在循环中可以有选择、顺序结构；在选择中也可以有循环、顺序结构。在实际编程过程中，常将这三种结构相互结合以实现各种复杂的程序。顺序结构、选择结构和循环结构是结构化程序设计的三种基本结构。按照结构化程序设计的观点，任何一个程序都仅由顺序、条件和重复三种基本程序结构组成。参见本书附录 7 提供的 12306 网站预订火车票系统源代码及其分析。

1.2　C 语言的发展、特点及程序设计

1.2.1　C 语言的发展

C 语言是一种通用的计算机编程语言，被广泛应用于系统软件与应用软件的开发。1969~1973 年，为了移植与开发 UNIX 操作系统，美国贝尔实验室（Bell Labs）丹尼斯·里奇（Dennis Ritchie）与肯·汤普森（Ken Thompson），以 B 语言为基础，设计出一种新的程序设计语言——C 语言。1978 年，布里安·克尼汉（Brian Kernighan）和丹尼斯·里奇合著并出版了 *The C Programming Language* 一书。20 世纪 80 年代，为了避免各开发厂商采用的 C 语言语法差异，美国国家标准局为 C 语言制定了一套完整的国际标准语法，称为 ANSI C，作为 C 语言的标准。至今，许多程序开发工具都支持 ANSI C 语法。

C 语言具有高效、灵活、功能丰富、表达力强和可移植性较高等特点，在程序员中备受青睐，是近几十年来使用最广泛的编程语言之一。目前，C 语言编译器普遍存在于各种不同的操作系统中，如 Microsoft Windows、Mac OS X、Linux、UNIX 等。C 语言的设计影响了后来众多的编程语言，如 C++、Objective-C、Java、C#等。1983 年，丹尼斯·里奇与肯·汤普森共同获得了图灵奖。

1.2.2　C 语言的特点

20 世纪 80 年代，C 语言的强大功能和各方面优点逐渐为人所知，并很快在各类计算机上广泛使用，成为当时最优秀的程序设计语言之一。C 语言主要特点如下。

（1）语言简洁紧凑，使用灵活方便。C 语言共有 32 个关键字、9 种控制语句，程序书写形式较自由。C 语言将高级语言的基本结构和语句与低级语言的实用性结合起来，可以像汇编语言一样对位、字节和地址进行操作[2]。其中，位、字节和地址是计算机最

基本的工作单元。

（2）运算符丰富，支持多种数据结构。C 语言运算符包含范围广泛，共有 34 种运算符。C 语言将括号、赋值、强制类型转换等都作为运算符处理。C 语言运算类型也十分丰富，表达式类型多样化。灵活使用各种运算符，可以使一些运算更加简单，并可以实现在其他高级语言中难以完成的运算[2]。C 语言支持多种数据结构，如整型、数组类型、指针类型和联合类型等。

（3）数据类型丰富，表达方式灵活、实用。C 语言的数据类型有整型、实型、字符型、数组类型、指针类型、结构体类型、共用体类型等。这些数据类型能用来实现各种复杂的数据结构及运算，如链、表、树、栈等。C 语言引入了指针概念，使程序运行效率更高，使用起来也更加灵活。C 语言也提供了多种运算符和表达式构建方法，程序设计更主动、更灵活。C 语言语法不太严格，程序设计自由度大，如整型、字符型与逻辑型数据可以通用和转换等。

（4）可直接对硬件进行操作，代码可移植性好。由于 C 语言允许直接访问物理地址，因而它可以直接对硬件进行操作，兼具高级语言和低级语言的许多优点，能够像汇编语言一样对位（bit）、字节和地址进行操作，可用来编写系统软件[2]。C 语言编译器广泛使用在不同类型的计算机及其操作系统中。因此，采用 C 语言编写的程序可以几乎不改动，便应用于其他计算机及其操作系统中。

（5）程序执行效率高，支持功能丰富。采用 C 语言编写程序，通常比汇编语言更便捷，程序可读性更好，易于调试和修改。C 语言通常比汇编程序生成的目标代码效率低 10%～20%[2]，可用来编写系统软件和开发应用软件。此外，C 语言具有强大的图形处理能力，支持丰富的图形函数和多种显示器等。

1.2.3　C 语言程序设计过程

一个解决实际问题的 C 语言程序设计过程，通常包括三个阶段：一是认真分析待解决的问题，根据问题给定的前提条件，分析最后应该达到的目标；二是找出解决问题的规律和技巧，选择解题的途径和方法，确定最佳的解决方案；三是编程和上机调试，解决实际问题，完成代码优化。第一、二阶段对于初学者更重要，即所谓"意在笔先，趣在法外"，一个理想的解决方案在心中孕育成熟，编程实践和上机调试相对就容易了。

采用 C 语言完成一个实际系统的程序设计过程，通常包括以下几个步骤。

（1）明确需求。通过分析和归纳，明确系统的具体功能要求，并用自然语言描述出来。

（2）系统分析。根据功能要求，分析解决问题的思路和方法，即算法设计过程。

（3）编写程序。根据系统分析、程序结构和功能要求编写程序，此过程也称为编程。编写的程序可以存储为一个或多个文件，这些文件称为源文件。通常将采用 C 语言编写的、未经编译的字符序列称为源程序，又称源代码。

（4）编译程序。通过 C 语言编译器，如 GCC、Microsoft C、Turbo C、Visual C 等，将 C 源文件编译成计算机可以识别和执行的指令序列，最后形成可执行程序。这个过程通常包含编译和链接两个步骤。其中,将 C 源文件"翻译"成计算机能够识别并执行的指令序列的软件,称为编译器。编译器充当着类似于"翻译"的角色,它先对源程序进行词法分析,然后进行语法与语义分析。每个独立的源文件是一个编译单元,每个编译单元之间相互独立。链接过程是将所有编译好的单元链接为一个整体文件,最后生成可执行程序。

(5)程序调试。运行可执行程序,检测结果是否与最终目标一致。若不一致,则查找出错原因,并相应修改源程序,然后重新运行程序,直至获得正确结果。

此外,许多高级程序设计语言编程环境(也称为集成开发环境 IDE)都为程序设计人员提供了程序编辑(edit)、编译(compile)、调试(debug)等开发和调试工具,编程过程更简单,操作更方便。用户可以在类似集成开发环境中完成程序编辑、代码编译、错误检测等工作。集成开发环境提供分析工具和各种功能,帮助程序员专注于程序设计本身,方便组织资源,减少开发失误,提供设计捷径。具有代表性的集成开发环境主要有 Microsoft Visual Studio(简称 VS)和 Eclipse 等。其中,Microsoft Visual Studio 是微软公司提供的一系列开发工具包产品,包含 C、C++、C#和 VB.NET 等语言。Eclipse 是另一个著名的跨平台开源集成开发环境,最初主要用来开发 Java 语言,通过安装不同的插件,Eclipse 也可以支持不同的程序设计语言,如 C++、python、php 等开发工具。

1.3　C 语言的课程特点及学习方法

"C 语言程序设计"是一门集灵活性、趣味性、实用性、理论性、实践性于一体的程序语言类课程。初学 C 语言,需要"多读、多练、多思考、多交流",持之以恒,循序渐进,逐步掌握 C 语言程序设计的思想和方法,最终一定能感悟到"众里寻他千百度,蓦然回首,那人却在灯火阑珊处"的学习乐趣。

结合本书的特点和以往的教学经验,在学习 C 语言的过程中,建议读者注意以下学习方法。

(1)及时复习,避免遗忘。在 C 语言学习过程中,要力争"上课之前先预习,作业之前先复习"。单方面追求速度,会欲速则不达。在学习新内容之前,先回顾并反思前期学过的知识和要点,查漏补缺,夯实基础。上新课之前,先预习上课内容,做到心中有数、未雨绸缪。

(2)系统学习,强化练习。C 语言学习要学会把握难点、要点,通过完成一定数量和难度的练习题,逐步掌握解题技巧,提升答题速度。"工欲善其事,必先利其器",选择适合自己的参考书,高效利用网络资源,在 C 语言学习和复习中能达到事半功倍的效果。C 语言复习要注意把握重点和难点,及时总结归纳,基本概念和基础知识务必要在理解的基础上强化记忆。

(3)编程实践,注重效率。C 语言编程实践和程序调试过程,是一个强化动手能力和锻炼逻辑思维的培养过程,需要有一种严谨细致、科学务实的学习态度。通过实践不断积累经验,确保练习数量和完成质量,积累充足的上机时间,掌握程序调试技巧,养成良好的编程习惯和清晰的思维方式,即可达到熟能生巧,游刃有余的目的。

1.4 简单的C语言程序

以下通过三个简单的例子，认识和理解C语言的结构特点。

例1.1 在屏幕上输出一行字符信息。

```
#include<stdio.h>                          /*引用标准输入/输出库函数*/
#include<stdlib.h>                         /*引用标准lib库函数*/
void main()                                /*主函数*/
{
    printf("This is a C program.\n");      //输出语句printf
    system("pause");                       //暂停程序执行
}
```

上述是一个基本的C语言程序，这个程序将在屏幕上显示输出一行信息："This is a C program."。

上述程序包含了一般C语言程序的最小语句组合，主要包括4个部分，即头文件、主函数、函数体和函数体内部语句。在本程序中，头文件包括stdio.h和stdlib.h，主函数是main()，函数体是"{…}"，函数体内部语句包括printf("…")语句和system("…")语句。

其中，main()是主函数，每个C语言程序都只能有一个main()主函数，主函数是可执行程序的入口函数。通常来说，如果函数没有返回值，那么声明为void类型，即"空类型"。printf()函数是格式化输出函数，一般用于向标准输出设备按规定格式输出信息，本例中"This is a C program.\n"字符串信息就是通过printf()函数来显示输出的，双引号""中的字符串信息将按照原样输出。"\n"是转义字符，其作用是实现换行，并将光标位置移到下一行开头。本例中通过system()函数向系统发出一条暂停程序执行的DOS命令。例如，system("pause")语句可以实现冻结屏幕，以便于观察程序的执行结果；system("CLS")可以实现清屏操作等。在C语言中，函数体通过一组花括号"{}"括起来。每个语句后使用一个分号";"表示语句结束。"/*…*/"和"//"分别表示段落注释和行注释。程序编译时不对注释内容作任何处理，中英文都可以使用。注释一般可出现在程序中的任何位置。在程序中使用注释，可以起到向用户和程序员提示或解释程序的作用。

本例中#inlcude命令包含两个头文件stdio.h和stdlib.h，分别表示引用标准输入/输出库函数和引用标准lib库函数，可以采用#include <stdio.h>和#include "stdio.h"两种形式。printf()函数的函数原型在stdio.h中，system()函数的函数原型在stdlib.h中，因此在使用printf()函数和system()函数之前需要先包含头文件stdio.h和stdlib.h。

需要注意的是，C语言编写的源代码只能使用半角标点符号，但不包括字符串内部的字符数据。传统的汉字字符一般是全角字符。在C语言编程过程中，需要注意这些区别，否则程序编译时会出现"error C2018: unknown character '0xhh'"错误，详见附录5 C语言常见错误对照表。其中，容易在C语言程序编写过程中输入混淆的全角字符是"；，。：／"，其相应的半角字符是";,.:/"，初学C语言时应加以区别。

例 1.2 求两个整数之和。

设置三个变量 a、b、sum；a、b 用来存放两个整数；sum 用来存放和数；用赋值运算符"="将结果传递给 sum；显示输出 sum。

```c
#include<stdio.h>              /*引用标准输入/输出库函数*/
#include<stdlib.h>             /*引用标准lib库函数*/
void main()                    /*主函数*/
{
   int a,b,sum;                //定义整型变量 a、b、sum
   a=123;b=456;                //给 a、b 赋值，a、b 都是十进制常量
   sum=a+b;                    //对 a、b 求和，并将结果赋给 sum 变量
   printf("the sum is %d\n",sum);//输出 sum 的值，以十进制形式输出
   system("pause");            //暂停程序执行
}
```

在上述程序中，int 是用于定义整数类型变量的标识符，其后的变量 a、b、sum 均定义为整型变量。"="是赋值运算符，"+"是加法运算符。sum=a+b 赋值语句即对 a、b 求和，并将结果赋给 sum 变量。"%d"是格式化字符，表示十进制有符号整数。printf() 函数中"the sum is %d\n"语句，是将双引号后面 sum 变量以十进制整数形式输出，屏幕显示输出结果为：the sum is 579。

例 1.3 求输入的两个整数之和。

设置三个变量 a、b、sum；a、b 用来存放两个整数；sum 用来存放和数；用赋值运算符"="将结果传递给 sum；显示输出 sum。

```c
#include<stdio.h>              /*引用标准输入/输出库函数*/
#include<stdlib.h>             /*引用标准lib库函数*/
void main()                    /*主函数*/
{
   int a,b,sum;                //定义整型变量 a、b、sum
   printf("Please enter x,y:");//提示输入 x、y 变量
   scanf("%d,%d",&a,&b);       //将输入的值赋给 a、b 变量
   sum=a+b;                    //对 a、b 求和，并将结果赋给 sum 变量
   printf("the sum is %d.\n",sum); //输出 sum 的值，以十进制形式输出
   system("pause");
}
```

这一程序是例 1.2 程序的另一种形式。其中，scanf()是 C 语言中的一个终端格式化输入函数，从标准输入设备（键盘）读取输入的信息，并转换为指定的数据格式。scanf() 函数与 printf()函数一样，函数原型在头文件 stdio.h 中。因此，在使用 scanf()函数之前要先使用#include 命令。scanf()函数是格式输入函数，即按用户指定的格式从键盘上将数据输入到指定的变量之中。scanf()函数和 printf()函数中"%d"是格式化字符，表示十进制有符号整数。

本例中，scanf("%d,%d",&a,&b)语句是从键盘将数据输入到指定的十进制整形变量a、b中，即将输入的值先后赋值给a、b变量。其中，&a、&b分别表示变量a和变量b的地址。因为scanf()函数本身不显示提示信息，故通过printf()语句在屏幕上显示一行信息"Please enter x,y:"，来提示用户输入变量x、y。这条语句起到了提示用户和程序员的作用。执行scanf()语句后，终端等待用户输入。scanf()语句的格式化控制字符串"%d,%d"提供了一个非格式字符","作为间隔符，因此需要在两个输入数据间加入该间隔符","。例如，输入"7，8"，则a赋值为7，b赋值为8，屏幕显示输出结果为：the sum is 15。

通过对上述三个例子的分析，可以总结出C语言程序设计的几个基本特点。

（1）函数是C语言程序的基本组成单位。一个C语言程序必须有且仅有一个main()主函数，通常包含一个main()和多个其他函数。C语言提供的系统库函数十分丰富，详见附录3 C语言常用库文件和附录4 C语言常用库函数。

（2）main()函数是可执行程序的入口函数。通常来说，如果函数没有返回值，那么声明为void类型，即"空类型"。main()函数可以放在程序首部，也可以在程序中间，还可以在程序尾部，但通常放在程序首部或程序尾部。一个C语言程序，一定是从main()函数开始执行程序。

（3）C语言程序书写格式比较自由，一行内可以有多个语句，一个语句也可以分多行来写。";"为语句终止符；"/*…*/"为段落注释，一般不嵌套使用，如"/*…/*…*/… */"会产生警告或错误；"//"为行注释。注释可以提高程序可读性，程序编译时不对注释内容作任何处理，中英文都可以使用。

（4）#include命令可以采用#include <stdio.h>和#include "stdio.h"两种形式。<stdio.h>形式一般是在包含文件目录中查找，而不在源文件目录中查找。"stdio.h"则首先在当前源文件目录中查找，若未找到再到包含文件目录中查找。用户编程时可根据包含文件所在的目录自主选择某一种命令形式。需要注意的是，一个#include 命令只能指定一个被包含文件。若需要包含多个文件，则需要使用多个#include命令。

（5）一个C语言程序，可以包含多个文件，每个文件也可以包含多个函数。将一些常用变量、符号常量和宏定义等单独组成一个文件，在其他文件中使用#include命令包含该文件，即可在其他文件中使用该文件定义的变量、符号常量和宏定义等。文件包含允许嵌套，即在一个被包含的文件中可以再包含另一个文件。

1.5 C语言程序编写规范

结构合理、思路清晰的程序设计风格，不仅便于程序的维护和调试，而且能体现一个程序设计人员的性格特点和思维习惯。良好的程序设计风格，要先从程序编写规范和习惯养成开始。程序编写规范和编码规范涉及多方面的内容，详见注脚①②和参考文献[4]，建议初学者养成以下10种编程习惯。

---

① 开发者应该具备的15个编程好习惯. http://developer.51cto.com/art/201103/250785.htm.
② 华为C语言软件编程规范和范例. https://wenku.baidu.com/view/aba03b4ac850ad02de804104.html.

（1）一个好的程序通常具有结果正确、结构清晰、简单易懂、代码精简的特点，程序的正确性和可读性为首要条件。

（2）一个解决方案在代码实现之前，至少要进行粗略的设计，做到心中有数，未雨绸缪。

（3）C语言编程实践中要严格区分大小写；编码时合理使用缩进，可使代码清晰易读，一般缩进4个空格符；相对独立的程序段落之间、变量说明之后使用空行，空行数量不宜太多，一般1~2行为宜；不对称的多个短句或者赋值语句，尽量分行书写；一行程序少于80字符为宜。

（4）在主要的代码段或者典型的语句后添加注释，解释代码的基本逻辑和设计思路。程序开始处可注明程序的构建和修改日期、作者、功能、版本号，以及修改的原因等。注释要结构清晰、含义准确、避免注释二义性。

（5）对两个以上的关键字、变量、常量进行对等操作，在操作符前、后加上空格；单目运算符（如"!""~""++""__""&"）和成员运算符（如"–>"". "）前后不加空格。

（6）定义有意义的标识符，如变量、常量和函数名等，命名要简单清晰、含义明确，建议使用完整的单词或容易理解的缩写形式。例如，temp可缩写为tmp，statistic可缩写为stat，message可缩写为msg，等等。不使用数字或者怪异的字符来定义标识符。不使用单个字符命名变量，如a、b、c等，i、j、k作为循环变量除外。在程序设计中，命名风格要保持一致，不要频繁变化。

（7）为便于程序编译和调试，在主要语句或者易出错语句后，添加必要的输出语句，利于诊断并定位错误原因。最后可删除这些输出语句。不建议使用晦涩难懂、技巧性高的语句或者表达式。

（8）源程序中关系较为紧密的代码尽可能出现在相邻位置。函数设计小而精为宜，一个函数只完成一个功能，函数的行数不超过200行。

（9）使用括号"()"明确表达式的操作顺序。注意运算符的优先级，避免使用默认优先级。在使用循环语句和条件语句时，先将左、右括号对应起来，避免遗忘。注意版本维护并及时存盘，进行较大修改前，建议先备份。

（10）在保证程序质量的前提下进行代码优化，去掉不必要的代码并减少不必要的局部和全局变量，提高程序执行效率。循环嵌套层次不宜过多，尽量减少循环内不必要的判断语句。

1.6 本章小结

本章主要介绍了计算机与程序设计、C语言的发展及特点、C语言的学习方法、简单的C语言程序设计等基础知识。本章需要重点理解并掌握以下内容。

（1）理解网络空间安全学科的基本特点和定义；理解网络空间安全学科的主要研究方向。

（2）了解图灵、冯·诺伊曼和香农的主要贡献。

（3）理解冯·诺伊曼体系结构的基本特点及主要组成；了解计算机系统层次结构及

其划分方法。

（4）掌握计算机高级语言与低级语言的主要特点和区别。

（5）掌握程序、程序设计、程序设计语言的主要特点和区别。

（6）掌握 C 语言的三种基本程序结构；理解 C 语言的主要特点；掌握 C 语言程序的基本运行步骤。

（7）掌握简单 C 语言程序的基本组成、函数及其特点；掌握头文件、主函数、scanf()函数与 printf()函数的特点及用法；掌握注释的特点及用法。

（8）理解 C 语言编程的主要规范和编写习惯。

习　题　1

1. 请简述冯·诺伊曼体系结构的基本特点及组成。
2. 请简述程序、程序设计和程序设计语言的主要区别。
3. 请简述 C 语言的三种基本程序结构及其基本运行步骤。
4. 一个简单的 C 语言程序包含哪些组成部分？C 语言程序的基本组成单位是什么？
5. 简述 C 语言编程的主要规范和编写习惯。
6. 编程并实现如下程序：

（1）在屏幕上显示输出一行字符信息：Hello! It is a C program。

（2）求三个整数之和。

（3）求输入的三个整数之和。

（4）上机运行下述程序，分别比较三个 scanf()语句和两个 printf()语句的差异。

```c
#include<stdio.h>
#include<stdlib.h>
 void main()
{
    int a,b,sum;
    printf("Please enter x,y:");
    scanf("%d%d",&a,&b);
    scanf("%d %d",&a,&b);
    scanf("%d,%d",&a,&b);
    sum=a+b;
    printf("the sum is %d.",sum);
    printf("the sum is %d.\n",sum);
    system("pause");
}
```

7. 分析以下程序中存在的错误并纠正。

```c
#include <stdio.h>
void mian()
```

```c
{
    int a,b,sum;
    printf("Please enter x,y:");
    scanf("%d%d",a,b);
    sum=a+b;
    printf("the sum is d.\n",sum);
    system("pause");
}
```

第 2 章 算 法 简 介

做任何事情都有一定的步骤。广义上说,为解决一个问题而采取的方法和步骤,就称为"算法"。算法是一个基本的概念,也是一门深奥的学问。算法的应用小到输出九九乘法表、对一组数据进行排序,大到控制卫星和飞船的姿态、控制机器人的行动等。例如,蒙特卡罗(Monte-Carlo)树搜索算法就是 AlphaGo 人工智能围棋程序的主要算法之一。

1984 年图灵奖获得者、瑞士计算机科学家尼克劳斯·维尔特(Niklaus Wirth)1976 年在 *Algorithms+Data Structures=Programs* 一书中提出了与书名相同的这一经典公式。该公式说明了算法和数据结构是构成程序的两个要素。简单来说,算法是指解决方案准确和完整的描述,数据结构是指计算机存储和组织数据的方式[2,5]。算法与数据结构密切相关。算法依附于具体的数据结构,数据结构直接关系到算法的选择和效率。

对于同一个问题,可以有不同的解题方法和步骤。例如,求 1+2+3+…+100,可以先求 1+2,结果再加 3,再加 4,直到加 100;也可以用求和公式直接计算(1+100)×100÷2=5050。由此可见,有的方法步骤多,有的方法步骤少,方法有优劣之分。一般来说,程序设计建议采用逻辑清晰、方法简洁、步骤少的算法。因此,我们在程序设计时,既要保证算法的正确性,又要选择合适的算法,通常要综合考虑算法的正确性、可读性、健壮性和高效性等因素。

2.1 简单的程序举例

下面,我们通过几个简单的例子来体会和了解算法的特点。

例 2.1 求 2^5 的值。
一般方法:

> 步骤 1:先求 2×2,得到结果 4。
> 步骤 2:将步骤 1 得到的结果 4 乘以 2,得到结果 8。
> 步骤 3:将 8 再乘以 2,得 16。
> 步骤 4:将 16 再乘以 2,得 32。

这样的算法虽然正确,但是太过烦琐。按照这个方法,如果求 2^{100},那么要写 999 个步骤。

不妨这样考虑,我们设置两个变量 result 和 i,变量 result 表示乘方的结果,变量 i 表示乘方的次数,可以改写为如下步骤:

> 步骤 1:result=1。
> 步骤 2:i=1。
> 步骤 3:result×2,乘积仍存放在变量 result 中,可表示为 result×2 -> result。
> 步骤 4:i 的值加 1,即 i+1->i。

步骤 5：如果 i≤5，返回重新执行步骤 3，以及其后的步骤 4 和 5；否则，程序结束。

按照这个方法，如果计算 2^{100}，只需将步骤 5 中"如果 i≤5"修改为"如果 i≤100"即可。由此可见，后一种方法更灵活、更通用，抓住了这个问题的规律和特点。

例 2.2 求 2×4×6×8×10×12 的值。

在上述程序中，只需做少许改动，就可以解决这个问题。我们仍然设置两个变量 result 和 i，变量 result 表示乘积的结果，变量 i 表示乘数。

步骤 1：1->result。
步骤 2：1->i。
步骤 3：result×(2×i)->result。
步骤 4：i+1->i。
步骤 5：如果 i≤5，返回步骤 3；否则，程序结束。

请思考，为什么步骤 5 中 i≤5 时返回步骤 3，而不是 i<5 时返回步骤 3？

在这种程序中，步骤 1 和步骤 2 进行变量 result 和 i 的初始化，步骤 3 和步骤 4 是循环体语句，步骤 4 是循环控制条件。因此，在相似的算法中，我们只需要改变初始化变量、循环体和循环控制条件即可简便地构造出一个新程序。请思考，如何求 1×3×5×7×9×11 的值？如何求 1×4×7×10×13 的值？如何求 $2^1 × 2^2 × 2^3 × 2^4 × 2^5$ 的值？

上述方法表示的算法具有一定的灵活性和通用性，便于对同类型问题进行扩展。在程序设计实践中，需要重点培养这种寻找问题的特点和关系，并从中提炼出通用性方法和一般规律的能力。

例 2.3 求 100~200 间所有的素数。

素数是指除了 1 和该数本身之外，不能被其他任何整数整除的数。

判断一个数 n 是否是素数，需要将 n 作为被除数，2~(n-1) 中各个整数作为除数。如果所有除数都不能整除 n，那么 n 为素数。

算法可以表示如下：

步骤 1：n=100。
步骤 2：i=2。
步骤 3：如果 i<n，那么执行步骤 4；否则执行步骤 7。
步骤 4：r 等于 n 除以 i 的余数。
步骤 5：i=i+1。
步骤 6：如果 r 等于 0，说明 n 不是素数，执行步骤 8；否则返回步骤 3。
步骤 7：输出 n 是素数。
步骤 8：n=n+1。
步骤 9：如果 n≤200，返回步骤 2；否则，程序结束。

该例中存在两个循环，步骤 2~步骤 8 是作为外层循环的循环体，步骤 4~步骤 7 是作为内层循环的循环体。请分析该算法结束的条件。

通过以上几个例子，可以初步了解怎样设计一个简单的算法。

2.2 算法的特性

上一节中，我们介绍了几种简单的算法。这些算法可以在计算机上通过程序实现。然而，不是任意写出的一些程序执行步骤，就可以构成一个算法，一个有效的算法应该具有以下特点。

（1）有穷性。一个算法应当包含有限操作步骤。如果将例2.2中步骤5改为"如果i>0，返回步骤3；否则，程序结束"，循环就不会停止。"有穷性"一般指在"合理的范围之内"[2]。如果计算机要运行1000年算法才结束，这就不能视为一个有效的算法。

（2）确定性。算法中的每一个步骤都应当是确定的，而不应当是模糊的或有歧义的。如果将例2.3中步骤4改为"r等于n除以一个数"，这个步骤就是不确定的。也就是说，"确定性"指算法的含义是准确和唯一的[6]。

（3）有效性。算法中每一个步骤应当能有效执行。例如，如果b=0，那么a/b就不能有效执行。如果将例2.3中步骤3"如果i<n"改为"如果i<1"，那么后继语句也不能有效执行。

（4）0个或多个输入。一个算法有0个或多个输入，以刻画运算对象的初始情况。所谓0个输入是指算法不需要输入任何信息（如例1.1），或者本身已定义了初始条件（如例1.2）。

（5）1个或多个输出。一个算法有1个或多个输出，以反映对输入数据加工处理后的结果。没有输出的算法是毫无意义的。算法的输出可以是打印、显示或者计算结果。

一个算法的评价通常从算法的正确性、可读性和复杂性三个方面进行考虑。正确性是评价算法的首要条件。算法的正确性通常指对任意一个合法的输入，能够在有限时间和空间内得到正确的结果。算法的可读性是指一个算法可供人们阅读、理解和修改的难易程度。算法的复杂性一般分为时间复杂性和空间复杂性，分别表示执行算法所需要的运行时间和执行算法所需要占用的内存空间。

算法在计算机学科和网络空间安全学科领域有广泛的应用。20世纪初，美国物理学会和IEEE计算机协会在"*The Best of the 20th Century: Editors Name Top 10 Algorithms*"[7]一文中介绍了"20世纪十大算法"。这些算法包括蒙特卡罗方法、单纯形法、克雷洛夫（Krylov）子空间迭代法、优化的Fortran编译器、计算矩阵特征值的QR算法、快速排序算法、快速傅里叶变换算法、整数关系探测算法和快速多极算法。在信息安全数学基础课程中，将介绍素数筛法、最大公约数计算、扩展GCD算法、质因数分解法、乘法逆元计算、组合数计算方法、卢卡斯（Lucas）定理、中国剩余定理、线性一次同余式解法等重要算法[8]。在密码学课程中，将介绍DES、3DES、AES、SMS4等对称加密算法，RSA、ECC、ElGamal等非对称加密算法，以及SHA、MD5等杂凑算法。

2.3 怎样表示一个算法

表示一个算法可以用各种不同的方法，常用的方法有自然语言、流程图、伪代码等，以下进行简要介绍。

2.3.1 自然语言

2.2 节中介绍的算法就是用自然语言表示的。自然语言一般指人类使用的语言,以区别于为计算机设计的"人造"语言。自然语言描述算法存在一些缺陷,主要体现为容易出现歧义,算法描述一般太长,不便于翻译为计算机语言,以及算法中选择和循环难以清晰描述等。因此,除了很简单的问题描述外,一般不使用自然语言表示算法。

2.3.2 流程图

1. 传统流程图

流程图是描述算法的常用工具之一,一般采用美国国家标准学会 ANSI 规定的一组图形符号来表示算法。传统流程图常用图形符号及其含义如图 2.1 所示。

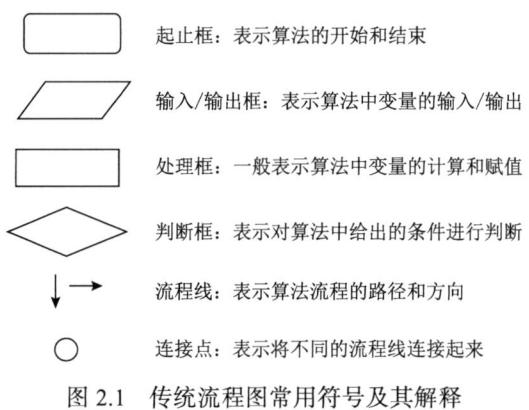

图 2.1 传统流程图常用符号及其解释

流程图有助于表示程序内各步骤的内容、各组件间的相互关系以及执行顺序,体现了程序的逻辑结构。传统流程图表示算法直观形象,但一般占用篇幅较大,画起来比较麻烦。此外,传统流程图对流程线的使用没有限制,造成流程图设计方面的无规律性,导致阅读和理解上的不便。

2. N-S 流程图

针对传统流程图存在的问题,美国学者 I. 纳西(I. Nassi)和 B. 施耐德曼(B. Shneiderman)于 1973 年提出一种结构化流程图形式,简称为 N-S 流程图。N-S 流程图完全取消了流程线,全部算法写在一个矩形框内。一般来说,一个结构化的算法是由一些基本结构顺序组成的,流程的转移只存在于一个基本结构范围之内。如果一个算法不能分解为若干个基本结构,那么它就不是一个结构化的算法。

3. 三种基本结构

1966 年,博拉(Bohra)和加柯皮(Jacopini)提出了以下三种基本结构,作为一个良好算法的基本单元。

(1)顺序结构。顺序结构是一个最基本的程序结构。在顺序结构中,要求顺序地执行每个最基本的处理单元。图 2.2(a)为传统流程图表示的顺序结构,图 2.2(b)为 N-S 流程图表示的顺序结构。它们都表示先执行语句 A,再执行语句 B。

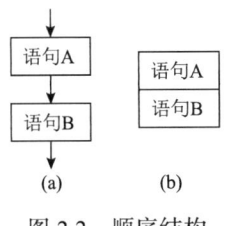

图 2.2　顺序结构

(2)选择结构。选择结构是另一个基本的程序结构。选择结构中给出逻辑条件,根据条件的真假,分别执行不同的处理单元。图 2.3 表示当条件为真时执行语句 A,条件为假时执行语句 B。图 2.3(a)和(b)分别为传统流程图表示的选择结构和 N-S 流程图表示的选择结构。

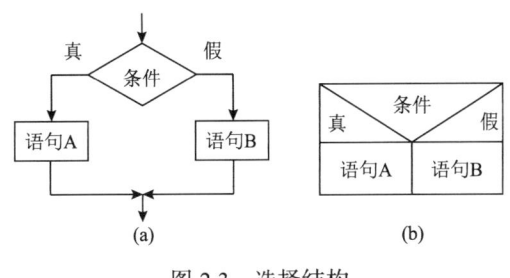

图 2.3　选择结构

(3)循环结构。循环结构是第三个基本的程序结构。循环结构一般分为当型循环结构和直到型循环结构。

当型循环结构中,当逻辑条件成立时,就反复执行语句 A,直到循环条件不成立时结束。图 2.4(a)和(b)分别为传统流程图表示的当型循环结构和 N-S 流程图表示的当型循环结构。

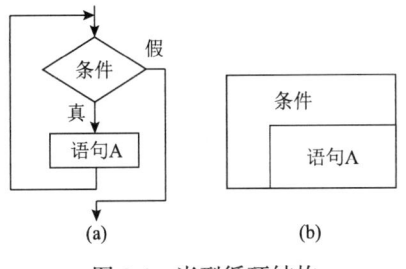

图 2.4　当型循环结构

直到型循环结构中,反复执行语句 A,直到逻辑条件不成立时结束。图 2.5(a)和(b)分别为传统流程图表示的直到型循环结构和 N-S 流程图表示的直到型循环结构。

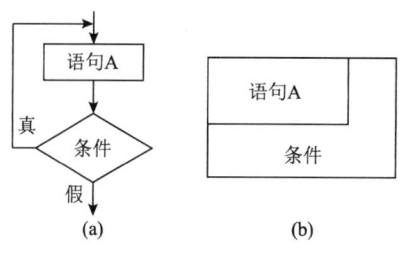

图 2.5　直到型循环结构

这三种基本结构，有以下 4 个共同特点[2,9]：①只有一个入口。②只有一个出口。需要说明的是，一个菱形判断框有两个出口，而一个选择结构只有一个出口。不要将菱形框的出口和选择结构的出口混淆。③结构内每一个部分都有机会被执行。④结构内不存在"死循环"，即无终止的循环。

用传统流程图和 N-S 流程图分别表示求两个数中的较大值的算法如图 2.6（a）和（b）所示。

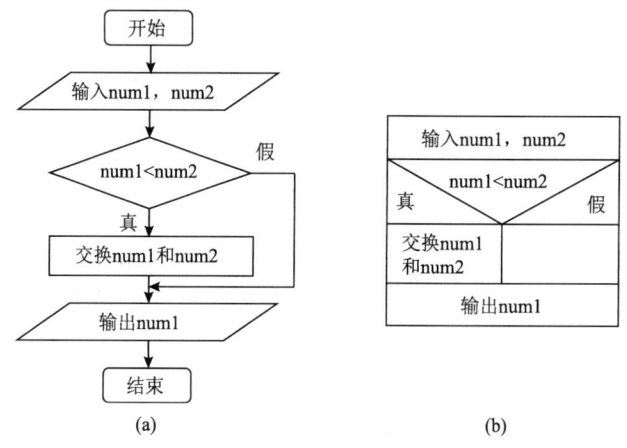

图 2.6　求两个数中的较大者算法流程图

N-S 流程图的突出优点是结构紧凑、清晰，但 N-S 流程图描述复杂的程序不灵活、不易修改。

2.3.3　伪代码

伪代码是一种介于自然语言和计算机语言之间的算法描述语言。伪代码用接近自然语言的形式将算法运行的过程描述出来，便于任何一种编程语言实现，如 Pascal、C、Java等。伪代码常被用于技术文档和科学出版物中表示算法，也可用于在软件开发的实际编码过程之前表达程序的逻辑。

伪代码没有图形符号，书写方便，结构清晰，没有严谨的语法格式，可读性好，但不能在计算机上直接执行。通常来说，伪代码描述以便于向计算机语言过渡、含义清楚、便于书写和阅读为基本要求。例如，用伪代码表示图 2.6 所示算法。

```
/*符号描述*/
input num1,num2
if num1<num2
  then swap(num1,num2)
endif
output num1
```

```
/*混合描述*/
输入两个数 num1 和 num2
如果 num1 小于 num2
   那么交换 num1 和 num2
输出 num1
```

2.3.4　用计算机语言表示算法

2.3.1 介绍了怎样通过自然语言、流程图和伪代码来描述一个算法。如前所述，算法可简单理解为解决问题的方法和步骤。"算法"就像一个"乐谱"，写出了"乐谱"，需要乐队按照"乐谱"的步骤来进行指挥和演奏[3]。算法也类似，设计出一个算法，需要将算法的实际步骤实现出来并在计算机上执行。计算机是机器，不能根据流程图、伪代码等抽象描述来执行精确的步骤，因此还需要使用计算机语言来实现算法。

用计算机语言表示算法必须严格遵循所用语言的语法规则。计算机语言具有高级语言和低级语言之分。低级语言分机器语言（二进制语言）和汇编语言（符号语言），这两种语言都是面向机器的语言。高级语言是以人类的自然语言为基础的编程语言。高级语言编写的程序通用性好、可移植性强，不依赖于具体的硬件设备。计算机不能对机器语言之外的源程序直接识别、理解和执行，需要通过某种方式将高级语言编写的源程序转换为机器目标程序才能运行，主要包括编译方式和解释方式。简单来说，编译方式就像是"全文翻译"，全部翻译完再执行。解释方式相当于是"同声翻译"，边翻译边执行[3]。目前大多数高级语言都使用编译方式，如 C、C++和 Delphi 等；采用解释方式的高级语言主要有 BASIC 语言。

例 2.4　用 C 语言实现图 2.6 中求两个数中的较大者算法如下：

```
/*1.定义两个变量的方法*/
#include<stdio.h>
#include<stdlib.h>
void main()
{
  int num1,num2;
  scanf("%d%d",&num1,&num2);
  if(num1<num2){
    num1=num1+num2;
    num2=num1-num2;
    num1=num1-num2;
  }
  printf("%d",num1);
  system("pause");
}
```

```
/*2.定义三个变量的方法*/
#include<stdio.h>
#include<stdlib.h>
void main()
{
  int num1,num2,temp;
  scanf("%d%d",&num1,&num2);
  if(num1<num2){
    temp=num2;
    num2=num1;
    num1=temp;
  }
  printf("%d",num1);
  system("pause");
}
```

2.4 结构化程序设计方法

结构化程序设计强调程序设计风格和程序结构的规范化，提倡清晰的结构。结构化程序便于编写、阅读、修改和维护。用三种基本结构组成的程序必然是结构化程序。

对于一个复杂的问题，写出层次分明、结构清晰的结构化程序的基本思路是：将一个复杂的问题求解过程分阶段进行，每个阶段处理的问题都控制在容易理解和处理的范围内。简单来说，即将一个难以解决的大问题分解为若干个容易解决的小问题。

通常用以下方法来得到结构化的程序。

（1）自顶向下。先考虑总体，后考虑细节。

（2）逐步细化。对复杂问题设立一些子目标作为过渡。

（3）模块化设计。将程序设计的总目标分解为若干个子目标或具体的小目标，再将每一个子目标或具体的小目标作为一个模块。

（4）结构化编码。将已经细化的算法用计算机语言表示，即正确写出计算机程序。

完成一个任务可以有两种不同的方法：一种是自顶向下，逐步细化；一种是自底向上，逐步积累。以编写一本书为例，可以先考虑整本书包括哪些章节，然后将这些章节层层细化到知识点，这采用的是一种自顶向下的方法；当然也可以先完成每一个具体的知识点，然后总结整合成为章节，这采用的是一种自底向上的方法。通常来说，自顶向下，逐步细化的方法考虑周全、结构清晰、层次分明。由上而下进行检查、修改，一般思路清楚、有条不紊。这种设计方法的过程，是将问题求解由抽象逐步具体化的过程。我们提倡采用这种工程化的方法设计程序。

在程序设计中常用模块化设计的方法。模块化设计的思想实际上是一种"分而治之，逐步求精"的思想[2]。逐步求精将得到一系列以功能块为单位的设计单元。将功能块划分为若干个子模块，进行程序设计并实现其求解算法的过程称为模块化。模块化可以降低程序复杂度，使程序设计、调试和维护等操作更简单。一个功能块可以划分成若干个子模块，若子模块还不够小，可以进一步再划分为更小模块。这个过程采用自顶向下的方法来实现。子模块一般不超过 50 行。划分子模块时应注意模块的独立性，通常一个模块完成一项功能，具有模块内聚合度高、模块间耦合性低的特点[11]。

在程序设计中，不仅要学习结构化算法的设计，还要善于进行结构化编码，即按照已经细化的算法，用计算机语言正确写出程序。按照结构化程序设计的观点，任何一个复杂的程序都可以由顺序、选择和循环三种基本程序结构通过组合、嵌套构成。

值得注意的是，学习程序设计的目的不单纯是学习某一种特定的语言，而是在学习中理解和掌握程序设计的一般思想和方法。

C 语言中程序的子模块通常采用函数来实现（函数的概念将在第 7 章介绍）。

2.5 凯撒密码

凯撒密码是一种简单的代换密码。凯撒密码传说是古罗马时代凯撒（Caesar）大帝用来保护重要军情的加密系统[10]。凯撒密码的基本思想是将字母移动固定的位数来实现加密和解密。凯撒密码有明文和密文字母表，密文字母表是将明文字母表向左或向右移动固定的位数得到的。其加密和解密公式可简单表示为

加密公式：密文=(明文+位移数)Mod 26

解密公式：明文=(密文-位移数)Mod 26

其中，26是字母表中字母的个数。例如，当左移3位时，解密密钥即为3，代换字母表如下：

明文字母表	A B C D E F G H I J K L M N O P Q R S T U V W X Y Z
密文字母表	D E F G H I J K L M N O P Q R S T U V W X Y Z A B C

在C语言中，一个字符型变量可以用整数的形式输出，输出的结果是对应的ASCII编码（ASCII码对照表详见附录1）。例如，字符'A'的ASCII值是65；'A'~'Z'对应的ASCII值是65~90；字符'A'转变为字符'D'，对应的ASCII值由65转变为68，即'D' = 'A' + 3。因此，我们用C语言实现凯撒密码只需将每个字符加上位移量即可，并在结果值大于'Z'（ASCII值是90）时减去26，结果值小于'A'（ASCII值是65）时加上26。

下面用自然语言、流程图、伪代码和C语言描述凯撒密码的实现过程。假设输入一个仅包含大写字母A~Z的字符串，并输入该字符串的长度，定义密钥是5，即位移数是5，则凯撒密码算法可以通过如下方式描述。

（1）自然语言。

步骤1：输入字符串string[]；字符串长度变量为length；i为循环变量，初始值为0。

步骤2：如果i大于等于length，说明所有字符都已转换，转到步骤7；否则，转到步骤3。

步骤3：string[i]=string[i]+5，表示将当前字符进行代换。

步骤4：如果string[i]大于90，说明超出了'Z'，转到步骤5；否则，转到步骤6。

步骤5：string[i]=string[i]-26。

步骤6：i=i+1，表示转换了一个字符；返回步骤2。

步骤7：输出转换后的字符串，结束。

（2）传统流程图。

凯撒密码用传统流程图表示如图2.7所示。

（3）伪代码。

```
input string,length
    for i=0 to length
      string[i]=string[i]+5;
      if(string[i]>90)
        string[i]=string[i]-26;
      endif
    endfor
output string
```

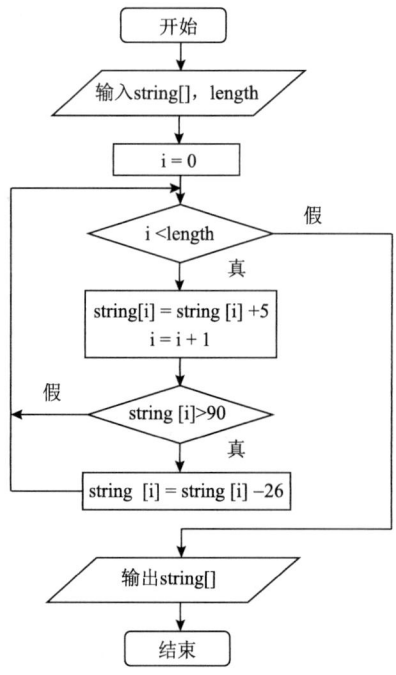

图 2.7 凯撒密码流程图

（4）C 语言。

```
#include<stdio.h>
#include<stdlib.h>
void main()
{
   char string[100];
   int length,i;
   printf("Input the plaintext: \n");
   scanf("%s",string);
   printf("Input the length: \n");
   scanf("%d",&length);
   for(i=0;i<length;i++){
        string[i]=string[i]+5;
        if(string[i]>'Z')
            string[i]=string[i]-26;
   }
   printf("Output the ciphertext: ");
   printf("%s\n",string);
   system("pause");
}
```

该例中，使用了字符数组 string[100]来存储字符串；还可以在包含头文件 string.h 的条件下，使用 string 类型表示字符串。

2.6 本章小结

本章主要介绍了算法、简单的程序举例、算法的特性、怎样表示一个算法、结构化程序设计、凯撒密码等基本内容。本章需要重点理解并掌握以下内容：

（1）算法、数据结构和程序的关系；算法的定义和特点。
（2）一个有效算法的基本特点；算法的评价方法。
（3）理解自然语言描述算法的方法；掌握传统流程图表示算法的方法。
（4）掌握三种基本结构的流程图绘制方法；三种基本结构的共同特点。
（5）掌握伪代码表示算法的方法。
（6）掌握结构化程序设计的方法和特点。

习 题 2

1. 什么是算法？算法的基本特点是什么？
2. 怎样表示一个算法？
3. 算法描述语言与程序设计语言的区别？
4. 算法包括哪三种基本结构？简单介绍它们的共同特点。
5. 如何评价一个算法的优劣？
6. 用自然语言表示如下算法：
（1）计算 1 到 100 的和；
（2）求一组数的平均数；
（3）找出一组数中最大和最小的数；
（4）将 3 个数从小到大排序；
（5）输出 9×9 乘法表。
7. 用传统流程图表示例 2.2 中的算法。
8. 如何实现结构化程序设计？

第3章 C语言程序设计基础

通过前两章内容的学习,我们对整型数、字符串、数据的输入/输出、简单C语言程序设计以及算法有了初步认识和体会。本章将详细介绍C语言数据类型、数据表现形式、运算符和表达式、C语句分类、数据的输入/输出,以及欧几里得(Euclid)算法等内容。数据是信息的载体,信息是数据的内涵,数据和信息不可分离。在信息科学中,数据一般指所有能输入到计算机并被计算机程序处理的符号的总称。在尼克劳斯·威茨《算法+数据结构=程序》一书中,将程序定义为处理数据的一系列过程[3]。因此,程序通常包括数据描述和数据处理两个阶段。数据描述通过数据定义语句来实现,数据处理通过数据执行语句来实现;数据描述为数据处理服务,数据处理以数据描述为基础。

3.1 简单的顺序程序设计

以下通过一个简单的顺序程序设计例子,认识和理解C语言中的数据定义及其表现形式。

例 3.1 求一个圆的面积。

```
#include<stdio.h>                        /*①头文件 stdio.h*/
#include<stdlib.h>                       /*②头文件 stdlib.h*/
#define PI 3.1415                        /*③宏定义,用字符串 3.1415 代
                                            替标识符 PI*/

void main()
{
    float radius,area;                   //④定义两个浮点数 radius 和
                                            area
    printf("Input the radius:");         //⑤输入提示
    scanf("%f",&radius);                 //⑥输入浮点数 radius
    area=PI*radius*radius;               //⑦计算圆面积
    printf("The area is:%f\n",area);     //⑧输出圆面积
    system("pause");                     //⑨暂停执行
}
```

下面简要介绍例 3.1 中的语句和定义。

①和②表示程序通过#include 命令包含头文件 stdio.h 和头文件 stdlib.h,从而可以调用 scanf()函数、printf()函数和 system()函数。③通过#define 表示一个宏定义命令,其作用是将"标识符"PI 用字符串 3.1415 代替;main()是主函数,作为程序的

开始。④~⑨是函数体部分。其中，④定义了两个浮点型变量，变量名为 radius 和 area（3.2.2 小节将介绍变量的概念）；C 语言中除了浮点型变量，还有整型变量、字符型变量等（3.2.1 小节将介绍数据类型的概念）；⑤和⑥中分别使用了格式化输出函数 printf()和格式化输入函数 scanf()，⑤中 printf()函数起到输入提示的作用，⑥中通过格式化输入函数 scanf()输入了变量 radius 的值（3.4 节将介绍格式化输入函数和格式化输出函数的概念）；⑦是一个赋值表达式，表示计算 PI * radius * radius 的值并赋值给 area（3.2.4 小节将介绍运算符和表达式的概念）；⑧中使用格式化输出函数 printf()输出圆的面积 area；⑨中使用 system("pause")语句暂停程序的执行，以便于观察程序输出的结果。

3.2 数据的表现形式及运算

3.2.1 数据类型

简单来说，数据类型就是定义在一组数据上的集合以及对应这个数据集合的操作方式。数据类型是数据的分类归纳和抽象描述。不同的数据类型一般在数据存储形式、占用内存大小、数值取值范围以及可参与的运算方式等方面存在区别。C 语言提供了多种数据类型，主要分为基本类型、构造类型、指针类型和空类型 4 类，如图 3.1 所示。其中，基本类型分为数值类型和字符类型（char）。数值类型包括整型（int）和浮点型（float）。整型包括短整型（short）、整型（int）和长整型（long int）；浮点型包括单精度型（float）、双精度型（double）和长双精度型（long double）。构造类型通常是在基本类型基础上构造出的新类型，也称为自定义类型，包括数组类型、结构体类型、共用体类型和枚举类型。指针类型和构造类型将分别在本书第 9 章和第 10 章进行介绍。

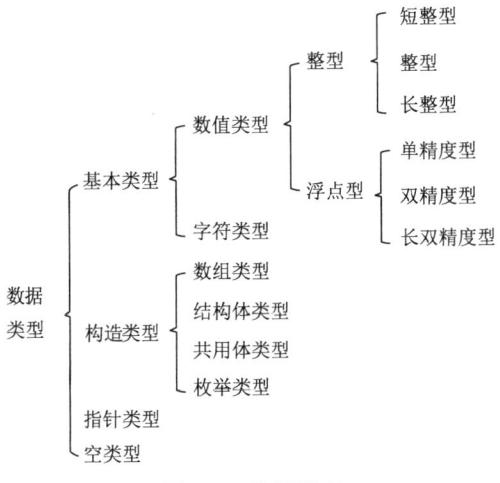

图 3.1 数据类型

3.2.2 标识符、常量和变量

在程序设计语言中，数据的表现形式可分为常量和变量两种。一般来说，在程序执行过程中值不发生改变的量称为常量，值可以改变的量称为变量。

1. 标识符

在 C 语言中，采用标识符来标识程序中的实体对象。标识符是用于标识变量名、符号常量名、函数名、类型名和文件名等的有效字符序列。标识符可以视为这些实体对象的名字。C 语言规定，标识符由字母、数字和下划线组成，且第一个字符必须是字母或下划线。如下变量名都是合法的：PI、a1、_function、b_tree。读者可以分析一下 from#12、my-Boolean、2ndObj、class、jack&rose、G.U.I 和 break()等标识符命名错误的原因。

C 语言是区分大小写的，相同字符的大小写形式会被视为不同的标识符，如 Fun、FUN、fun 表示三个不同的标识符。一般来说，符号常量用大写字母表示，系统库函数常用下划线开头。

此外，用户自定义标识符要避免与 C 语言的关键字（保留字）冲突，C 语言常用的 32 个关键字如下：

auto	break	case	char	continue	const	default	do
double	else	enum	extern	float	for	goto	int
if	long	register	return	short	signed	sizeof	static
struct	switch	typedef	union	unsigned	void	volatile	while

在程序设计中，标识符命名应当简洁、直观、明确。养成良好的标识符命名习惯，对于程序编写、阅读、修改和维护有十分重要的作用，读者可以学习参考文献[10-12]中的命名规则。一般来说，标识符命名要做到"见名知意"，以下简单总结了 7 点。

（1）一般采用英文单词及其组合，如长度（length）、面积（area）和总和（sum）等。

（2）多个单词组成的标识符中，单词第一个字母大写，其余小写，如 int CurrentVal。

（3）避免变量名使用数字编号，如 value1、value2 等。

（4）多个文件之间共用的全局变量或函数，可使用模块名（缩写）作为范围限定符，如 GUI_clear 等。

（5）变量命名使用名词性词组，函数命名使用动词性词组，如变量名 DataGotFromSD 等。

（6）宏定义、枚举常量、只读变量用大写字母命名，用下划线分隔单词，如#define FILE_PATH "/usr/tmp"、const int MAX_LEN = 100 等。

（7）除了 i、j、k 等用于表示循环变量外，一般不使用单个字母命名标识符。

其他如作用域前缀命名规则和数据类型前缀命名规则，本书不再赘述。

2. 常量

常量通常指在程序执行过程中值保持不变的量，常量可以分为直接常量和符号常量。

（1）直接常量包括整型常量、实型常量、字符常量、字符串常量，一般指程序中可以直接引用的数据。例如，在前面程序中出现的的整数 12、实数 3.1415、字符'A'、字符串"This is a C program."等都是直接常量，分别称 12 是整型常量，3.1415 是实型常量，'A'

是字符常量，"This is a C program. "是字符串常量。直接常量一般不用提前声明，在程序中直接使用。

（2）符号常量一般指在程序中用一个标识符来代替一个常量。符号常量在使用前必须先定义，定义符号常量的一般格式如下：

> #define 标识符 常量

如例 3.1 中语句③：#define PI 3.1415。其中，#define 是一条预处理命令（在 C 语言中，预处理命令以#开头），称为宏定义命令。该定义的功能是将标识符定义为其后的常量值。在后续程序中出现这个标识符的地方，均直接用该常量值代替。需要注意的是，符号常量不是变量，程序编译后这个标识符已经被替换为常量值，因此不能在程序中对符号常量赋新值。使用符号常量的优点是含义清楚，修改方便。此外，符号常量中标识符一般用大写形式。

3. 变量

变量通常指在程序运行过程中值可以改变的量。每一个变量都有一个名字，称为变量名；变量在内存中占有一定的存储单元，用来存放变量的值，存储单元大小与变量的数据类型有关。变量具有三要素：变量名、变量类型和变量值。

C 语言中，变量必须先定义后使用。变量名是一种标识符，需遵循标识符命名规则。定义一个或多个变量，可以用如下定义语句实现：

> 类型标识符 变量名表；

其中，类型标识符是 C 语言中一个有效的数据类型，可以是基本类型或构造类型；变量名表可以是一个变量，也可以是用逗号分隔的多个变量。例如，

> int i,j,k;
> float x,y;

在定义变量的同时可以赋初值。例如，

> int i=1;

C 语言中，变量必须先定义后使用的优点是：便于编译器处理并分配内存，保证变量名的正确使用，以及方便检查和调试。

3.2.3 数据类型及其表示形式

数据类型是数据的分类归纳和抽象描述。不同的数据类型一般在数据存储形式、占用内存大小、数值取值范围和可参与的运算方式等方面存在区别。以下介绍整型、浮点型和字符型三种数据类型及其表示形式。

1. 整型

（1）计算机中整型主要有十进制、八进制、十六进制三种表示方法。其中，十进制即日常使用的十进制表示法，如 220、–560、+369 等；八进制是以数字 0 开头、字符集为 0~7 的数字，逢 8 进 1，如 06、0107 等；十六进制是以 0x 或 0X 开头的数，字符集包括数字 0~9 和字母 A~F（A~F 分别表示数字 10~15），逢 16 进 1，如 0x0d、0XAF、0x123 等。

（2）整型包括短整型、整型和长整型，类型标识符分别为 short int、int、long int，或简写为 short、int、long。例如，

```
short a=1;
int b=2;
long c=3;
```

在大多数 32 位计算机上，短整型一般占 2 个字节（16 位），整型和长整型一般占 4 个字节（32 位）。实际上，短整型、整型和长整型所占字节和取值范围因不同的编译系统而存在差异。各种编译器可以根据硬件特性自主选择合适的类型长度，但需要遵循以下限制：short 和 int 类型至少占 2 字节，long 类型至少占 4 字节，并且 short 类型不会长于 int 类型，int 类型不会长于 long 类型。例如，64 位计算机上，short、int、long 分别可占 2、4、8 个字节。

（3）整型前可以加 long 和 short 两种类型修饰符，还可以加 unsigned（无符号）和 signed（有符号）两种类型修饰符。默认情况下，整型变量都表示有符号（signed）的类型（char 类型除外），除非在类型标识符前加上 unsigned，则表示无符号类型。无符号整型和有符号整型的典型区别在于，无符号整型可以存放的正数范围比有符号整型中的正数范围大一倍。这是由于有符号整型中最高位表示符号，而无符号整型全都储存数字。

例如，一个 2 字节整型，如果是带符号整型（signed int），那么最高位代表符号，0 表示正数，1 表示负数，相应取值范围是 −32768~32767；如果是无符号整型（unsigned int），那么 2 个字节都用来表示数字，相应取值范围是 0~65535。

此外，signed 和 unsigned 都可以用来修饰 long int 和 short int，但是不能修饰 float 和 double。需要注意的是，基本类型用类型修饰符修饰时可以省略，因此表 3.1 中几种表示形式是等价的。

表 3.1 几种可以简化表示的基本类型

类型名称	完整表示形式	简化表示形式
有符号基本整型	signed int	int 或 signed
有符号短整型	signed short int	short
有符号长整型	signed long int	long
无符号基本整型	unsigned int	unsigned
无符号短整型	unsigned short int	unsigned short
无符号长整型	unsigned long int	unsigned long

ANSI 标准定义的整型数据的位数和数值范围如表 3.2 所示。

表 3.2 整型数据位数和数值范围

类型	字节数	数值范围
short	2	[−32768，32767]
int	2	[−32768，32767]

续表

类型	字节数	数值范围
long	4	[−2147483648,2147483647]
unsigned short	2	[0,65535]
unsigned int	2	[0,65535]
unsigned long	4	[0,4294967295]

C语言默认整型常量为int类型,如果给定的数值超过了int类型能表示的数据范围,此时系统将默认为long类型。如果要将一个整型常量定义为long类型,需在常量值后跟字母l或L,如256L、077l、0Xae4l等;无符号整型常量需在常量值后跟字母u或U,如30u、264U等。类似地,无符号长整型常量需在常量值后跟字母Lu、LU、lu或lU,如30lu、43LU等。

2. 浮点型

(1) 浮点型常量。浮点型常量即为带有小数点的实数。在C语言中,浮点型常量只能表示为十进制,有小数形式和指数形式两种表示法。小数形式由整数、小数点、小数三个部分组成。当整数部分为0或小数部分为0时可以省略,但是不能同时省略。指数形式也称为科学计数法。C语言中的写法为 aEb 或 aeb 形式,表示浮点数 $a \times 10^{b}$。科学计数法中,a 可以是小数或整数,当为小数时形式遵从小数形式的写法,$1 \leqslant |a| < 10$;b 必须为整数。

下列均是正确的浮点数常量表示形式:

5.

.5

3.14

3e6

.6E−8

需要注意的是,浮点型常量中不能有空格,如3.21e −12和3.14 e5。

(2) 浮点型变量。浮点型变量包括单精度型(float)、双精度型(double)和长双精度型(long double),且浮点型变量都是有符号类型。

浮点型变量的定义方法如下:

```
float var_f = 3.14;
double var_d;
long double var_ld;
```

ANSI标准定义的浮点型数据的位数、精度和数值范围如表3.3所示。

表 3.3 浮点型数据的位数、精度和数值范围

类型	字节数	有效数字	数值范围
float	4	6~7	$10^{37} \sim 10^{38}$
double	8	15~16	$10^{307} \sim 10^{308}$
long double	16	18~19	$10^{4931} \sim 10^{4932}$

C 语言默认浮点型常量为 double 类型。如果要将一个浮点型常量定义为 float 类型，需要在结尾处加上 f 或 F，如 3.14F。如果要定义为 long double 类型，可以在结尾处加上 l 或者 L，编译器会用 long double 类型来处理这个常量，如 4.1l，50.2E5L。为避免混淆，一般使用大写字母 L。

3. 字符型

在各种不同系统中，字符类型都占一个字节（8 位），定义如下：

```
char ch='a';
```

在 C 语言中，字符型常量的值一般指该字符在 ASCII 码字符集中的数值，例如，大写字母 A 在 ASCII 字符集中的值为 65。因此，字符类型的常量和变量可以像整数一样参与数值运算，字符型变量也可以用字符对应的 ASCII 码赋值，例如，

```
char ch=97;
```

C 语言中还使用一种特殊形式的字符常量——转义字符，它以"\"开头，将其后的字符变成另外的含义，例如，"\n"表示换行，"\\"表示反斜杠字符。转义字符及其意义如表 3.4 所示，使用时请注意区分斜杠"/"与反斜杠"\"。

表 3.4 转义字符及其对应意义

转义字符	意义	ASCII 码值（十进制）
\a	响铃（BEL）	007
\b	退格（BS），将当前位置移到前一列	008
\f	换页（FF），将当前位置移到下页开头	012
\n	换行（LF），将当前位置移到下一行开头	010
\r	回车（CR），将当前位置移到本行开头	013
\t	水平制表（HT），跳到下一个 TAB 位置	009
\v	垂直制表（VT）	011
\\	代表一个反斜线字符	092
\'	代表一个单引号（撇号）字符	039
\"	代表一个双引号字符	034
\?	代表一个问号	063
\0	空字符（NULL）	000
\ooo	1~3 位八进制数所代表的任意字符	三位八进制
\xff	1~2 位十六进制所代表的任意字符	二位十六进制

3.3 常见运算符及其表达式

C语言运算符是说明特定操作、构造C语言表达式的重要途径和工具。C语言运算符非常丰富，除了控制语句和输入/输出语句外，其他大部分C语句都通过运算符进行构造。常见的C运算符包括算术运算符、关系运算符、逻辑运算符、赋值运算符、位运算符等。

3.3.1 运算符优先级和结合性

运算符具有优先级和结合性。求解表达式时按照运算符优先级顺序从高到低执行，如先乘除，后加减；有括号"()"时，括号的优先级最高。

如果表达式中一个运算对象两侧的运算符优先级相同，那么按照规定的结合方向处理。一般结合性包括左结合和右结合。左结合是自左至右计算，右结合是自右至左计算。算术运算符"+""−""*""/""%"的结合性是左结合的。所有运算符的优先级和结合性见附录2运算符优先级表。

3.3.2 算术、赋值运算符及其表达式

1. 算数运算符及其表达式

C语言提供了5种基本的算术运算符，包括加"+"、减"−"、乘"*"、除"/"和求余（模）"%"运算符，这5种运算符都是双目运算符。

加、减、乘、除运算符适用于整型、浮点型常量和变量，而模运算符只用于两个整型数据。其中，整型数据相除时，结果会自动取整。例如，一个三位整数x的个、十、百位数分别可表示为x%10、(x/10)%10、x/100；整数与实数相除运算结果为实数，例如，7.0/4=1.75；两个不同符号的整数进行模运算，余数与模数符号相同，例如，(−11)%6=5。

算术表达式是用运算符、括号和运算对象通过有意义的排列所得到的组合。其中，运算对象包括常量、变量、函数等。如下都是合法的表达式：

x*y

x/2

x*pow(y, 2.0)+1

其中，x、y是变量；2、2.0、1是直接常量；pow(x,y)是C语言的库函数，计算x^y的值。

常用的标准数学函数如表3.5所示。

表 3.5 常用的标准数学函数

函数名	功能说明	函数名	功能说明
fabs(x)	计算 x 的绝对值	pow(x)	计算 x^y 的值
sqrt(x)	计算 x 的平方根	sin(x)	计算 x 的正弦值
log(x)	计算 $\ln x$ 的值	cos(x)	计算 x 的余弦值
exp(x)	计算 e^x 的值	div(int x, int y)	计算整数除法的商和余数

使用标准数学函数,需要在程序开头加上预处理命令:#include <math.h>。

2. 赋值运算符及其表达式

赋值运算符的作用是将一个表达式的值赋给一个左值。赋值运算符的一般形式为:左值 = 表达式。例如,a = 3,a + b = c,x=x+1 等,都是正确的赋值表达式。左值不能是常量,能够进行修改。赋值运算符的优先级仅高于逗号运算符,低于算术运算符、关系运算符以及逻辑运算符。

最简单的赋值运算符是"=",涉及算数运算的复合赋值运算有 5 种,分别是"+=""−=""*=""/=""%=",如表 3.6 所示。

表 3.6 复合赋值运算符

运算符	名称	运算实例	等价展开形式
+=	复合加赋值	a+=b	a=a+b
−=	复合减赋值	a−=b	a=a-b
*=	复合乘赋值	a*=b	a=a*b
/=	复合除赋值	a/=b	a=a/b
%=	复合模赋值	a%=b	a=a%b

涉及位运算的复合赋值运算有 5 种,分别是"&=""|=""^=""<<="">>="。

3.3.3 自增、自减运算符及其表达式

C 语言提供了自增和自减运算符,分别用"++"和"−−"表示,用于给变量的值增加 1 和减少 1。自增、自减运算符都是单目运算符,即只有一个操作数。自增、自减运算符只能用于变量,不能用于常量或表达式。

"++"和"−−"作为前缀运算符和后缀运算符,有 4 种运算形式:

++x 和 x++等价于 x=x+1;−−x 和 x−−等价于 x=x-1。

上述运算形式用于变量运算,结果是一样的;但用于表达式中,运算结果存在区别。举例如表 3.7 所示(x=5)。

表 3.7 自增、自减运符符用于变量运算和表达式中的区别

实例	等价语句	表达式	表达式的值	表达式后 x 的值
y = x++	y = x; x = x+1;	5 + x++	10	6
y = ++x	x = x+1; y = x;	++x + 5	11	6
y = x−−	y = x; x = x-1;	5 + x−−	10	4
y = −−x	x = x-1; y = x;	−−x + 5	9	4

自增、自减运算符作为前缀和后缀时的优先级和结合性是不同的。后缀++、后缀−−

的优先级高于前缀++、前缀--及其他单目运算符。后缀++、后缀--的结合性是左结合，前缀++、前缀--及其他单目运算符的结合性是右结合。

3.3.4 关系运算符和关系表达式

在程序中经常需要比较两个操作数的大小关系。比较两个操作数的运算符称为关系运算符。用关系运算符连接两个操作数组成的表达式称为关系表达式。关系表达式通常用于表示一个判断条件的真与假。在 C 语言中，用非零值表示"真"，用零值表示"假"。如果表达式的值为零，其值就为假，即条件不成立；反之，如果表达式的值为非零，其值就为真，即条件成立。

C 语言中的 6 种关系运算符如表 3.8 所示。

表 3.8 C 语言的 6 种关系运算符

运算符	含义	示例	功能
<	小于	x<y	x 小于 y 时返回真；否则返回假
<=	小于或等于	x<=y	x 小于等于 y 时返回真；否则返回假
>	大于	x>y	x 大于 y 时返回真；否则返回假
>=	大于或等于	x>=y	x 大于等于 y 时返回真；否则返回假
==	等于	x==y	x 等于 y 时返回真；否则返回假
!=	不等于	x!=y	x 不等于 y 时返回真；否则返回假

关系运算符都是双目运算符，其结合性都是左结合。关系运算符的优先级低于算术运算符，高于赋值运算符。关系运算符"<""<="">"">="的优先级相同，"=="和"!="的优先级相同。前 4 种运算符的优先级高于后面两种运算符的优先级。

如下都是合法的关系表达式：

a+b > c−d

x > 3/2

'a'+1 < c

−i−5*j == k+1

关系表达式允许嵌套使用，如

a > (b>c)

a != (c==d)

例如，已知 x=2，y=2，z=1。关系表达式 x>y>z 的值为 0，结果为假；关系表达式 (x>y)==z 的值为 1，结果为真。但是，当描述条件"变量 ch 表示的字符在'0'~'9'之间"时，关系表达式'0'<=ch<='9'是不正确的。

3.3.5 逻辑运算符和逻辑表达式

逻辑运算符实现了多个关系表达式或逻辑量之间的连接，可以将多个条件组合在一个表达式中，用于处理实现多条件判断问题。C 语言中提供了三种逻辑运算符，如表 3.9 所示。

表 3.9　C 语言中的三种逻辑运算符

逻辑运算符	类型	含义	结合性	举例
!	单目运算符	逻辑非运算	自右至左	!x
&&	双目运算符	逻辑与运算	自左至右	x&&y
||	双目运算符	逻辑或运算	自左至右	x||y

上述三种逻辑运算符的优先级各不相同，运算符"!"优先级最高，其次是"&&"，最后是"||"。

用逻辑运算符将关系表达式或逻辑量连接起来的式子称为逻辑表达式。逻辑表达式的值是一个逻辑值，即"true"或"false"。C 语言编译系统中，以非零表示"真"，以零表示"假"。在判断一个表达式是否为"真"时，可以用零表示"假"，用非零表示"真"。

逻辑运算符运算规则如下。

（1）与运算"&&"中，参与运算的两个表达式都为真时，结果才为真；否则为假。例如，5>0 && 4>2 中，5>0 为真，4>2 也为真，相与的结果也为真。

当第一个表达式的值为假时，不再判断第二个表达式的值。

（2）或运算"||"中，参与运算的两个表达式，只要有一个为真，结果就为真。两个表达式都为假时，结果为假。例如，5>0||5>8，由于 5>0 为真，相或的结果也就为真。

当第一个表达式的值为真时，不再判断第二个表达式的值。

（3）非运算"!"中，参与运算的表达式为真时，结果为假；参与运算的表达式为假时，结果为真。例如，!（5>0）的结果为假。

以下表达式常用于 C 语言程序设计中，需要熟练掌握：

数学表达式 x>y>z 正确的表达式形式为

(x>y) && (y>z)

描述条件"变量 ch 表示的字符在'0'~'9'之间"正确的表达式形式为

('0'<=ch) && (ch <='9')

判断变量 ch 是否为字母（不区分大小写）正确的表达式形式为

(ch>='a') && (ch<='z') || (ch>='A') && (ch<='Z')

判断某一年 year 是否为闰年正确的表达式形式为

((year%4==0) && (year%100!=0)) || (year%400==0)

某一年 year 为闰年需要满足两个条件，一是能被 400 整除；二是能被 4 整除，但不能被 100 整除。

3.3.6　类型转换运算符

C 语言中类型转换分为自动类型转换和强制类型转换。

1. 自动类型转换

自动类型转换是指，在一个双目运算符两端的运算对象类型不同时，先将其转换为相同的类型，即将较低类型的转换为较高类型，然后参加运算。转换规则如图 3.2 所示。

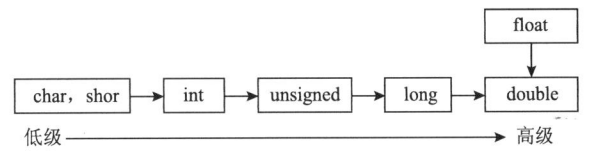

图 3.2 不同数据类型的转换

整个表达式最后的类型为等级最高的类型。例如，3.14/2，先将整型 2 自动转换为浮点型 2.0，然后进行运算，表达式类型为 double 型。

在 C 语言中，自动类型转换遵循如下规则。

（1）转换向数据长度增加的方向进行，以保证不降低精度。例如，int 型和 long 型混合运算时，先将 int 型转成 long 型，然后再参加运算。

（2）若两种类型的字节数不同，则转换成字节数高的类型；若两种类型的字节数相同，且一种是有符号类型，另一种是无符号类型，则转换成无符号类型。

（3）所有的浮点运算都采用双精度形式进行，即使表达式中只有 float 单精度量，也将其转换为 double 类型，再参加运算。

（4）char 型和 short 型参与运算时，必须先转换成 int 型。

（5）在赋值运算中，赋值运算符右边量的类型将转换为左边量的类型。如果右边量的数据类型长度大于左边量，会存在精度降低的问题。

2．强制类型转换

强制类型转换是通过类型转换运算来实现的，其一般形式为

（类型标识符）（表达式）

强制类型转换是将表达式的运算结果强制转换成类型标识符所表示的类型。其中，"()" 作为一种强制类型转换运算符，优先级处于最高级。例如，(int) 3.14/2，强制类型转换会将浮点型 3.14 转换为整型 3，然后再做除法运算。注意(int) 3.14/2 与(int) (3.14/2)之间的区别。

无论是强制类型转换，还是自动类型转换，都只是为本次运算进行的临时性转换，不改变类型标识符对该运算量定义的类型。

位运算符及其表达式详见第 8 章位操作。

3.3.7 逗号运算符

C 语言提供一种特殊的运算符——逗号运算符，用来将两个（或多个）表达式连接起来，如 1+2,3+6,7+8。

上式称为逗号表达式。逗号表达式的一般形式为

表达式 1, 表达式 2, 表达式 3, …, 表达式 n

逗号表达式的求解过程是：先求解表达式 1，再求解表达式 2，…，表达式 n 的值，整个逗号表达式的值是表达式 n 的值。例如，逗号表达式 "1+2,3+6,7+8" 的值为 15。

逗号运算符在所有运算符中优先级最低。例如，以下两个表达式意义不同：

x=(a=1,2*3)

x=a=1,2*a

第一个是赋值表达式，将逗号表达式的值赋给 x，x 的值等于 6。

第二个是逗号表达式，它包括一个赋值表达式和一个算术表达式，x 的值为 1，逗号表达式的值为 2。

又如，

c = (a = 1, b = 2, a + 1)

在计算时，首先将 a 赋值为 1，将 b 赋值为 2，然后在最后一个表达式中，将最右边表达式 a+1 的计算结果 2 赋给 c。表达式中的括号是必须的，因为逗号运算符的优先级低于赋值操作符。

逗号表达式的运算遵循如下规则。

（1）逗号表达式的运算过程为从左往右逐个计算。

（2）逗号表达式作为一个整体，它的值为最后一个表达式（即表达式 n）的值。

（3）逗号运算符的优先级别在所有运算符中最低。

试思考：（a = 3, b = 5, b+ = a, c = b* 5），求逗号表达式的值。

3.4　C 语句的作用与分类

从例 3.1 可以看到，一个函数包含声明部分和执行部分，声明部分不是语句，不产生机器指令，如 float radius、area；执行部分由语句组成，一条 C 语句经过编译后产生若干条机器指令。C 语言程序包含三种基本结构，即顺序结构、选择（分支）结构、循环结构。C 语言提供了多种语句来实现这些程序结构。

C 语句可分为以下 5 类。

（1）控制语句。控制语句用于完成一定的控制功能。C 语句有 9 种控制语句，可分为三类。

① 条件判断语句。

  if()…else…　　　　　（条件语句）

  switch　　　　　　　（多分支选择语句）

② 循环执行语句。

  for(;;)…　　　　　　（循环语句）

  while()…　　　　　　（循环语句）

  do…while()…　　　　（循环语句）

③ 转向语句。

  continue　　　　　　（结束本次循环语句）

  break　　　　　　　（中止循环或 switch）

  return　　　　　　　（从函数返回）

  goto　　　　　　　　（转向语句，在结构化程序中不使用 goto 语句）

在上述语句中，()表示包含判别条件，"…"表示内嵌的语句。

（2）函数调用语句。函数调用语句由函数名、实际参数加上";"构成，其一般形式为

函数名（实际参数表）;

例如，求变量 a、b、c 中最大的值：

```
max(a,b,c);
```

（3）表达式语句。表达式语句由表达式加";"构成。例如，

```
x=y+z;
i++;
```

（4）复合语句。用"{}"括起来的一组语句称为复合语句。复合语句作为一个整体存在于程序中，可视为一条语句。例如，

```
{
  x=y+z;
  a=b+c;
  printf("%d%d",x,a);
}
```

复合语句中，各语句必须以";"结束，并且在括号"}"外不能加分号。

（5）空语句。只有一个";"构成的语句是空语句。空语句是什么也不执行的语句。在程序中空语句可用作空循环体。例如，

```
while(getchar()!='\n');
```

该语句的功能是，如果输入的字符不是回车（"\n"），那么重新输入。其中的循环体为空语句。

3.5 基本的输入和输出

C 语言中输入/输出操作通过调用 C 的标准库函数来实现。C 标准函数库提供了格式输入函数 scanf() 和格式输出函数 printf()，以及字符输入函数 getchar() 和字符输出函数 putchar()，这些函数的定义包含在头文件 stdio.h 里。C 标准函数库提供了很多标准输入/输出的库函数，详见第 7 章函数部分。

3.5.1 printf() 函数和 scanf() 函数

1. printf() 函数

printf() 函数是格式化输出函数，一般用于向标准输出设备按照规定格式输出信息。

printf() 函数的一般调用形式如下：

```
printf("格式控制字符串",输出列表);
```

其中，格式控制字符串用于指定输出格式。格式控制字符串包括格式字符串和非格式字符串两种。格式字符串是以"%"开头的字符串，在"%"后面跟有各种格式字符，以说明输出数据的类型、形式、长度、小数位数等；非格式字符串原样输出，在程序中主要起到提示作用。输出列表中给出了各个输出项，各输出项之间用","分隔，格式字符

串和各输出项在数量和类型上需要一一对应。

例如，

```
printf("x=%d",x);
```

双引号中的"x ="直接输出，"%d"使用 x 的值替换，输出数据类型为整数。

输出列表中的输出元素可以是变量、常量或表达式，如以下输出都是合法的：

```
pintf("1");
printf("%d",1);
printf("x+1=%d",x+1);
```

格式输出函数 printf()的常用格式控制字符及其功能说明如表 3.10 所示。

表 3.10　printf()函数常用格式控制字符及其功能说明

格式字符	功能
%d	用于输出十进制整数，正数的符号省略
%o	用于输出八进制整数，不输出前缀"0"
%x	用于输出十六进制整数（小写），不输出前缀"0x"
%u	用于输出无符号十进制整数
%c	用于输出一个字符
%s	用于输出字符串
%f	用于输出浮点数（包括单、双精度），整数部分全部输出，隐含输出 6 位小数
%e	以标准指数形式输出浮点数，小数点前只有一位非零数字
%g	选用%f 或%e 格式中输出宽度较短的一种格式，不输出无意义的"0"

浮点数格式控制符的默认精度是 6，使用%f 和%e 的输出精度指小数点后的小数位数，而使用%g 的输出精度是指小数点前后的有效数字的最大个数。使用%e、%g 等输出时会对数据进行舍入处理，而使用%f 输出时不进行舍入处理。其他格式控制字符还有%X、%E、%G、%%等。

2. scanf()函数

scanf()函数是格式化输入函数，一般用于从标准输入设备（键盘）读取输入的信息。即按照指定的格式说明，从输入设备接收数据，存入地址表指定的存储单元中。

```
scanf("格式控制字符串",地址表);
```

格式控制字符串含义同 printf()函数。"地址表"是由若干个地址组成的列表，可以是变量的地址或字符串首地址。scanf()函数返回值为成功赋值的数据项数，出错时则返回 EOF（EOF 表示文件结尾，C 标准通常将 EOF 定义为–1）。

如果格式控制字符串中要求连续输入多个整型或浮点型数据，那么多个数据间可以用空格、回车或制表符（Tab）分隔；如果要求连续输入多个字符型数据，那么必须连续输入。当格式说明中有非格式字符内容时，输入中通常也必须包含这些非格式字符。

需要注意的是，scanf()函数必须指定用来存储数据的变量的地址，地址表中每一个地址对应一个存储数据的目标地址。如果没有指定存储数据的目标地址，编译器可能不会提示错误，但是输入的数据无法正常存储。

表 3.11 中列出了常见的 scanf()函数输入格式及其正确和错误的输入举例。

表 3.11 常见 scanf()函数输入格式举例

scanf()函数输入格式	正确输入举例	错误输入举例
scanf("%d", &a);	15↵	略
scanf("%d %d", &a, &b);	15↵12↵ 或 15 12↵	15,12↵
scanf("%d,%d", &a, &b);	15,12↵ 或 15,↵12↵	15 12↵
scanf("a = %d, b = %d", &a, &b);	a=15, b=12↵或 a=15,↵b=12↵	15 12↵ 或 a=15 b=12↵
scanf("%c%c", &c1, &c2);	xy↵ 或 xyz...↵（只接收 xy）	x↵y↵或 x y↵
scanf("%s", s);	xyz↵	x y z↵或 x↵y↵z↵

输入数值数据时，如果遇到空格、回车、制表符或其他非数值字符，那么认为该数据输入结束，例如，

```
scanf("%d%c%d",&a,&b,&c);
```

输入：

```
1a2b3c↵
```

结果 a 的值为 1，b 的值为 a，c 的值为 2，"b3c"会被舍弃。

如果输入：

```
1 a 2 b 3 c↵
```

那么则结果 a 的值为 1，b、c 的值均出现错误。

格式输入函数 scanf()的常用格式控制字符及其功能说明如表 3.12 所示。

表 3.12 scanf()函数常用格式控制字符及其功能说明

格式字符	说明
d、i	用于输入有符号的十进制整数
u	用于输入无符号的十进制整数
o	用于输入八进制整数
x、X	用于输入十六进制整数
c	用于输入一个字符，空格、回车、制表符或其他非数值字符均为有效字符
s	用于输入字符串，遇到第一个空格、回车、制表符或其他非数值字符时结束
f、e	用于输入浮点数，以小数或指数形式输入均可

3. 输入/输出格式控制符

输出函数 printf()的常用格式控制符说明如下：

（1）%表示格式说明的起始符号，不可缺少。

（2）-表示左对齐输出，如省略表示右对齐输出。

（3）0表示指定空位填0，如省略表示指定空位不填。

（4）m.n 中，m 指域宽，即对应的输出项在输出设备上所占的字符数；n 指精度，用于说明输出的实型数的小数位数，未指定 n 时，隐含的精度为 n=6。

（5）l 用于整型输出 long 型数据，用于实型指 double 型数据；h 用于将整型的格式字符修改为 short 型数据。

输入函数 scanf()的常用格式控制符说明如下。

（1）%表示格式说明的起始符号，不可缺少。

（2）h 用于 d、i、o、x 前，指定输入 short 型数据。

（3）l 用于 d、i、o、x、u 前，指定输入 long 型数据；用于 f、e 之前，指定输入 double 型数据。

（4）m 为正整数，指定输入数据的宽度占 m 列，不能对浮点型使用。

（5）*为抑制符，表示本输入项在读入后不赋给相应的变量。

例如，

```
scanf("%d%*c%d",&x,&y);
```

输入 10/20，则 10 存入变量 x 中，20 存入变量 y 中。

又如，

```
scanf("%2d%*2d%2d",&x,&y);
```

输入 123456，则 x=12，y=56。

3.5.2 字符输入和输出

C 语言提供了 putchar()函数和 getchar()函数，专门用于单个字符的输入/输出，它们的函数声明都包含在 stdio.h 头文件中。

1. 字符输出函数 putchar()

字符输出函数 putchar()的功能是将给定的字符变量或常量在标准输出终端（一般指显示器）上输出。其格式如下：

```
putchar(字符变量或常量)
```

putchar(ch)中的 ch 可以是字符变量或常量、整型变量或常量。当 ch 是整型变量或常量时，由于 putchar()只能输出字符，输出时将输出 ch 的值在 ASCII 码表中对应的字符，例如，

```
ch=65;
```

采用 putchar(ch)输出的结果是字符"A"。其中，当 ch 取值范围是介于 0~127（包括 0 和 127）之间的十进制整型数时，输出对应的 ASCII 代码字符；当 ch 是一个用单引号括起来的字符时，输出该字符（可以是转义字符）；当 ch 是一个提前用 char 定义的字符型变量时，输出该变量所指向的字符。

2. 字符输入函数 getchar()

字符输出函数 getchar()的功能是从输入设备（一般指终端键盘）读入一个参数，按回车键表示结束。其格式如下：

```
getchar()
```

getchar()可以接收回车字符。例如，

```
#include<stdio.h>
int main()
{
    char a,b,c;
    a=getchar();
    b=getchar();
    c=getchar();
    putchar(a);
    putchar(b);
    putchar(c);
    return 0;
}
```

连续输入 ABC 后，按下 Enter 键，输出如下：

```
ABC
```

需要引起注意的是，用户输入的字符先暂存在键盘缓冲区中，直到用户按下 Enter 键，才将输入的字符一起读入到程序中，并按先后顺序分别赋给相应的变量。

上例中，如果输入字符 A 后即按下 Enter 键，输出如下：

```
A
B
```

这一情形中，Enter 键作为字符被 b 读入，此时 a = 'A'，b = '\10'，c = 'B'。

例 3.2 从键盘用 getchar()函数输入一个字符，然后使用 putchar()函数显示出来。

```
#include<stdio.h>
void main()
{
    char ch;
    ch=getchar();
    putchar(ch);
}
```

例 3.3 getchar()函数可作为 putchar()函数的参数。

```
#include<stdio.h>
void main()
{
```

```
    putchar(getchar());
}
```

3.6 欧几里得算法

欧几里得算法又称辗转相除法，是计算两个正整数 a、b 的最大公约数的一种方法。古希腊数学家欧几里得在其著作《几何原本》中最早描述了这一算法，因此将其命名为欧几里得算法。该算法在数学和计算机领域有较广泛的应用，是信息安全数学基础中的代表性算法之一[8]。

最大公约数（greatest common divisor）缩写为 gcd，其计算公式如下。

$$\gcd(m, n) = \gcd(n, m \bmod n)$$

设两数为 m、n ($m>n$)，求 m 和 n 的最大公约数(m, n)的步骤如下：

（1）用 m 除以 n，得 $m \div n = q \cdots\cdots r_1 (0 \leq r_1$；$q$ 为 m 除以 n 的商)。

（2）若 $r_1=0$，则 $\gcd(m, n)=n$；若 $r_1 \neq 0$，则再用 n 除以 r_1，得 $n \div r_1 = q \cdots\cdots r_2 (0 \leq r_2)$。

（3）若 $r_2=0$，则 $\gcd(m, n)=r_1$；若 $r_2 \neq 0$，则继续用 r_1 除以 r_2。

（4）继续上述过程，直到能整除为止。

最后一个余数为 0 的除数即为 m 和 n 的最大公约数。

欧几里得算法的流程图如图 3.3 所示。

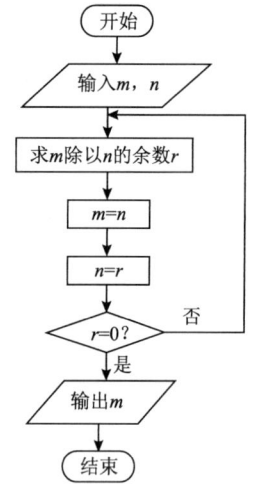

图 3.3 欧几里得算法流程图

例 3.4 欧几里得算法 C 语言程序。

```
#include<stdio.h>
int main( )
{
    int m,n;
    unsigned int r;
```

```
    printf("Input two positive integer: m=,n=");
    scanf("%d%d",&m,&n);
    printf("the greatest common factor of %d and %d is",m,n);
    while(n>0)
    {
        r=m%n;
        m=n;
        n=r;
    }
    printf("%d\n",m);
    return 0;
}
```

3.7 本章小结

本章主要介绍了 C 语言的数据表示形式、变量的定义和使用方法、常见运算符及其结合性和优先级、标准输入/输出函数的使用方法等内容。本章需要重点理解并掌握以下内容：

（1）掌握变量的类型和定义，变量使用的基本方法和特点。
（2）掌握自增、自减运算以及强制类型转换运算符的特点和使用方法。
（3）掌握常用数学表达式转换为 C 语言表达式的基本方法。
（4）掌握赋值运算符、逻辑运算符和关系运算符及其表达式的使用方法。
（5）掌握格式输入函数 scanf() 和格式输出函数 printf() 的使用方法。
（6）掌握 putchar() 函数和 getchar() 函数的特点和使用方法。

习 题 3

1. 下列哪些变量名是合法的？
（1）123　　　（2）aBc123　　　（3）a_1　　　（4）_abc
（5）_　　　　（6）pi　　　　　（7）a@b　　　（8）a b
2. 分析以下代码段中表达式的数据类型和结果：
（1）3/2
（2）3.0/2;
（3）char a = 'a';
表达式：a/2;
（4）int a = 1; double d = 2;　　float f = 4;
表达式：(int)(a / d) * f;
3. 任意读入两个整数，将二者的值交换后输出。

4. 以下程序的输出是什么？分析 putchar()和 printf()输出字符的区别。整型和字符型是否任何情形下都可以互换？

```
#include<stdio.h>
int main()
{
    char c1='a';
    int c2=98;
    char c3=355;
    printf("%d%c",c1,c1);
    putchar(c2);
    printf("%c",c3);
    return 0;
}
```

5. 编写程序判断三个数是否能构成一个三角形。

6. 有一圆锥，底面圆半径为 r，高为 h，求圆锥的体积。编写程序，用 scanf()输入数据，输出数据取小数点后 2 位数字。

7. 编写代码，输出一个菱形。

8. 当输入 a=3 b=7 c=9 时，判断下面程序的输出结果。

```
#include<stdio.h>
#include<stdlib.h>
int main()
{
    float i,j,k;
    scanf("a=%f b=%f c=%f",&i,&j,&k);
    printf("a=%f\nb=%f\rc=%f\n",i,j,k);
    printf("a=%f\rb=%f\nc=%f\n",i,j,k);
    system("pause");
    return 0;
}
```

9. 输入一个 5 位十进制整数，判断其是否为回文数。例如，12321 是一个回文数，个位与万位相同，十位与千位相同。

第4章 选择结构程序设计

第3章介绍了顺序程序设计。在顺序程序设计中,程序是由上而下顺序执行的,是无条件的,而现实中有很多情况都是根据条件决定下一步的操作。例如,在搭乘公交时,有的公交不绕路,但是下车后需要步行;有的公交绕路,但是直达。因此需要选择是否步行,这就是选择结构。其中,是否步行是判断条件,选择不同的线路就是选择结构的分支。选择结构可以有两个或多个分支。

4.1 选择结构和条件判断

选择结构程序包含两个部分,一是判断条件,二是选择结构的分支。下面通过一个示例程序来理解选择结构程序的构成。

例 4.1 BMI(Body Mass Index)是世界卫生组织定义的身体质量指数,计算方法是

$$体重(kg) \div (身高(m))^2$$

一般,成人的身材情况可以根据 BMI 数值来判断:
①偏轻:低于 18.5;
②正常:18.5~24;
③偏重:24~28;
④肥胖:高于或等于 28。
编写程序,输入体重和身高,输出身材情况。
由题目分析,存在 4 个选择的区间。

步骤1:**输入体重 weight 和身高 height**;
步骤2:**计算** BMI=weight/(height^2);
步骤3:**如果** BMI<18.5,输出"偏轻";
步骤4:**如果** 18.5≤BMI<24,输出"正常";
步骤5:**如果** 24≤BMI<28,输出"偏重";
步骤6:**如果** BMI≥28,输出"肥胖";
步骤7:**结束**。

在此例中,BMI 低于 18.5 作为第一个条件,有两个分支,若低于 18.5 就是"偏轻",不低于则属于"不偏轻"。

4.2 用 if 语句实现选择结构

选择结构在 C 语言中可以通过 if 语句来实现,用 if 语句实现选择结构的标准形式如下:

```
if(条件){语句1;}
else{语句2;}
```
当条件的值为真时,执行语句1;当条件的值为假时,执行语句2;语句1、语句2可以由一条语句组成,也可以由多条语句组成;else以及语句2不是必须的,例如,
```
if(条件){语句1;}
```
用if语句判断是否肥胖的C语言代码如下:
```
if(BMI>28)printf("肥胖");
else printf("不肥胖");
```
在if语句中,有两个要素,即条件和操作。条件的值为真或假,在C语言中,零代表假,非零代表真。

4.3 条件表达式的值

在C语言中,条件表达式的含义为真或假,但在实际操作中,以零为假,非零为真,即"1""-1""5"的值都是真。

在if语句中,只要括号内最后的值是数值型都能完成条件的判断,赋值表达式的值为表达式中变量的值。因此,赋值运算符也能出现在条件表达式中。例如,(a=3)>(b=5),赋值表达式a=3的值为3,b=5的值为5,由于3>5不成立,故条件表达式的值为假,即为0。

赋值表达式的值为表达式中变量的值,而等于运算符的值只能是真或假,即"1"或"0"。

请读者分析if(a=0)和if(a==0)的区别。

4.4 条件运算符

如果在条件语句中,只执行单个的赋值语句,常可使用条件表达式来实现。这样不但可以使程序简洁,也提高了运行效率。

条件运算符为"?"和":",它是一个三目运算符,即有三个参与运算的表达式。由条件运算符组成条件表达式的一般形式如下:
```
表达式1? 表达式2:表达式3
```
其求值规则为:若表达式1的值为真,则以表达式2的值作为条件表达式的值;否则以表达式3的值作为整个条件表达式的值。条件表达式通常用于赋值语句中。例如,
```
if(a>b)max=a;
else max=b;
```
可用条件表达式写为
```
max=((a>b)?a:b);
```
执行该语句的语义是:若a>b为真,则将a赋予max;否则将b赋予max。

条件运算符的运算优先级低于关系运算符和算术运算符,但高于赋值符。因此
```
max=((a>b)?a:b);
```

可以去掉括号写为

```
max=a>b?a:b;
```

条件运算符"?"和":"是一对运算符,不能分开单独使用。

条件运算符的结合方向是自右至左。例如,

```
a>b?a:c>d?c:d;
```

应理解为

```
a>b?a:(c>d?c:d);
```

4.5 选择结构的嵌套

在 if 语句中又包含一个或多个 if 语句,称为 if 语句的嵌套,其一般形式如下:

```
if()
    if() 语句1;
    else 语句2;
else
    if() 语句3;
    else 语句4;
```

else 总是与它上面的最近未配对的 if 配对,应当注意 if 与 else 的配对关系。例如,

```
if()
    if() 语句1;
else 语句2;
```

希望 else 和第一个 if 配对,但实际上会跟第二个 if 配对。

为了避免二义性的混淆,常用花括号将内嵌语句括起来。例如,

```
if() {
    if() 语句1;
    }
else 语句2;
```

在例 4.1 中,如果按照步骤 3~步骤 6 来判断一个成年人的身材,那么即使这个人是"偏瘦",也会进行另外三步的判断。

实际上,"正常""偏重""肥胖"都属于"不偏瘦"的类型中,当一个人已经属于"偏瘦"的情况下,不需进行其他三步的判断。

步骤1:输入体重 weight 和身高 height。
步骤2:计算 BMI=weight/(height^2)。
步骤3:如果 BMI<18.5,输出"偏轻";否则,转到步骤4。
步骤4:如果 18.5≤BMI<24,输出"正常";否则,转到步骤5。
步骤5:如果 24≤BMI<28,输出"偏重";否则,转到步骤6。
步骤6:如果 BMI≥28,输出"肥胖"。
步骤7:结束。

用 C 语言表示如下：
```
if(BMI<18.5)printf("偏轻");
else{
    if(BMI<24)printf("正常");
    else{
        if(BMI<28)printf("偏重");
        else printf("肥胖");
        }
    }
```
因为 if 结构整体可以视为一个复合语句，因此可以简化为
```
if(BMI<18.5)printf("偏轻");
else if(BMI<24)printf("正常");
else if(BMI<28)printf("偏重");
else printf("肥胖");
```
这就是 if 结构的嵌套，用 if 结构的嵌套可以实现存在包含关系的条件选择。

if 语句的嵌套使用，需要注意以下三点。

（1）if 语句可写在多行上，也可写在一行上。但都是作为一个整体，属于同一个语句。

（2）"语句 1" … "语句 m" 是 if 中的内嵌语句。内嵌语句也可以是一个 if 语句。

（3）"语句 1" … "语句 m" 可以是简单语句，也可以是复合语句。复合语句中最后一条语句后的分号不能省略，否则将出现语法错误。

例 4.2 有一个函数如下：

$$y = \begin{cases} -1, & x < 0 \\ 0, & x = 0 \\ 1, & x > 0 \end{cases}$$

请编写一个程序，输入一个 x，输出相应的 y 值。

通过分析这个函数知，可以用 if 语句检查 x 的值，根据 x 的值决定赋予 y 的值。因为 y 的可能值有三个，所以难以用一个简单的、无内嵌的 if 语句来实现。

可以使用三种方法实现这个算法。

（1）使用三个独立的 if 语句实现；

（2）用一个嵌套的 if 语句实现，在 else 语句中使用嵌套结构；

（3）用一个嵌套的 if 语句实现，在 if 语句中使用嵌套结构。

请读者尝试实现上述三个算法。一般提倡内嵌 if 语句放在 else 语句中。例如，
```
if(x<0)y=-1;
else
    if(x==0)y=0;
    else y=1;
```

例 4.3 编写程序，判断某一年是否闰年。

3.3.5 小节已介绍过判别闰年的方法。本例采用变量 leap 代表是否闰年的信息。若闰年，令 leap=1；非闰年，leap=0。最后判断 leap 是否为 1（真），若是，则输出"闰年"信息。程序如下所示：

```
#include<stdio.h>
int main()
{int year,leap;                           //定义leap为标志变量
    printf("enter year:");
    scanf("%d",&year);
    if (year%4==0)
        if(year%100==0)
          if(year%400==0)leap=1;
             else leap=0;
        else leap=1;
    else leap=0;
    if(leap)printf("%d is ",year);        //输出是闰年
    else printf("%d is not",year);        //输出非闰年
    printf("a leap year.\n");
    return 0;
}
```

在例 4.3 中，if 的嵌套结构也可以表示为如下两种形式：

```
if(year%4!=0) leap=0;
else if(year%100!=0)leap=1;
else if(year%400!=0)leap=0;
else leap=1;
```

或者

```
if((year%4==0&&year%100!=0)||(year%400==0))
    leap=1;
else
    leap=0;
```

4.6　switch 分支选择

If…else…的嵌套能够处理多分支的情况，但当分支过多时，用 if…else…处理会比较复杂，程序可读性不强，而且容易出现 if…else…配对出错的情况。因此，C 语言还提供了另一种用于多分支选择的 switch 语句，其一般形式如下：

```
switch(表达式){
    case 常量表达式1:语句1;
```

```
    case 常量表达式2:语句2;
    ……
    case 常量表达式n:语句n;
    default:语句n+1;
}
```

其语义是:计算表达式的值,并逐个与其后的常量表达式的值相比较。当表达式的值与某个常量表达式的值相等时,则不再进行判断,继续执行后面相应case后的语句;若表达式的值与所有case后的常量表达式均不相同,则执行default后的语句。例如,

```
#include<stdio.h>
int main()
{
    int a;
    printf("input integer number:");
    scanf("%d",&a);
    switch(a){
        case 1:printf("Monday\n");
        case 2:printf("Tuesday\n");
        case 3:printf("Wednesday\n");
        case 4:printf("Thursday\n");
        case 5:printf("Friday\n");
        case 6:printf("Saturday\n");
        case 7:printf("Sunday\n");
        default:printf("error\n");
    }
    return 0;
}
```

本程序要求输入一个数字,然后输出一个相应星期几的英文单词。但是当输入"3"之后,却执行了case 3及之后的所有语句,输出了"Wednesday"及之后的所有单词。这种输出结果不是本程序所希望的。为什么会出现这种情况呢?这恰恰反应了switch语句的一个特点。在switch语句中,"case 常量表达式"只相当于一个语句标号,表达式的值和某标号相等则转向该标号执行,但不能在执行完该标号的语句后自动跳出整个switch语句,所以出现了继续执行后面所有case语句的情况。这与前面介绍的if语句是完全不同的,应特别注意。

为了避免上述问题,C语言还提供了一种break语句,专用于跳出当前的循环结构,break语句只有关键字break,没有参数。在后面还将详细介绍。修改例题的程序,在每一个case语句之后增加break语句,使每一个case语句执行之后均可跳出switch语句,从而避免输出不应有的结果。

在许多应用程序中,常常用菜单对流程进行控制。例如,从键盘输入一个"A"或

"a"字符,就会执行 A 操作;输入一个"B"或"b"字符,就会执行 B 操作;等等。

例 4.4 编写程序,用 switch 语句处理菜单命令。

```
#include<stdio.h>
int main()
{void menu1(int,int),menu2(int,int);
    char ch; int a=15,b=23;
    ch=getchar();
    switch(ch)
    {case 'a':
     case 'A':menu1(a,b);break;        //选择菜单1
     case 'b':
     case 'B':menu2(a,b);break;        //选择菜单2
     default:putchar('\a');            //\a 是转义字符 007,响铃符 BEL
    }
    return 0;
}
```

例 4.5 运输公司对用户计算运输费用。路程 s(km)越远,每(吨·千米)(t·km)运费越低。标准如表 4.1 所示。

表 4.1　路程与运费折扣关系

路程	运费折扣
$s<250$	没有折扣
$250 \leqslant s < 500$	2%折扣
$500 \leqslant s < 1000$	5%折扣
$1000 \leqslant s < 2000$	8%折扣
$2000 \leqslant s < 3000$	10%折扣
$3000 \geqslant s$	15%折扣

设每(吨·千米)货物的基本运费为 p,货物重为 w,距离为 s,折扣为 d,则总运费 f 的计算公式为 $f=p \times w \times s \times (1-d)$。采用 switch 语句编写程序如下:

```
#include<stdio.h>
int main()
{
    int c,s;
    float p,w,d,f;
    printf("please enter price,weight,discount:");
    scanf("%f,%f,%d",&p,&w,&s);
    if(s>=3000)c=12;                //3000km 以上为同一折扣
```

```
        else c=s/250;                    //3000km 以下折扣不同，c 取值不同
        switch(c)
        {case 0:d=0;break;               //c=0，代表 250km 以下，折扣 d=0
         case 1:d=2; break;              //c=1，代表 250~500km，折扣 d=2%
         case 2:
         case 3:d=5; break;              //c=2 和 3，代表 500~1000km，折扣 d=5%
         case 4:
         case 5:
         case 6:
         case 7:d=8;break;               //c=4~7，代表 1000~2000km，折扣 d=8%
         case 8:case 9:case 10:
         case 11:d=10;break;             //c=8~11，代表 2000~3000km，折扣 d=10%
         case 12:d=15;break;             //c=12，代表 3000km 以上，折扣 d=15%
        }
        f=p*w*s*(1-d/100);
        printf("freight=%10.2f\n",f);
        return 0;
    }
```

4.7 本章小结

本章主要讲述选择结构设计，包括两个分支的 if 语句和多个分支的 switch 语句等基本内容。结合第 3 章的内容，本章需要重点理解并掌握以下内容。

（1）关系运算符的优先级，关系表达式的运算；关系运算符与算术运算符、逻辑运算符等运算符的优先级比较，运算的结合顺序；注意等于运算符（==）、赋值运算符（=）、不等于运算符（!=）与数学中类似含义符号的区别。

（2）逻辑运算符的优先级，逻辑表达式的运算；逻辑运算符与算术运算符、关系运算符等运算符的优先级比较，运算的结合顺序；在逻辑表达式的求解过程中，并不是所有的逻辑运算符都会被执行，只有在必须执行下一个逻辑运算符才能求出表达式的值时，才执行该运算符。

①表达式 a && b && c，只有当 a 为真（非零）时，才需要判别 b 的值；只有当 a 和 b 都为真时才需要判别 c 的值。如果 a 为假，就不必判别 b 和 c。因为当 a 为假时，不论 b 和 c 为何值，表达式肯定为假。

②表达式 a || b || c，只要 a 为真，就不必判别 b 和 c；只有 a 和 b 都为假时，才需要判别 c。

（3）在 if 语句中，需要执行多条语句时，一定要将多条语句用"{}"括起来，构成复合语句；否则，将出现只执行第一条语句或出现语法错误的问题。

（4）if 语句嵌套时，else 与它最近的 if 语句匹配；编写程序时，请用锯齿形式缩进

对齐，即同一逻辑层次，保持相同的缩进。

（5）多分支 switch 语句中，要注意 break 语句的作用；switch 后面括号中的"表达式"，其值的类型应是整数类型（注意字符类型在内存中存储形式与整数类型一致，也可认为属于整数类型）；case 后面跟一个常量（或常量表达式），主要起标记作用，用来标记一个位置。switch 后面括号中的"表达式"的值将与各 case 后标记相比较，若相同，则执行该 case 后面的语句。

习 题 4

1. 什么是算术运算？什么是关系运算？什么是逻辑运算？
2. 赋值运算符和赋值表达式有什么区别？
3. 什么是逗号表达式？
4. 在逻辑表达式的求解中，所有的逻辑运算符和表达式都执行吗？
5. 表达式！"x"等价于"x!=1"吗？为什么？
6. C 语言中如何表示真和假？系统怎么判断一个表达式的真或假？"a = 0"和"a==0"有什么区别？
7. 下列表达式的值是什么？运行完后 a、b、c 的值各为多少？设 a=3，b=4，c=5。

（1）a+b>c&&b==c

（2）a>b&&c=6

（3）++a==b&&a++==b

（4）c=a–b||a=1

（5）a=0&&b++，++b==c||a=2，a++

8. 用 C 语言编写一个程序，判断一个数 n 能否同时被 3 和 5 整除。
9. 数字 1、2、3、4 能组成多少个互不相同且无重复数字的三位数？都是多少？编写程序。
10. 给出一个不多于 5 位的正整数，编写程序，要求：

（1）求出它是几位数；

（2）分别输出每一位数字。

11. 给出 100 分制成绩，输出等级"A""B""C""D""E"。90 分以上为"A"，80~89 分为"B"，70~79 分为"C"，60~69 分为"D"，60 分以下为"E"。分别用 if 和 switch 编写程序。
12. 输入某年某月某日，判断这一天是这一年的第几天，编写程序。
13. 简述 if 嵌套的作用。第 8 题中使用 if 是否有多种解法？如果有，编写代码实现其中一种。

第 5 章 循环结构程序设计

在密码学中,很多功能需要通过循环来实现,本章将详细讲解为什么需要循环结构,有哪些循环结构,以及循环结构的使用,并在最后介绍密码学中的 Feistel 结构轮函数。

在许多实际问题中,常常会遇到大量的有规律的重复运算,这种用不同的数据重复相同运算的编程处理技术称为循环,如数值计算中用迭代法求非线性方程的根,非数值计算中的对象遍历等。本章将着重介绍 C 语言中循环结构程序设计的方法,它和顺序结构、选择结构共同组成 C 语言的三种基本结构,作为构成各种复杂结构的基本构造单元。因此,熟练掌握顺序结构、选择结构和循环结构的概念、语法、作用及应用是程序设计的最基本要求。本章将主要介绍 while、do…while、for 循环结构以及与 if 语句连用的知识,并通过几个程序实例让读者对循环程序设计有一个较好的认识。

5.1 while 循环

while 语句实现的循环又被称为"当型"循环。它先判断循环控制条件是否为真,为真则继续循环,为假则结束循环。它的一般形式如下:

> while(表达式)
> 循环体语句;

while 循环结构由 while 语句和循环体语句两部分组成,while 语句用来控制循环体是否执行,while 语句中的表达式为循环控制条件表达式;循环体语句通常由需要重复执行的操作及控制循环次数的语句组成。

while 循环的执行过程是:计算表达式的值,然后进行判断。若值为真(非零),则执行循环体语句,再返回并判断表达式的值;若值为假(零),则结束循环。循环控制流程图如图 5.1 所示。

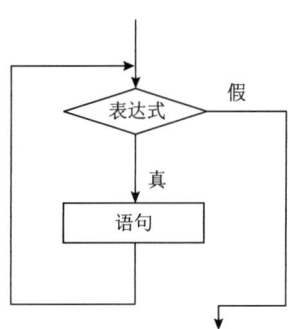

图 5.1 while 语句流程图

若 while 表达式的值一直为真,则形成死循环;若值为假,则循环体语句一次也不会执行。

循环体可以是一条语句,也可以是多条语句。当循环体语句由多条语句组成时,一定要用一对花括号括起来,构成复合语句;否则系统会认为循环体只有一条语句。

while 表达式中一般会含有变量,这个变量称为循环控制变量(简称循环变量),在循环体中需要有改变循环变量值的语句,使循环能朝结束的方向发展。

例 5.1 求 100 个自然数的和,即 1+2+3+…+100。

分析 (1)采用累加求和的方法,首先寻找加数与求和的规律。

(2)设循环变量为 i,i 的初值设为 1,当 i 的值小于等于 100 时,从 1 到 100 每循环一次,使 i 增加 1。

(3)设变量 sum 存放和,循环求 sum=sum+i。

程序算法如图 5.2 所示。

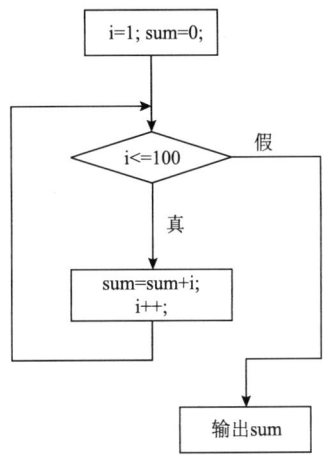

图 5.2 例 5.1 算法流程图

具体程序如下:

```c
#include<stdio.h>
int main(){
    int i,sum;
    i=1,sum=0;
    while(i<=100){
        sum=sum+i;
        i++;
    }
    printf("sum=%d\n",sum);
    return 0;
}
```

程序运行结果如下:

sum=5050

在编写程序的过程中,需要注意以下三个方面:

(1)当i的初值大于等于101时,循环体一次也不执行;

(2)在循环体中必须有令循环趋向结束的操作i++,否则循环将无限进行(死循环);

(3)在循环体中,各语句的先后位置必须符合逻辑,否则会影响运算结果。

5.2 do…while 循环

do…while 循环的特点是先执行循环体,然后判断循环条件是否成立,又称为"直到"型循环结构。它的一般形式如下:

```
do
循环体语句;
while(表达式);
```

其中,do 后面的语句是循环体;while 后面的表达式为循环控制条件。

语句执行过程:先执行一次循环体语句,然后判断表达式。若表达式的值为真(非零),则重复执行一次循环体中的语句,直到表达式的值为假(零)时,结束循环。循环控制流程图如图 5.3 所示。

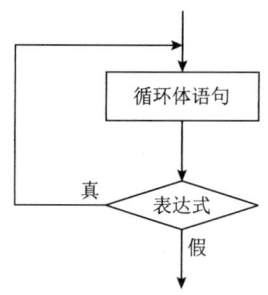

图 5.3 do…while 语句流程图

说明 (1)如果 do…while 中的表达式一开始为假,循环体依然会执行一次。例如,

```
int a=101;
do{
    printf("a=%d",a);
}while(a<=100);
```

运行的结果如下:

```
a=101
```

(2)单独的 do 不能构成语句,while(表达式)是该结构的最后一条语句,所以 while (表达式)后面必须加分号,否则将产生语法错误。

(3)do…while 和 while 的区别在于 do…while 是先执行后判断,因此 do…while 至少要执行一次循环体;而 while 是先判断后执行,若条件不满足,则循环体语句一次也不执行。

例 5.2 用 do…while 语句求 1~100 的和。

程序算法流程图如图 5.4 所示。

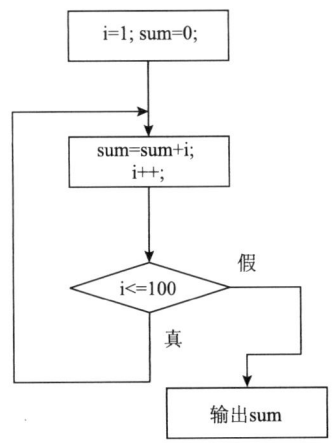

图 5.4 例 5.2 算法流程图

具体程序如下：

```c
#include<studio.h>
int main()
{
    int i=1,sum=0;
    do{
        sum+=i;
        i++;
    }while(i<=100);
    printf("sum=%d\n",sum);
    return 0;
}
```

程序运行结果如下：

```
sum=5050
```

从例 5.1 和 5.2 可以看到：对同样一个问题可以用 while 语句处理，也可以用 do…while 语句处理。一般情况下，用 while 语句和 do…while 语句处理同一个问题时，两者的循环体部分是一样的，结果也是一样的。但是，当 while（表达式）中表达式的值一开始为假时，循环执行的次数是不一样的，执行的结果也是不一样的。例如，当 i 的初始值大于 100 时，两种循环语句的执行结果就会不一样了，这是因为对 while 循环来说，循环体一次也不执行（表达式为假）；而 do…while 循环来说则要先执行一次循环体。所以编写程序时要考虑并合理利用这一特点。

5.3 用 for 语句实现循环

在 C 语言中，for 语句使用最为灵活，完全可以取代 while 语句。它的一般形式如下：

```
for(表达式1;表达式2;表达式3)
    语句;
```

它的执行过程如下：
步骤1：求解表达式1。
步骤2：求解表达式2。若其值为真（非零），则执行for语句中的循环体语句，然后执行步骤3；若其值为假（零），则结束循环，转到步骤5。
步骤3：求解表达式3。
步骤4：返回步骤2继续执行。
步骤5：循环结束，执行for语句后面的语句。

其执行过程如图5.5所示。

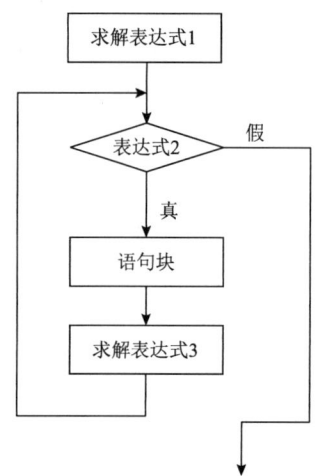

图5.5 for循环算法流程图

for语句最简单的、直观的形式如下：

for(循环变量赋初值;循环条件;改变循环变量)
　　语句;

循环变量赋初值部分是一个赋值语句，用来给循环控制变量赋初值；循环条件部分是一个关系表达式或逻辑表达式，它决定什么时候退出循环；改变循环变量用来确定循环控制变量每循环一次后按什么方式变化。这三个部分之间用";"分开。例如，

```
sum=0;
for(i=1;i<=100;i++)
    sum=sum+i;
```

先给i赋初值1，判断i是否小于等于100。若是则执行语句，之后i值增加1。然后重新判断，直到循环条件为假，即i>100时，结束循环。相当于

```
i=1;sum=0;
while(i<=100){
    sum=sum+i;
    i++;
}
```

for循环语句的一般形式，等价于如下的while循环形式：

```
表达式1;
while(表达式2){
语句;
表达式3;
}
```

使用 for 语句应该注意：

（1） for 循环中的表达式 1（循环变量赋初值）、表达式 2（循环条件）和表达式 3（改变循环变量）都是选择项，可以缺省，但";"不能缺省。

（2）省略表达式 1，表示不对循环控制变量赋初值。

（3）省略表达式 2，则不做进一步处理便成为了死循环。

例如，

```
sum=0;
for(i=1;;i++)
    sum=sum+i;
```

相当于

```
i=1;sum=0;
while(1){
    sum=sum+i;
    i++;
}
```

（4）省略表达式 3，则不对循环控制变量进行操作，这时可在循环体中加入修改循环控制变量的语句。例如，

```
sum=0;
for(i=1;i<=100;){
    sum=sum+i;
    i++;
}
```

（5）省略表达式 1 和表达式 3。例如，

```
sum=0;
for(;i<=100;){
    sum=sum+i;
    i++;
}
```

相当于

```
sum=0;
while(i<=100){
    sum=sum+i;
    i++;
}
```

（6）三个表达式都可以省略。例如，
```
for(;;)语句;
```
相当于
```
while(1)语句;
```
（7）表达式 1 可以是设置循环变量初值的赋值表达式，也可以是其他表达式。例如，
```
for(sum=0;i<=100;i++)
    sum=sum+i;
```
（8）表达式 1 和表达式 3 可以是一个简单表达式，也可以是逗号表达式。
```
for(sum=0,i=1;i<=100;i++)
    sum=sum+i;
```
或
```
for(i=0,j=100;i<=100;i++,j--)
    k=i+j;
```

5.4　循环的嵌套

循环嵌套是指在一个循环结构的循环体中，又包含另一个完整的循环结构，说明如下：

（1）如果在一个循环的循环体内又包含了循环结构，那么这个循环称为外层循环，而嵌入到循环体内的循环称为内层循环。

（2）C 语言提供的三种实现循环的控制语句——while 语句、do…while 语句以及 for 语句，可以相互嵌套，并且允许循环结构多层嵌套，从而构成多重循环。

（3）嵌套层次不限，无论何种嵌套，外循环都要完整地包含内循环，不允许交叉。另外，程序代码应该缩进排版，以方便阅读。

（4）多个 for 语句嵌套时，不能使用相同的循环控制变量，以免出现冲突。

例 5.3　输出九九乘法表。

```c
#include<stdio.h>
int main()
{
    int i,j;
    for(i=1;i<=9;++i){            /*循环控制输出行数*/
        for(j=1;j<=i;++j){        /*内循环控制输出列数*/
            printf("%d",i*j);     //输出乘积
        }
        printf("\n");             //换行
    }
    return 0;
}
```

程序说明：本例中的外循环共循环 9 次（即一共输出 9 行），当 i 等于 10 时循环终止。外循环的每轮循环都会执行内循环，在外循环的每轮循环中，内循环的循环次数都不相同。因为外循环的每轮循环都会使 i 增加 1，j 的值也会被重新赋值为 1。而内循环的结束条件是 j<=i，且内循环的每轮循环中 j 只增加 1，所以外循环每循环一次，内循环的循环次数就增加一次。在外循环的第 1 轮循环中，内循环的循环次数为 1；在外循环的第 2 轮循环中，内循环的循环次数为 2；在外循环的第 3 轮循环中，内循环的循环次数为 3；依此类推。下面是模拟本例的部分运行过程。

（1）外循环第 1 轮循环 i 的值为 1（以下简写为 i=1），故 i<=9 成立，进入循环体：
①内循环的第 1 轮循环。

j=1，故 j<=i 成立，进入循环体：输出 i*j（即 1*1）的乘积和一个空格，即 1。++j —-> j=2，j<=i 不成立，内循环结束。++i —-> i=2，故而 i<=9 成立，开始第 2 轮外循环。

（2）外循环第 2 轮循环。
①内循环的第 1 轮循环。

j=1，j<=i 成立，进入循环体：输出 i*j（2*1）和一个空格，即 2。++j —-> j=2，j<=i 仍然成立，开始第 2 轮内循环。

②内循环的第 2 轮循环输出 i*j（2*2）和一个空格，即 4。++j —-> j=3，j<=i 不成立，内循环结束。++i —-> i=3，i<=9 成立，开始第 3 轮外循环。

至此，输出结果如下：

```
1
2 4
……
```

（9）外循环第 9 轮外循环。

++i —-> i=10，i<=9 不成立，外循环结束。

最终的输出结果如下：

```
1
2 4
3 6 9
4 8 12 16
5 10 15 20 25
6 12 18 24 30 36
7 14 21 28 35 42 49
8 16 24 32 40 48 56 64
9 18 27 36 45 54 63 72 81
```

5.5 改变循环的执行状态

5.5.1 break 语句

break 和 continue 语句都可以用在循环中，break 语句通常用在循环语句和开关语句中。当 break 语句用于 while、do…while、for 循环语句中时，可使程序终止循环而执行循环后面的语句。通常 break 语句总是与 if 语句组合使用，即满足条件时便跳出循环。

注意以下三点。

（1）break 对 if…else…不起作用。

（2）break 用于跳出当前循环（结束当前循环）。

（3）break 影响的是当前的这个循环，对外层循环不起作用。

例 5.4 计算半径为 1,2,…,10 时圆的面积，直到面积大于 100 为止。

```c
#include<stdio.h>
int main()
{
    for(int r=1;r<=10;r++){
        double area=3.14*r*r;
        if(area>100)
            break;                          //面积大于100结束循环
        printf("area=%.2f\n",area);
    }
    printf("The end");
    return 0;
}
```

5.5.2 continue 语句

continue 语句的作用是跳过循环体中剩余的语句而强行执行下一次循环。continue 语句只用在 while、do…while、for 的循环体中，常与 if 条件语句一起使用，用来加速循环。

对比一下 break 和 continue。

（1）break 的用法。

```
while(表达式1){
    ……
    if(表达式2)  break;
    ……
}
语句1;
……
```

当表达式 2 的值为真时，执行 break 语句，控制流程跳出循环体，跳到语句 1 执行。
（2）continue 的用法。

```
while(表达式1){
    ……
    if(表达式2)  continue;
    语句1;
    ……
}
```

当表达式 2 的值为真时，执行 continue 语句，控制流程只结束当次循环，即不执行循环体中语句 1 和其后的语句，直接跳到 while（表达式 1）语句继续执行。

例 5.5　输出 100~200 之间不能被 3 整除的数。

```
#include<stdio.h>
int main()
{
    int i;
    for(i=100;i<=200;i++){
        if(i%3==0)
            continue;              //整除则跳出本次循环
        printf("i=%d\n",i);
    }
    return 0;
}
```

在例 5.4 中，break 跳出循环后循环就结束了；而本例中，continue 只结束当次循环，还要继续下一次循环。这就是 break 和 continue 最大的区别。

5.6　Feistel 结构轮函数

分组密码算法作为密码学中一大重要分支，在大量数据加密的应用中扮演着举足轻重、不可替代的作用。分组密码由于其在速度，标准化和软、硬件实现方面的优势而被广泛应用于数据加密、消息认证、密钥管理和数字签名等方面，是保障信息机密性和完整性的重要技术手段之一。

Feistel 结构最早出现在 IBM 公司提出的 Lucifer 加密算法（DES 算法的前身）中，由霍斯特·费尔斯特（Horst Feistel）等提出。Feistel 结构是最经典、最基础的算法结构，许多现代的对称分组加密算法都采用 Feistel 结构，它有加、解密相同且易实现的优点，在分组密码算法设计中占有举足轻重的地位。采用该结构的算法主要有 Blowfish、Camellia、DES、LOKI、MARS、RC5 等。Feistel 结构具有一个很突出的优点，其加密和解密操作非常类似，仅需要调整密钥的次序。因此，用于实现算法的编码量或者电路的复杂度大幅度降低。Feistel 结构是一种重复迭代结构，该特性使得算法硬件实现更加简单。

1. Feistel 加密结构

Feistel 加密算法的输入是长为 $2w$ bit 的明文和一个密钥 $K=(K_1, K_2, \cdots, K_n)$。将明文分成左右两个 w bit 部分,记为左一半 L 和右一半 R,然后进行 n 轮迭代;迭代完成后,再将左、右两半合并到一起生成为 $2w$ bit 的密文。其第 i 轮迭代的函数为

$$L_i = R_{i-1}$$

$$R_i = L_{i-1} \oplus F(R_{i-1}, K_i)$$

其中,K_i 为第 i 轮的子密钥;"$\oplus$"为异或运算;F 为轮函数。一般来说,各轮子密钥彼此各不相同,且轮函数 F 也各不相同。Feistel 结构如图 5.6 所示。

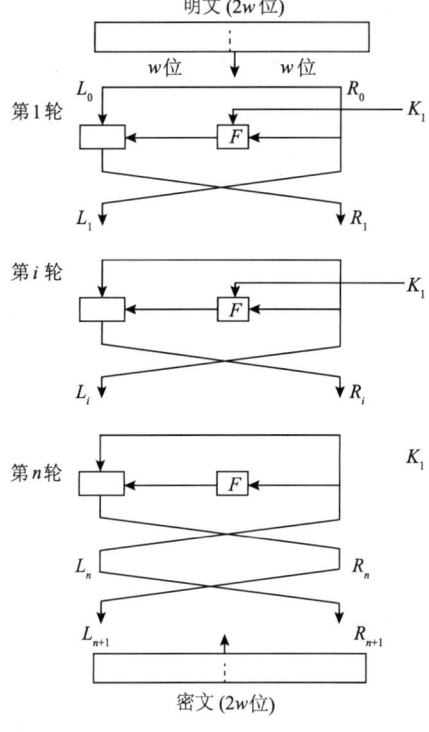

图 5.6 Feistel 结构示意图

2. Feistel 解密结构

Feistel 解密过程本质上和加密过程是一样的,算法使用密文作为输入,但使用子密钥 K_i 的次序与加密过程相反。这一特征保证了解密和加密可采用同一算法。

Feistel 加、解密具体内容参见文献[10]所述。以下编写一个简单的程序,展示一个字符串分割与交换的过程。假设输入一个字符串 s 和两个整数 length_a 与 length_b。其中,length_a 与 length_b 分别表示 s 中前段字符串长度和后段字符串长度,即 length_a 与 length_b 之和等于 s 的长度。生成一个新的字符串,将 s 中 length_b 长的字符串放在新字符串前段,将 s 中 length_a 长的字符串进行移位加密(移位值为 3)并放在新字符串后段。

```c
#include<stdio.h>
#include<string.h>

int main()
{
    printf("请输入A块长度，B块长度:");
    int length_a,length_b,pos=0,i;
    scanf("%d %d",&length_a,&length_b);
                        //length_a 和 length_b 表示分段字符串的长度
    char s[1000];
    getchar();
    scanf("%s",s);      //输入需要加密的字符串
    char res[1000];
    if(strlen(s)!=(length_a+length_b)){
        printf("输入加密字符串的长度不够，请重新输入! ");
        return 0;
    }
    for(i=length_a;i<length_a+length_b;i++){
                        /*将length_b段字符串直接放到res数组前*/
        res[pos]=s[i];
        pos++;
    }
    for(i=0;i<length_a;i++){
                        /*将length_a段进行加密后放到length_b段后面*/
        if((s[i]>='a'&&s[i]<'x')||(s[i]>='A'&&s[i]<'X')){
                        /*采用移位密码实现加密操作*/
            res[pos]=(char)(s[i]+3);
            pos++;
        }
        else {
            res[pos]=(char)(s[i]+3-26);
            pos++;
        }
    }
    res[pos]='\0';
    puts(res);
    return 0;
}
```

输入：
5 5
ABCDEOPQUR
输出：
OPQURDEFGH

该程序首先将字符串"ABCDEOPQUR"对半分割（5+5=10 为字符串长度），然后将后面的 5 个字符"OPQUR"直接放到前面，将前面 5 个字符"ABCDE"进行位移植 3 的移位加密变成"DEFGH"，再将两个字符串连接起来，最终结果是"OPQURDEFGH"。

5.7 本章小结

本章主要介绍 while 循环（当型循环）、do…while（直到型循环）和 for 循环三种循环结构。循环结构是程序设计中最重要的结构之一，也是程序设计中的重点和难点之一。本章需要重点理解并掌握以下内容。

（1）三种循环结构的语法规则及其结构特征；三种循环结构是等价的，可以互换。但是在应用时，要注意三种循环结构的区别，特别是初始条件和循环变量的使用。

（2）掌握三种循环结构与 break 语句和 continue 语句的组合应用；掌握 break 语句和 continue 语句的作用和区别。

（3）在循环语句中，需要执行多条语句时，要将多条语句用"{}"括起来，构成复合语句；否则，程序只执行第一条语句。

（4）注意掌握循环结构和选择结构的综合应用，特别是循环结构和选择结构的嵌套。

（5）循环通常是一个不断累加或累乘的过程，或者是一个反复迭代的过程，分析和解决这一问题的关键是弄清楚迭代过程中第 K 步和第 $K+1$ 步之间的递推关系；双重循环的设计重点是清理外层循环的循环变量和内层循环的循环变量之间的关系。

习 题 5

1. while（表达式）循环结构中，对表达式有何要求？
2. 循环三要素是什么？它们之间的关系是怎么样的？
3. 解释 while 语句、do…while 语句和 for 语句的异同。
4. 说明 break 语句和 continue 语句的作用及其异同。
5. 用"辗转相除法"求两个正整数的最大公约数。
6. 求 1~1000 中 9 的倍数的数值之和。
7. $a_1=1$，$a_2=\dfrac{1}{(1+a_1)}$，$a_n=\dfrac{1}{(1+a_{n-1})}$，求 a_{25}（结果保留十位小数）。
8. 一个整数，它加上 100 后是一个完全平方数，再加上 168 后又是一个完全平方数，请问该数是多少？
9. 求 100 以内最小的自然数 n，使 $1\times1+2\times2+3\times3+\cdots+n\times n>6600$。

10. 输入 7 个整数（1~50），每输入一个数，程序即打印出相应个数的"*"。每一次输入，打印一行。

11. 等差数列的第一项 a=2，公差 d=3。编程实并输出现在前 n 项和中，能被 4 整除的所有项的和。

12. $0<a<b$，$a \times b$=2698，且 $a+b$ 最小，求 b。

13. 求[200,1000]中双胞胎数的对数（两素数差为 2 称为双胞胎数）。

14. 输入一行字符，分别统计出其中英文字母、空格、数字和其他字符的个数。

15. 输入两个正整数 a 和 n，求 $s=a+aa+aaa+aaaa+aa \cdots a$ 的值。其中，$0<a<10$；n 代表 a 的个数。例如，2+22+222+2222+22222（此时共有 5 个数相加）。

16. 编写程序：要求实现输入用户名和密码，若用户名是 CUG 并且密码是 123456，则提示"登录成功"；否则不断提示"重新输入"。

第6章 数 组

生活中会遇到很多具有相似属性的值，如人的名字。每个人都有一个名字，当用 C 语言表示 2 个人的名字时，可以定义 2 个变量 name1、name2；但是当需要表示 100 个人的名字时，去定义 100 个变量是不实际的。因此，需要一个新的表示方式来表示一组名字，这就是数组。数组对应数学中集合的概念。

很显然，数组可以是一组名字，也可以表示一组其他类型的数据，如 100 个整数。

6.1 一维数组

6.1.1 怎样定义一维数组

在 C 语言中使用数组必须先进行定义。一维数组的定义方式如下：

```
类型标识符 数组名 [常量表达式];
```

其中，类型标识符是任一种基本数据类型或构造数据类型；数组名是用户定义的数组标识符；方括号中的常量表达式表示数据元素的个数，也称为数组的长度。例如，

```
int a[10];              //定义整型数组 a,有 10 个元素
float b[10],c[20];      //定义实型数组 b,有 10 个元素；实型数组 c,有 20 个元素
char ch[20];            //定义字符数组 ch,有 20 个元素
```

对于数组类型标识应注意以下几点。

（1）数组的类型实际上是指数组元素的取值类型。对于同一个数组，其所有元素的数据类型都是相同的。

（2）数组名的定义应符合标识符的书写规定。

（3）数组名不能与其他变量名相同。如下命名方式是错误的：

```
int a;
float a[10];
```

（4）方括号中常量表达式表示数组元素的个数，如 a[5]表示数组 a 有 5 个元素。但是，其下标从 0 开始计算，因此，5 个元素分别为 a[0]、a[1]、a[2]、a[3]、a[4]。

（5）不能在方括号中用变量来表示元素的个数，但可以用符号常数或常量表达式来表示。如下定义方式是合法的：

```
#define FD 5
int a[3+2],b[7+FD];
```

但下述定义方式是错误的：

```
int n=5;
int a[n];
```

（6）允许在同一个类型标识中，定义多个数组和多个变量。例如，
```
int a,b,c,d,k1[10],k2[20];
```

6.1.2 怎样引用一维数组元素

数组元素是组成数组的基本单元。数组元素也是一种变量，其标识方法是数组名后跟一个下标。下标表示了元素在数组中的顺序号。数组元素的一般形式如下：

数组名[下标]

其中，下标可能为整型常量、变量或整型表达式；如果为小数，将自动取整。如下表达方式都是合法的：

```
a[5]
a[i+j]
a[i++]
```

数组元素通常也称为下标变量。必须先定义数组，才能使用下标变量。在C语言中只能逐个地使用下标变量，而不能一次引用整个数组。例如，输出有10个元素的数组必须使用循环语句逐个输出各下标变量，而不能用一个语句输出整个数组。

```
for(i=0;i<10;i++)
    printf("%d",a[i]);
```

下面的写法是错误的：

```
printf("%d",a);
```

例 6.1 使用 for 循环为一个数组赋值，并将数组倒序输出。

```
#include<stdio.h>
int main()
{
    int i,a[10];
    for(i=0;i<=9;i++)
        a[i]=i;
    for(i=9;i>=0;i--)
        printf("%d",a[i]);
    return 0;
}
```

6.1.3 一维数组初始化

给数组赋值的方法除了用赋值语句对数组元素逐个赋值外，还可采用初始化赋值和动态赋值的方法。

数组初始化赋值是指在数组定义时给数组元素赋予初值。数组初始化是在编译阶段进行的。这样将减少运行时间，提高效率。初始化赋值的一般形式如下：

类型标识符 数组名[常量表达式]={值1,值2,…,值n};

其中，在"{ }"中的各数据值即为各元素的初值，各值之间用","间隔。例如，

    int a[10]={0,1,2,3,4,5,6,7,8,9};

相当于

    a[0]=0;a[1]=1…a[9]=9;

C语言对数组的初始化赋值还有以下几点规定：

（1）可以只给部分元素赋初值。当"{ }"中值的个数少于元素个数时，只给前面部分元素赋值[9]。例如，

    int a[10]={0,1,2,3,4};

表示只给a[0]~a[4] 5个元素赋值，而后5个元素自动赋0值。

（2）只能给元素逐个赋值，不能给数组整体赋值。例如，给10个元素全部赋1值，只能写为

    int a[10]={1,1,1,1,1,1,1,1,1,1};

而不能写为：

    int a[10]=1;

（3）若给全部元素赋值，则在数组定义中，可以不给出数组元素的个数。例如，

    int a[5]={1,2,3,4,5};

可写为

    int a[]={1,2,3,4,5};

6.1.4 一维数组程序举例

可以在程序执行过程中，对数组作动态赋值。这时可用循环语句配合scanf()函数，逐个对数组元素赋值。

例 6.2 输入10个数字并输出最大值。

```
#include<stdio.h>
int main()
{
    int i,max,a[10];
    printf("input 10 numbers:\n");
    for(i=0;i<10;i++)
        scanf("%d",&a[i]);
    max=a[0];
    for(i=1;i<10;i++)
        if(a[i]>max)max=a[i];
    printf("maxmum=%d\n",max);
    return 0;
}
```

本例程序中，第一个for语句逐个输入10个数到数组a中。然后将a[0]送入max中。

在第二个 for 语句中，从 a[1]到 a[9]逐个与 max 中的内容比较。若比 max 的值大，则将该下标变量送入 max 中，因此 max 总是在已比较过的下标变量中的最大者。比较结束，输出 max 的值。

例 6.3 输入 10 个数字并按从大到小的顺序排列。

```
#include<stdio.h>
int main()
{
    int i,j,p,q,s,a[10];
    printf("\n input 10 numbers:\n");
    for(i=0;i<10;i++)
        scanf("%d",&a[i]);
    for(i=0;i<10;i++){
        p=i;q=a[i];
        for(j=i+1;j<10;j++)
            if(q<a[j]){
                p=j;q=a[j];
            }
        if(i!=p){
            s=a[i];
            a[i]=a[p];
            a[p]=s;
        }
        printf("%d",a[i]);
    }
    return 0;
}
```

本例程序中用了两个并列的 for 循环语句，在第二个 for 语句中又嵌套了一个循环语句。第一个 for 语句用于输入 10 个元素的初值；第二个 for 语句用于排序。本程序的排序采用逐个比较的方法进行。在第 i 次循环中，将第一个元素的下标 i 赋予 p，而将该下标变量值 a[i]赋予 q。然后进入内层循环，从 a[i+1]起到最后一个元素止逐个与 a[i]作比较，比 a[i]大则将其下标赋予 p，元素值赋予 q。一次循环结束后，p 即为最大元素的下标，q 则为该元素值。若此时 i≠p，说明 p、q 值均已不是进入内层循环之前所赋之值，则交换 a[i]和 a[p]之值。此时 a[i]为已排序完毕的元素。输出该值之后转入下一次循环。对 i+1 以后各个元素排序。此排序法称为冒泡排序法。

6.2 二维数组

一维数组只有一个下标，其数组元素也称为单下标变量。在实际问题中，有很多变量是二维或多维的，因此 C 语言允许构造多维数组。多维数组元素有多个下标，以标识它在数组中的位置，所以也称为多下标变量。本节只介绍二维数组，多维数组可由二维数组类推得到。二维数组对应数学中矩阵的概念。

6.2.1 怎样定义二维数组

二维数组定义的一般形式如下：

类型标识符 数组名[常量表达式 1][常量表达式 2];

其中，常量表达式 1 为第一维下标的长度；常量表达式 2 为第二维下标的长度。例如，

int a[3][4];

定义了一个 3 行 4 列的数组，数组名为 a，其下标变量的类型为整型。该数组的下标变量共有 3×4 个，即

     a[0][0], a[0][1], a[0][2], a[0][3]
     a[1][0], a[1][1], a[1][2], a[1][3]
     a[2][0], a[2][1], a[2][2], a[2][3]

二维数组在概念上是二维的，其下标在两个方向上变化，下标变量在数组中的位置也处于一个平面之中，而一维数组只是一个向量。但是，实际的硬件存储器却是连续编址的，也就是说存储器单元是按一维线性排列的。在一维存储器中存放二维数组，有两种方式：一种是按行排列，即放完一行之后顺次放入第二行；另一种是按列排列，即放完一列之后再顺次放入第二列。

在 C 语言中，二维数组是按行排列的，即先存放 a[0]行，再存放 a[1]行，最后存放 a[2]行。每行中的 4 个元素也是依次存放。由于数组 a 定义为 int 类型，该类型占两个字节的内存空间，所以每个元素均占有两个字节。

6.2.2 怎样引用二维数组元素

二维数组元素也称为双下标变量，其表示的形式如下：

数组名[下标][下标]

其中，下标应为整型常量、变量或整型表达式。例如，

a[3][4]

表示 a 数组 4 行 5 列的元素。

下标变量和数组定义在形式上有些相似，但这两者具有完全不同的含义。数组定义的方括号中给出的是某一维的长度，即可取下标的最大值；而数组元素中的下标是该元素在数组中的位置标识。前者只能是常量，后者可以是常量、变量或表达式。

例 6.4 一个学习小组有 5 个人，每个人有 3 门课的考试成绩（表 6.1）。求全组分科的平均成绩和各科总平均成绩。

表 6.1 学习小组成绩表

课程＼姓名	张	王	李	赵	周
数学	80	61	59	85	76
C 语言	75	65	63	87	77
FoxPro	92	71	70	90	85

可定义二维数组 a[5][3]存放 5 个人 3 门课的成绩，再定义一维数组 v[3]存放所求得各分科平均成绩，定义变量 average 为全组各科总平均成绩。编程如下：

```
#include <stdio.h>
int main()
{
    int i,j,s=0,average,v[3],a[5][3];
    printf("input score\n");
    for(i=0;i<3;i++){
        for(j=0;j<5;j++){
            scanf("%d",&a[j][i]);
            s=s+a[j][i];
        }
        v[i]=s/5;
        s=0;
    }
    average=(v[0]+v[1]+v[2])/3;
    printf("math:%d\n c language:%d\n dbase:%d\n",v[0],v[1],v[2]);
    printf("total:%d\n",average);
    return 0;
}
```

程序中首先使用一个双重循环。在内循环中依次读入某一门课程的各个学生的成绩，并将这些成绩累加起来，退出内循环后再将该累加成绩除以 5 送入 v[i]中，这就是该门课程的平均成绩。外循环共循环 3 次，分别求出 3 门课各自的平均成绩并存放在 v 数组中。退出外循环之后，将 v[0]、v[1]、v[2]相加除以 3 即得到各科总平均成绩。最后按题意输出各个成绩。

6.2.3 二维数组初始化

二维数组初始化也是在数组定义时给各下标变量赋以初值。二维数组可按行分段赋值，也可按行连续赋值。例如，对数组 a[5][3]按行分段赋值可写为

```
int a[5][3]={{80,75,92},{61,65,71},{59,63,70},{85,87,90},
{76,77,85}};
```

按行连续赋值可写为

```
int a[5][3]={80,75,92,61,65,71,59,63,70,85,87,90,76,77,85};
```

这两种赋初值的结果是完全相同的。

对于二维数组初始化赋值还有以下说明：

（1）可以只对部分元素赋初值，未赋初值的元素自动取 0 值。例如，

```
int a[3][3]={{1},{2},{3}};
```

是对每一行的第一列元素赋值，未赋值的元素取 0 值。赋值后各元素的值为

$$\begin{matrix} 1 & 0 & 0 \\ 2 & 0 & 0 \\ 3 & 0 & 0 \end{matrix}$$

```
int a[3][3]={{0,1},{0,0,2},{3}};
```

赋值后的元素值为

$$\begin{matrix} 0 & 1 & 0 \\ 0 & 0 & 2 \\ 3 & 0 & 0 \end{matrix}$$

（2）若对全部元素赋初值，则第一维的长度可以不给出，但第二维的长度不能省略。例如，

```
int a[3][3]={1,2,3,4,5,6,7,8,9};
```

可以写为

```
int a[][3]={1,2,3,4,5,6,7,8,9};
```

但不能写为

```
int a[3][]={1,2,3,4,5,6,7,8,9};
```

（3）数组是一种构造类型的数据。二维数组可以视为由一维数组的嵌套而构成的。设一维数组的每个元素又都是一个一维数组，就组成了二维数组。当然，前提是各元素类型必须相同。根据这样的分析，一个二维数组也可以分解为多个一维数组。C 语言允许这种分解[11]。

例如，二维数组 a[3][4]可分解为三个一维数组，其数组名分别为

a[0]

a[1]

a[2]

对这三个一维数组不需另作说明即可使用。这三个一维数组都有 4 个元素，例如，一维数组 a[0]的元素为 a[0][0]、a[0][1]、a[0][2]、a[0][3]。

必须强调的是，a[0]、a[1]、a[2]不能当下标变量使用，它们是数组名，不是一个单纯的下标变量。

6.2.4 二维数组程序举例

例 6.5 在二维数组 a 中选出各行最大的元素组成一个一维数组 b。

$$a = \begin{bmatrix} 3 & 16 & 87 & 65 \\ 4 & 32 & 11 & 108 \\ 10 & 25 & 12 & 27 \end{bmatrix}$$

$$b = \begin{bmatrix} 87 & 108 & 27 \end{bmatrix}$$

本题的编程思路是，在数组 a 的每一行中寻找最大的元素，找到之后将该值赋予数组 b 相应的元素即可。程序如下：

```c
#include<stdio.h>
int main()
{
    int a[][4]={3,16,87,65,4,32,11,108,10,25,12,27};
    int b[3],i,j,temp;
    for(i=0;i<=2;i++){
        temp=a[i][0];
        for(j=1;j<=3;j++)
            if(a[i][j]>temp)temp=a[i][j];
        b[i]=temp;
    }
    printf("\narray a:\n");
    for(i=0;i<=2;i++){
        for(j=0;j<=3;j++)
            printf("%5d",a[i][j]);
        printf("\n");
    }
    printf("\narray b:\n");
    for(i=0;i<=2;i++)
        printf("%5d",b[i]);
    printf("\n");
    return 0;
}
```

程序中第一个 for 语句中又嵌套了一个 for 语句组成了双重循环。外循环控制逐行处理，并将每行的第 0 列元素赋予 temp。进入内循环后，将 temp 与后面各列元素比较，并将比 temp 大的元素值赋予 temp。内循环结束时，temp 即为该行最大的元素，然后将 temp 值赋予 b[i]。外循环全部完成时，数组 b 中已装入了 a 各行中的最大值。后面的两个 for 语句分别输出数组 a 和数组 b。

6.3 字 符 数 组

C语言中没有字符串类型,字符串是存放在字符型数组中的[12]。

6.3.1 怎样定义字符数组

用来存放字符数据的数组是字符数组。字符数组中的一个元素存放一个字符。
定义字符数组的方法和定义数值型数组的方法类似,例如,

```
char c[10];
c[0]='I';c[1]=' ';c[2]='a';c[3]='m';c[4]=' ';
c[5]='h';c[6]='a'; c[7]='p';c[8]='p';c[9]='y';
```

以上定义了数组名为c的字符数组,包含10个元素,赋值以后数组的状态如下:

c[0]	c[1]	c[2]	c[3]	c[4]	c[5]	c[6]	c[7]	c[8]	c[9]
I	␣	a	m	␣	h	a	p	p	y

6.3.2 字符数组初始化

字符数组实际上是一系列字符的集合,也就是字符串(string)。在C语言中,没有专门的字符串变量,没有string类型,通常就用一个字符数组来存放一个字符串。例如,

```
char str[30]={"c.biancheng.net"};
char str[30]="c.biancheng.net";     //这种形式更加简洁,实际开发中常用
```

数组第0个元素为 'c',第1个元素为 '.',第2个元素为 'b',后面的元素以此类推。
也可以不指定数组长度,例如,

```
char str[]={"c.biancheng.net"};
char str[]="c.biancheng.net";     //这种形式更加简洁,实际开发中常用
```

C语言规定,在定义字符串数组时,可以将字符串直接赋值给字符数组,如上面两个例子。若不是在定义时,则不能将字符串直接赋值给字符数组,必须用字符串拷贝函数strcpy()。例如,

```
char str[30]
strcpy(str,"c.biancheng.net");     //这种形式更加简洁,实际开发中常用
```

6.3.3 怎样引用字符数组中的元素

字符数组中元素的引用与其他类型数组中元素的引用相同,可以引用字符数组中的一个元素,得到一个字符。

例6.6 输出一个已知的字符串。

这个例子的问题思路是:定义一个字符数组,并用"初始化列表"对其赋以初值,用循环逐个输出此字符数组中的字符。

```
#include<stdio.h>
int main()
{
  char c[15] = {'I',' ','a','m',' ','a',' ','s','t','u','d','e','n','t'};
    int i;
    for(i=0;i<15;i++)
       printf("%c",c[i]);
    printf("\n");
    return 0;
}
```

运行结果如下：

```
I am a student
```

例 6.7 输出一个菱形图。

这个例子的问题思路是：定义一个字符型的二维数组，用"初始化列表"进行初始化，用嵌套的 for 循环输出字符数组中的所有元素。

```
#include<stdio.h>
int main()
{
    char diamond[][5] = {{' ',' ','*'},{' ','*',' ','*'},{'*',' ',' ',' ','*'},{' ','*',' ','*'},{' ',' ','*'}};
    int i,j;
    for(i=0;i<5;i++){
       for(j=0;j<5;j++)
          printf("%c",diamond[i][j]);
       printf("\n");
    }
    return 0;
}
```

运行结果如下：

```
    *
   * *
  *   *
   * *
    *
```

6.3.4 字符串和字符串结束标志

在 C 语言中，字符串总是以'\0'作为串的结束符。'\0'是 ASCII 码表中的第 0 个字符，用 NULL 表示，称为空字符。该字符既不能显示，也不是控制字符，输出该字符不会有任何效果，它在 C 语言中仅作为字符串的结束标志[13]。

使用 puts()函数和 printf()函数输出字符串时会逐个扫描字符，直至遇到'\0'时结束输出。

例 6.8

```c
#include <stdio.h>
int main()
{
    int i;
    char str1[30] = "C.how to program";
    char str2[] = "C Language";
    char str3[30] = "You are a good\0 boy!";
    printf("str1: %s\n", str1);
    printf("str2: %s\n", str2);
    printf("str3: %s\n", str3);
    return 0;
}
```

运行结果如下：

```
str1: C.how to program
str2: C Language
str3: You are a good
```

对于字符串 str1 和 str2，编译器会在字符串最后自动添加'\0'，并且数组足够大，所以会输出整个字符串。对于字符串 str3，由于字符串中间存在'\0'，printf 函数扫描到'\0'时就认为字符串结束了，所以不会输出后面的内容。

需要注意的是，用字符串给字符数组赋值时，由于要添加结束符'\0'，数组的长度要比字符串的长度（字符串长度不包括'\0'）大 1。例如，

```
char str[] = "C program";
```

该数组在内存中的实际存放情况如下：

| C | ␣ | p | r | o | g | r | a | m | \0 |

字符串长度为 9，数组长度为 10。

6.3.5 字符串的输入和输出

1. 字符串的输出

在 C 语言中，输出字符串的函数有两个：

puts()：直接输出字符串，并且只能输出字符串。

printf()：通过格式控制符%s 输出字符串。除了字符串，printf()还能输出其他类型的数据。

例 6.9

```c
#include <stdio.h>
int main()
{
    int i;
    char str[] = "C.how to program";
    printf("%s\n", str);                    //通过变量输出
    printf("%s\n", "C.how to program");     //直接输出
    puts(str);                              //通过变量输出
    puts("C.how to program");               //直接输出
    return 0;
}
```

运行结果如下：

```
C.how to program
C.how to program
C.how to program
C.how to program
```

在 printf()函数中使用%s 输出字符串时，在变量列表中给出数组名即可，不能写为 printf("%s", str[]);

2. 字符串的输入

在 C 语言中，输入字符串的函数有两个：

gets()：直接输入字符串，并且只能输入字符串。

scanf()：通过格式控制符%s 输入字符串。除了字符串，scanf()还能输入其他类型的数据。

（1）使用 scanf()读取字符串。

例 6.10

```c
#include<stdio.h>
int main()
{
    char str1[30],str2[30];
    printf("Input str1:");
    scanf("%s",str1);
    printf("Input str2:");
    scanf("%s",str2);
    printf("str1:%s\nstr2:%s\n",str1,str2);
    return 0;
}
```

运行结果如下：

```
Input str1: C.how to program
Input str2: Java Python C-Sharp
str1: C.how to program
str2: Java
```

由于字符数组长度为 30，因而输入的字符串长度必须小于 30，以留出一个字节用于存放字符串结束标志'\0'。

需要注意的是：假设希望将"Java Python C-Sharp"赋值给 str2，但是 scanf()只读取到"Java"，这是因为 scanf()读取到空格时认为字符串输入已经结束，不会继续读取。请看下面的例子：

```
#include<stdio.h>
int main()
{
    char str1[20],str2[20],str3[20];
    printf("Input string:");
    scanf("%s",str1);
    scanf("%s",str2);
    scanf("%s",str3);
    printf("str1:%s\nstr2:%s\nstr3:%s\n",str1,str2,str3);
    return 0;
}
```

运行结果如下：

```
Input string:Java Python C-Sharp↵
str1:Java
str2:Python
str3:C-Sharp
```

第一个 scanf()读取到"Java"后遇到空格，结束读取，将"Python C-Sharp"留在缓冲区；第二个 scanf()直接从缓冲区中读取，不会等待用户输入，读取到"Python"后遇到空格，结束读取，将"C-Sharp"留在缓冲区；第三个 scanf()读取缓冲区中剩下的内容。

前面讲过 scanf()的各个变量前面要加取地址符"&"，用以获得变量的地址，例如，

```
int a,b;
scanf("%d %d",&a,&b);
```

但是在本节的示例中，将字符串读入字符数组却没有使用"&"，例如，

```
char str1[20],str2[20],str3[20],str4[20];
scanf("%s%s%s%s",str1,str2,str3,str4);
```

这是因为 C 语言规定，数组名就代表了该数组的地址，整个数组是一块连续的内存单元。例如，有字符数组 char c[10]，在内存中可表示如下：

| c[0] | c[1] | c[2] | c[3] | c[4] | c[5] | c[6] | c[7] | c[8] | c[9] |

C 语言还规定，数组名所代表的地址为第 0 个元素的地址，例如，

```
char c[10];
```

c 就代表 c[0]的地址。第 0 个元素的地址就是数组的起始地址，称为首地址。也就是说，数组名表示数组的首地址。

设数组 c 的首地址为 0X2000，也即 c[0]的地址为 0X2000，则数组名 c 就代表这个地址。因为 c 已经表示地址，所以在 c 前面不能再加取地址符 "&"，如下写法是错误的：

```
scanf("%s",&c);
```

通过首地址和字符串结束标志'\0'，就可以在内存中完整定位一个字符串。例如，

```
printf("%s",c);
```

printf()函数会根据数组名找到 c 的首地址，然后逐个输出数组中各个字符直至遇到 '\0' 为止。

int、float、char 类型的变量表示数据本身，数据就保存在变量中；而数组名表示的是数组的首地址，数组元素保存在从首地址开始的连续内存单元中[14]。后续讲解指针时，大家将会有更加深刻的理解。

（2）使用 gets()读取字符串。

gets 函数功能是获取用户从键盘输入的字符串，一般调用格式如下：

```
gets(arrayName);
```

arrayName 为字符数组，从键盘获得的字符串，将保存在 arrayName 中。

例 6.11

```
#include<stdio.h>
int main()
{
    char str1[30],str2[30];
    printf("Input str1:");
    gets(str1);
    printf("Input str2:");
    gets(str2);
    printf("str1:%s\nstr2:%s\n",str1,str2);
    return 0;
}
```

运行结果如下：

```
Input str1:Java Python C-Sharp↵
Input str2:C how to program↵
str1:Java Python C-Sharp
str2:C how to program
```

可以发现，当输入的字符串中含有空格时，输出仍为全部字符串，这是因为 gets()

函数不会以空格作为输入结束的标志，而只以回车换行作为输入结束的标志，与 scanf() 函数不同。

使用 gets()函数和 scanf()函数读取字符串的主要区别在于：gets()函数以回车作为输入结束标志，读取的字符串可以包含空格；scanf()函数以空格为输入结束标志，读取的字符串不会包含空格。在使用时应根据实际情况选择。

6.3.6 使用字符串处理函数

C 语言提供了丰富的字符串处理函数，大致可分为字符串的输入、输出、合并、修改、比较、转换、复制、搜索几类，使用这些函数可大大减轻编程的负担。用于输入/输出的字符串函数，在使用前应包含头文件"stdio.h"，使用其他字符串函数则应包含头文件"string.h"。

下面介绍几个最常用的字符串函数。

1. 字符串输出函数 puts()

格式如下：

```
puts(字符数组名)
```

功能：将字符数组中的字符串输出到显示器，即在屏幕上显示该字符串。

例 6.12

```c
#include<stdio.h>
int main()
{
    char c[]="BASIC\ndBASE";
    puts(c);
    return 0;
}
```

puts()函数可以输出转义字符，因此程序中输出结果成为两行。puts()函数完全可以由 printf()函数取代，当需要按一定格式输出时，通常使用 printf()函数。

2. 字符串输入函数 gets()

格式如下：

```
gets(字符数组名)
```

功能：从标准输入设备键盘上输入一个字符串。

函数执行成功时，函数的返回值为该字符数组的首地址。

例 6.13

```c
#include<stdio.h>
int main()
{
    char st[15];
    printf("input string:\n");
```

```
    gets(st);
    puts(st);
    return 0;
}
```

gets()函数可以读取空格，但需要按一定格式输入时，通常使用 scanf()函数。

3. 字符串连接函数 strcat()

格式如下：

strcat(字符数组名1,字符数组名2)

功能：删去字符数组 1 后的串标志'\0'，并将字符数组 2 中的字符串连接到字符数组 1 中字符串的后面。本函数返回值是字符数组 1 的首地址。

例 6.14

```
#include<stdio.h>
#include<string.h>
int main()
{
    static char st1[30]="My name is";
    int st2[10];
    printf("input your name:\n");
    gets(st2);
    strcat(st1,st2);
    puts(st1);
    return 0;
}
```

程序将初始化赋值的字符数组与动态赋值的字符串连接起来。要注意的是，字符数组 1 应定义足够的长度，否则不能全部装入被连接的字符串。

4. 字符串拷贝函数 strcpy()

格式如下：

strcpy(字符数组名1,字符数组名2)

功能：将字符数组 2 中的字符串拷贝到字符数组 1 中。串结束标志 "\0" 也一同拷贝。字符数名 2 也可以是一个字符串常量，这时相当于将一个字符串赋予一个字符数组。

例 6.15

```
#include<stdio.h>
#include<string.h>
int main()
{
    char st1[15],st2[]="C Language";
    strcpy(st1,st2);
```

```
        puts(st1);
        printf("\n");
        return 0;
}
```

本函数要求字符数组 1 应有足够的长度，否则不能全部装入所拷贝的字符串。

5. 字符串比较函数 strcmp()

格式如下：

```
strcmp(字符数组名1,字符数组名2)
```

功能：按照 ASCII 码，依次比较两个数组中的字符，直至对应字符不同或某个字符串结束，并由函数返回值返回比较结果。

比较规则如下：

（1）两字符串完全相同时，字符串 1=字符串 2，返回值=0。

（2）出现不同字符，且字符串 1 中字符对应 ASCII 码大于字符串 2 中字符对应 ASCII 码时，字符串 1>字符串 2，返回值>0，为对应的 ASCII 码差值。

（3）出现不同字符，且字符串 1 中字符对应 ASCII 码小于字符串 2 中字符对应 ASCII 码时，字符串 1<字符串 2，返回值<0，为对应的 ASCII 码差值。

本函数也可用于比较两个字符串常量，或比较数组和字符串常量。

例 6.16

```
#include<stdio.h>
#include<string.h>
int main()
{
    int k;
    static char st1[15],st2[]="C Language";
    printf("input a string:\n");
    gets(st1);
    k=strcmp(st1,st2);
    if(k==0) printf("st1=st2\n");
    if(k>0) printf("st1>st2\n");
    if(k<0) printf("st1<st2\n");
    return 0;
}
```

本程序将输入的字符串与数组 st2 中的字符串比较，比较结果返回到 k 中，根据 k 值再输出结果。当输入为 dBASE 时，由 ASCII 码可知 "dBASE" > "C Language"，故 k>0，输出结果为 "st1>st2"。

6. 测字符串长度函数 strlen()

格式如下：

strlen(字符数组名)

功能：测字符串的实际长度（不含字符串结束标志'\0'）并作为函数返回值。

例 6.17

```
#include<stdio.h>
#include<string.h>
int main()
{
    int k;
    static char st[]="C language";
    k=strlen(st);
    printf("The lenth of the string is %d\n",k);
    return 0;
}
```

6.3.7 字符数组应用举例

例 6.18 输入 5 个国家的名称，然后按字母顺序排列输出。

本题编程思路如下：5 个国家名可以按 5 个一维数组处理，C 语言中，多个类型相同的一维数组可以当成二维数组处理。因此本例中使用二维字符数组存放 5 个国家名，用字符串比较函数比较对应的一维数组的大小，并排序，输出结果即可。

```
#include<stdio.h>
#include<string.h>
int main()
{
    char st[20],cs[5][20];
    int i,j,p;
    printf("input country's name:\n");
    for(i=0;i<5;i++)
        gets(cs[i]);
    printf("\n");
    for(i=0;i<5;i++){
        p=i;
        strcpy(st,cs[i]);
        for(j=i+1;j<5;j++)
            if(strcmp(cs[j],st)<0){
                p=j;
                strcpy(st,cs[j]);
            }
```

```
            if(p!=i){
                strcpy(st,cs[i]);
                strcpy(cs[i],cs[p]);
                strcpy(cs[p],st);
            }
            puts(cs[i]);
        }
        printf("\n");
        return 0;
    }
```

本程序首先定义了二维数组 cs，在第一个 for 语句中，用 gets()函数输入 5 个国家名字符串，分别存放在一维数组 cs[0]、cs[1]、cs[2]、cs[3]、cs[4]中。在第二个 for 语句中嵌套了一个 for 语句组成双重循环，完成国家名的排序。在外层循环中将字符数组 cs[i]中的国家名字符串拷贝到数组 st 中，并将下标 i 赋予 p。进入内层循环后，将 st 与 cs[i]以后的各字符串作比较，若有比 st 小者，则将该字符串拷贝到 st 中，并将其下标赋予 p。内循环完成后，如 p 不等于 i，说明有比 cs[i]更小的字符串出现，因此交换 cs[i]和 cs[p]的内容。至此已确定了数组 cs 的第 i 号元素的排序值。然后输出该字符串。在外循环全部完成之后即完成全部排序和输出。

6.4 CBC 加密模式

前面已经介绍了分组加密算法 DES 算法的轮函数，在现实应用中，分组加密不仅仅需要这些加密算法，还需要配以合适的加密模式，分组加密模式有 ECB、CBC、CFB、OFB 这几种，本节主要讲解 CBC 模式[10]。

CBC 模式是指一个明文分组在被加密之前要与前一个的密文分组进行异或运算（异或是一种二进制操作符，将在第 8 章讲解）。加密过程如图 6.1 所示。解密过程与加密过程相反，如图 6.2 所示。

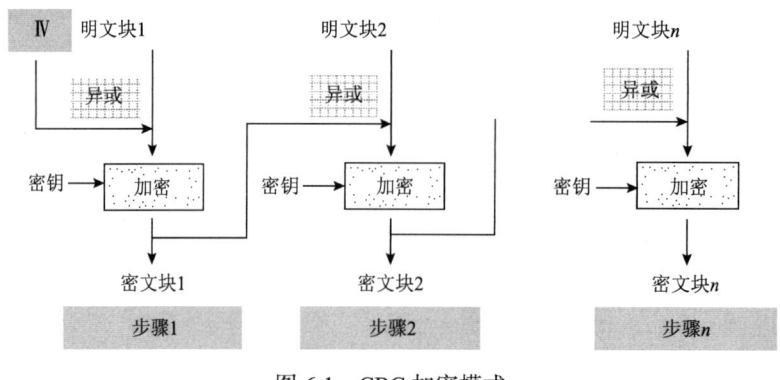

图 6.1 CBC 加密模式

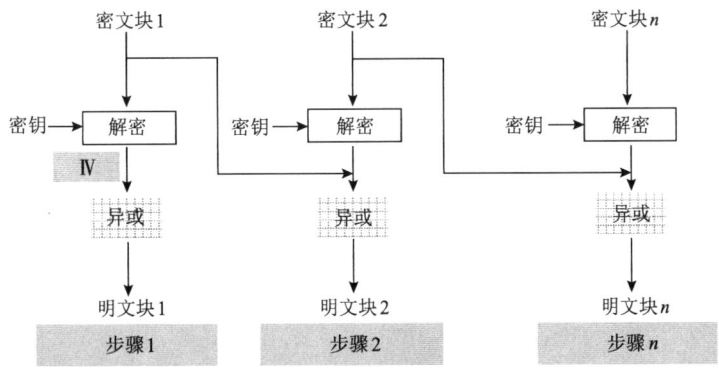

图 6.2　CBC 解密模式

当使用 CBC 模式加密时，除密钥外，还需提前协商一个初始化向量（IV），与明文块 1 进行异或运算。

加密算法以凯撒加密为例，代码如下：

```
#include<stdio.h>
int main()
{
    char plaintext[51],ciphertext[51];    //输入长度为50的明文
    char plain[6][10],cipher[6][10];      //分为5组,每组10个字符,
                                          // 第0组存放IV

    int i,j,k=0;
    scanf("%s",plaintext);
    for(j=0;j<10;j++){
        /*存放IV的值，IV的值可以任意选择*/
        plain[0][j]='a';
        cipher[0][j]='a';
    }
    for(i=1;i<6;i++){
        /*对输入的字符串进行分组*/
        for(j=0;j<10;j++){
            plain[i][j]=plaintext[k];
            k++;
        }
    }
    for(i=1;i<6;i++){
        for(j=0;j<10;j++){
            cipher[i][j]=plain[i][j]^cipher[i-1][j];
            // "^"为异或操作,每个分组先与上一分组的密文进行异或运算
        }
```

```
            for(j=0;j<10;j++){            //然后做凯撒加密
                cipher[i][j]=cipher[i][j]+5;
                if(cipher[i][j]>90)       //90是字母Z的ASCII码值
                    cipher[i][j]=cipher[i][j]-26;
            }
        k=0;
        for(i=1;i<6;i++){
            /*对输入的字符串进行分组*/
            for(j=0;j<10;j++){
                ciphertext[k]=cipher[i][j];
                k++;
            }
        }
        ciphertext[k]='\0';
    }
    printf("%s\n",ciphertext);
    return 0;
}
```

算法首先将输入的字符串分割成固定大小的块，然后将每一块与上一块加密后的密文相异或（第1块与IV相异或），将结果进行加密，就得到某一块加密后的值，最后将所有加密得到的结果组合到一起。

6.5 本章小结

本章主要介绍了一维数组、二维数组和字符数组的定义及引用等基本内容。数组是程序设计中最基础、应用最广泛的数据结构，对应数学中集合、矩阵等概念，非常重要。本章需要重点理解并掌握以下内容。

（1）在定义数组时，"[]"内必须为常量表达式：

　　类型标识符 数组名[常量表达式];

但是，数组在引用时：

　　数组名[下标];

下标可以为整型常量、变量或整型表达式，但在引用时，下标一定要有一个确定的整型值，且该值要小于数组定义时常量表达式的值，即不能超过数组长度。

（2）掌握字符串操作函数的功能、函数参数的意义和函数的应用；字符串输入函数gets()和格式化输入函数scanf()的区别。

（3）数组在内存中的存储方式是连续存储，占用一段连续的内存；数组名代表数组的首地址，也就是第1个元素所在内存单元的地址。

（4）二维数组可视为多个一维的数组；多维数组可视为由多个低一维的数组构成的。

以教室中的桌子为例，教室内一排桌子为一维数组，数组的元素为一个个的桌子；一个教室内有多排桌子，多排桌子构成二维数组；一层楼有多个教室，构成了三维数组；一栋教学楼有多层，构成了四维数组；一所大学有多栋教学楼，构成了五维数组。

（5）计算机的内存是一个线性结构，本质上是一维的；二维数组（或多维数组）在内存中也是线性存储的；C 语言采用行优先的存储方式，即在一片连续的内存中，先存储第一行，再存储第二行，然后存储第三行，依次递推。由于数组在内存中存储是有规律的，因此，二维数组的任一元素的地址是很容易计算的。例如，定义二维数组：

```
int a[M][N];
```

M 和 N 为整型常量，元素 a[i][j] 的地址为 a + (i * N + j) * sizeof(int)，a 代表数组的首地址，即元素 a[0][0] 的地址。

习 题 6

1. 什么是数组？为什么要使用数组？如何定义数组？
2. 定义二维数组时是否可以省略第一维长度？省略时系统如何计算长度？
3. 定义一维数组与引用一维数组元素时，"[]"内数据的含义是什么？
4. 什么是字符串？字符串结束符的作用是什么？
5. 任意读入 10 个数，输出其中的最大值与最小值。
6. 将一个数组逆序输出。
7. 任意读入 10 个数存放到数组 a 中，然后读入待查找数值，存放到 x 中，判断 a 中有无与 x 等值的数。
8. 输出 4×4 阶矩阵的主、次对角线元素之和。
9. 对 10 个数进行排序。
10. 有一个已经排好序的数组，现输入一个数，要求按原来的规律将它插入数组中。
11. 有一个含有 6 个数据的升序序列和一个含有 4 个数据的升序序列，将二者合并成一个含有 10 个数据的升序序列。
12. 输出一个菱形图。
13. 编程实现杨辉三角形的输出，杨辉三角形的每一行是 $(x+y)^n$ 的展开式各项的系数。例如，第 1 行是 $(x+y)^0$，其系数为 1；第 2 行是 $(x+y)^1$，其系数分别为 1、1；第 3 行是 $(x+y)^2$，其展开式为 $x^2+2xy+y^2$，其系数分别为 1、2、1；等等。直观形式如下：

```
        1
       1 1
      1 2 1
     1 3 3 1
    1 4 6 4 1
   1 5 10 10 5 1
        ……
```

14. 某个公司采用公用电话传递数据，数据是 4 位的整数，在传递过程中是加密的，加密规则如下：每位数字都加上 5，然后用和除以 10 的余数代替该数字，再将第 1 位和第 4 位交换，第 2 位和第 3 位交换。编写程序。

15. 有三个字符串，要求找出其中最大者。

16. 输入一个字符串存入数组 a，对字符串中的每个字符用加 6 的方法加密并存入数组 b，再对 b 中的字符串解密存入数组 c，最后依次输出数组 a、b、c 中的字符串。

17. 将一个英文句子中的前后单词逆置（单词之间用空格隔开）。

第 7 章　函数与模块化程序设计

通过前 6 章的学习，相信读者已经能够编写一些比较简单的 C 语言程序。但如果程序的功能比较多，规模比较大，将所有代码都写在同一个.c 文件的 main()函数中，就会使程序变得庞杂、结构混乱，可读性降低，维护困难[13]。另外，有的程序中要多次实现某一特定功能，在程序中就需要多次重复编写实现此功能的代码，造成程序代码冗长、不简洁。

为解决上述问题，人们提出了模块化程序设计思想，即将每个特定功能用一个程序函数 function 来实现，而后面的 main()函数调用这些函数即可。这好比搭积木游戏：先准备好不同大小和形状的积木，搭积木时直接将它们拿过来用就可以了。这里的积木和函数就是一个个的模块，使用时直接拿过来用或者调用即可，如前面经常使用的输入 scanf()和输出 printf()函数。像这样一类由系统定义或者其他厂商的标准函数称为库函数。

除了库函数，在 C 语言中还允许用户自己定义和设计函数。这种由用户自己定义和设计的函数称为自定义函数，它是由用户根据问题的特定要求而设计的。这类函数也为程序的模块化设计提供了有效的技术支持，有利于维护程序和提高程序的可读性。C 语言程序设计的主要内容之一就是设计自定义函数，并通过函数之间互相的协调工作来实现复杂的程序功能[15]。

7.1　怎样定义函数

C 语言的函数定义根据参数情况可以分为无参函数和有参函数。

1. 无参函数的定义

定义无参函数的一般形式如下：

```
类型标识符  函数名(){
    声明部分
    语句部分
}
```

其中，类型标识符和函数名称为函数头。类型标识符指明了函数返回值（即函数值）的类型，该类型标识符的定义与前面介绍的各种说明符相同；函数名是由用户定义的标识符，函数名后有一个空括号"()"，其中无参数，但括号不可少。

"{}"中的内容称为函数体。函数体中的声明部分，是对函数体内部所用到的变量进行定义，以及对要调用的函数进行声明。

一般情况下无参函数没有返回值，此时类型标识符可以写为 void。

改写一个函数定义：

```
void Hello(){
    printf("Hello,world\n");
}
```

这里仅将函数名"main"改为"Hello",其余不变。Hello()函数是一个无参函数,当被其他函数调用时,输出"Hello,world"字符串。

2. 有参函数的定义

定义有参函数的一般形式如下:

类型标识符 函数名(形式参数列表){
    声明部分
    语句部分
}

有参函数比无参函数多了一个内容,即形式参数列表(下面简称形参表)。在形参表中给出的参数称为形式参数(下面简称形参),它们可以是各种类型的变量,各参数之间用逗号分隔。在进行函数调用时,主调函数将给这些形参赋予实际的值。形参是变量,因此必须在形参表中给出形参的类型标识。

例如,定义一个函数,用于求两个数中的较大数,代码如下:

```
int max(int a,int b){
    if(a>b) return a;
    else return b;
}
```

第 1 行说明 max()函数是一个整型函数,其返回的函数值是一个整数。形参 a、b 均为整型变量,a、b 的实际值是由主调函数在调用时传递过来。"{}"中的函数体,除形参外没有使用其他变量,因此,这段代码只有语句部分而没有声明部分。函数体中的 return 语句是将 a 或 b 的值作为函数值返回给主调函数。在有返回值的函数中至少应有一个 return 语句。

在 C 语言程序中,一个用户自定义函数的定义可以放在任意位置,既可放在主函数 main()之前,也可放在 main()之后。例如,可将 max()函数置于 main()函数之后,也可以将它置于 main()函数之前。

例 7.1 函数定义示例。

```
#include<stdio.h>
int max(int a,int b){
    if(a>b)return a;
    else return b;
}
int main()
{
    int max(int a,int b);
```

```
    int x,y,z;
    printf("input two numbers:\n");
    scanf("%d%d",&x,&y);
    z=max(x,y);
    printf("maxmum=%d",z);
    return 0;
}
```

以下从函数定义、函数声明及函数调用的角度来分析整个程序，以进一步了解函数的各种特点。

程序的第 2~5 行为 max() 函数定义。在主函数中调用 max() 函数，故先对 max() 函数进行声明（程序第 7 行）。函数定义和函数声明是两个不同的概念，将在 7.3 节中专门讨论。从上述程序可以看出，函数声明与函数定义中的函数头部分相同，但是函数声明没有函数体且末尾要加 ";"。程序第 11 行调用 max() 函数，并将 x、y 的值传递给 max() 的形参 a、b。max() 函数执行的结果将传递给变量 z，最后由主函数输出 z 的值。

7.2 函数的调用

在 C 语言中，定义的函数只有通过函数调用才能执行函数定义的具体功能。因此，应当熟练掌握函数调用的方法和相关的概念。

7.2.1 函数的调用形式

在 C 语言中，程序通过对函数的调用来执行函数体，其过程与其他语言的子程序调用相似。

C 语言中，函数调用的一般形式如下：

函数名(实际参数表)

实际参数表（下面简称实参表）中的参数可以是常数，变量或其他构造类型数据及表达式，各实际参数（以下简称实参）之间用逗号分隔。无参函数调用时无实参表。

7.2.2 函数调用时的数据传递

1. 形参和实参

在调用有参函数时，主调函数和被调用函数之间有数据传递关系。在定义被调函数时，函数名后面括号中的参数称为"形参"（或称"形式参数"）。在主调函数中调用一个函数时，函数名后面括号中的参数称为"实参"（或称"实际参数"）。实参可以是常量、变量、表达式或函数等。

2. 形参和实参间的数据传递

形参出现在函数定义中，在整个函数体内都可以使用，离开该函数则不再有效。实参出现在主调函数中，进入被调函数后，实参变量也不再有效。形参和实参间的数据传递可视为一个"虚实结合"的过程,函数调用时,主调函数将实参的值传递给被调函数的形参,从而实现主调函数向被调函数的数据传递。函数的形参和实参具有以下特点:

(1)形参变量只有在被调用过程中才临时分配内存单元,在调用结束时,即刻释放所分配的内存单元[16]。形参只在函数内部有效,函数调用结束并返回主调函数后,则不能再使用该形参变量。

(2)实参可以是常量、变量、表达式、函数等,无论实参是何种类型,在进行函数调用前,它们都必须具有确定的值,才能将这些值传递给形参。因此,需预先通过赋值、输入等方法使实参获得确定值。

(3)实参和形参在数量、类型、顺序上应严格一致,否则会发生"类型不匹配"的错误。

(4)一般情况下,函数调用中发生的数据传递是单向的,即只能将实参的值传递给形参,而不能将形参的值反向地传递给实参。因此,在函数调用过程中,形参的值发生改变,而实参的值一般不会变化。需要说明的是,这是一种值传递的数据传递方式。这一结论并不适用于指针传递和引用传递。具体内容将在第 9 章指针部分介绍。

例 7.2 说明形参值的变化不会影响调用函数中实参的值。

```
#include<stdio.h>
int main(){
    int n;
    printf("input number\n");
    scanf("%d",&n);
    s(n);
    printf("n=%d\n",n);
}
int s(int n){
    int i;
    for(i=n-1;i>=1;i--)
        n=n+i;
    printf("n=%d\n",n);
}
```

本程序中定义了一个函数 s,该函数的功能是求 $\sum_{i=1}^{n} i$ 的值。在主函数中输入整数 n,并作为实参,在调用时传递给 s 函数的形参量 n。请注意,本例的形参变量和实参变量的标识符都为 n,但表示两个不同的变量,各自的作用域不同。在主函数中用 printf() 语句输出一次 n 值,这个 n 值是实参 n 的值。在函数 s 中也用 printf() 语句输出了一次 n 值,这个 n 值是形参经过 s 函数调用最后计算得出的 n 值。若输入 n 值为 100,即实参 n 的值也为 100。将此值传给函数 s 时,形参 n 的初值也为 100;在执行函数过程中,形参 n 的值经过累加变为 5050;此时,s 函数中输出的 n 为 5050。s 函数调用结束并返回主函数之后,输出的实参 n 的值仍为 100。因此,实参的值不随形参值的变化而变化。

7.2.3 函数调用的过程

函数调用大致过程如图 7.1 所示[2]，由该图可以看出，主调函数在执行过程中遇到被调函数时，暂停本函数的执行，而转去执行被调函数，直至被调函数执行完毕，并返回到主调函数后，再接着执行主调函数。

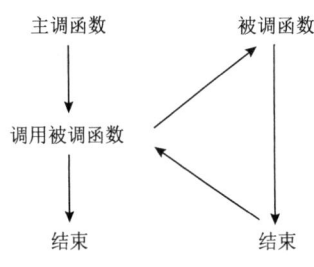

图 7.1　函数调用过程

（1）系统为所有形参临时分配内存单元。

函数定义中的形参，在未出现函数调用时，系统并未为其分配存储空间；当发生函数调用时，系统才临时为形参分配内存单元。

（2）将实参的值传递给对应的形参。

系统按值传递方式将实参的值传递给形参。

（3）执行函数体。

系统将实参的值传递给形参后，由于形参已获得值，就可以执行函数体，即利用形参进行运算，实现函数的功能，得到函数值。

（4）用 return 语句返回函数值。

用 return 语句将计算出的函数值按函数类型返回给主调函数。

（5）调用结束。

返回主调函数后，被调函数调用结束，系统释放为形参分配的临时内存单元，接着执行主调函数。若调用函数时改变了形参的值，但主调函数中实参的值并未改变，其根本原因是实参和形参采用了不同的内存单元存放。

7.2.4 函数的返回值

函数值是指该函数被调用之后，执行函数体中的程序段所取得的并返回给主调函数的值。例如，调用正弦函数取得正弦值，调用例 7.1 的 max()函数取得两个数之间的较大者等。对函数的值（或称函数返回值）有以下说明。

（1）函数的返回值只能通过 return 语句返回主调函数。return 语句的一般形式如下：

```
return 表达式；
```

该语句的功能是计算表达式的值，并返回给主调函数。在函数中允许有多个 return 语句，但每次调用只能有一个 return 语句被执行，因此只能返回一个函数值。

（2）函数值的类型和函数定义中函数的类型应保持一致。如果两者不一致，那么以函数类型为准。对数值型数据，可以自动进行类型转换。

（3）如果函数值为整型，在函数定义时可以省去类型标识。

（4）不返回函数值的函数，可以明确定义为空类型，类型标识符为 void。例如，例 7.2 中函数 s 并不向主函数返回函数值，因此可定义如下：

```
void s(int n)
{……}
```

一旦函数被定义为空类型后，就不能在主调函数中使用被调函数的返回值了。例如，在定义函数 s 为空类型后，在主函数中使用如下语句就是错误的：

```
sum=s(n);
```

为了使程序有良好的可读性并减少出错，凡不要求返回值的函数都应定义为空类型。

7.3 对被调用函数的声明和函数原型

7.3.1 被调用函数的声明

在主调函数中调用某函数之前应对该被调函数进行声明，这与使用变量之前要先进行变量声明是一样的。在主调函数中对被调函数作声明的目的是使编译系统知道被调函数返回值的类型，以便在主调函数中按此种类型对返回值作相应的处理。其一般形式如下：

类型标识符 被调函数名(类型 形参, 类型 形参, …);

或

类型标识符 被调函数名(类型, 类型, …);

括号内给出了形参的类型和形参名，或只给出形参类型。这便于编译系统进行检错，以防止可能出现的错误。

在例 7.1 中，main()函数中对 max()函数的声明为

```
int max(int a,int b);
```

也可写为

```
int max(int,int);
```

C 语言中又规定，在以下几种情况中可以省去主调函数中对被调函数的声明[15,16]：

（1）当被调函数的返回值是整型或字符型时，可以不对被调函数作声明，而直接调用。这时系统将自动对被调函数返回值按整型处理。例 7.2 的主函数中未对函数 s 作声明而直接调用即属此种情形。

（2）当被调函数的函数定义出现在主调函数之前时，也可以不对被调函数作声明而直接调用。在例 7.1 中，函数 max()的定义放在 main()函数之前，因此可在 main()函数中省去对 max()函数的函数声明语句：

```
int max(int a,int b);
```

（3）若在所有函数定义之前，在函数外预先说明了各个函数的类型，则在以后的各主调函数中，可不再对被调函数作声明。例如，

```
char str(int a);
float f(float b);
main(){
……
}
char str(int a){
……
}
float f(float b){
……
}
```

其中,第一、二行对 str 函数和 f 函数预先作了声明。因此,在以后各主调函数中无须对 str 和 f 函数再作声明,可直接调用。

(4)对库函数的调用不需要再作声明,但必须将该函数的头文件用 include 命令包含在源文件前部。

7.3.2 函数原型

函数原型能告诉编译程序一个函数将接受什么样的参数,将返回什么样的返回值,这样编译程序就能检查对函数的调用是否正确,是否存在错误的类型转换。例如,现有以下函数原型:

```
int some_func(int,char,long);
```

编译程序将会检查所有对该函数的引用(包括该函数的定义),是否使用了三个参数,并且是否返回一个 int 类型的值。如果编译程序发现函数的调用或定义与函数原型不匹配,那么就会提示出错或警告消息。

7.4 函数的嵌套调用

C 语言中不允许作嵌套的函数定义,因此各函数之间是平行的,不存在上一级函数和下一级函数的问题。但是 C 语言允许在一个函数的定义中出现对另一个函数的调用,这样就出现了函数的嵌套调用,即在被调函数中又调用其他函数。这与其他语言的子程序嵌套的情形是类似的,其关系如图 7.2 所示。

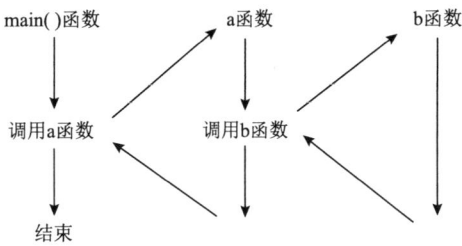

图 7.2 函数的嵌套调用

图 7.2 表示的是一个两层嵌套（包括 main()函数共三层函数），其执行过程如下。
（1）执行 main()函数的开头部分；
（2）遇函数调用语句，调用函数 a，流程转去 a 函数；
（3）执行 a 函数开头的部分；
（4）遇函数调用语句，调用函数 b，流程转去 b 函数；
（5）执行 b 函数，若再无其他嵌套函数，则完成 b 函数的全部操作；
（6）返回到 a 函数中调用 b 函数的位置；
（7）继续执行 a 函数中尚未执行的部分，直到 a 函数结束；
（8）返回 main()函数中调用 a 函数的位置；
（9）继续执行 main()函数的剩余部分直到结束。

例 7.3 计算 $s = 2^2! + 3^2!$。

本题可编写两个函数，一个是用来计算平方值的函数 f1，另一个是用来计算阶乘值的函数 f2。主函数先调 f1 计算出平方值，然后在 f1 中以平方值为实参，调用 f2 计算其阶乘值，再返回 f1，最后返回主函数。代码如下：

```c
#include<stdio.h>
long f1(int p){
    int k;
    long r;
    long f2(int);
    k=p*p;
    r=f2(k);
    return r;
}
long f2(int q){
    long c=1;
    int i;
    for(i=1;i<=q;i++)
        c=c*i;
    return c;
}
int main()
{
    int i;
    long s=0;
    for (i=2;i<=3;i++)
        s=s+f1(i);
    printf("\ns=%ld\n",s);
    return 0;
}
```

在程序中，函数 f1 和 f2 均为长整型，都在主函数之前定义，故不必再在主函数中对 f1 和 f2 加以声明。在主程序中，将 i 值作为实参调用函数 f1 求其平方值。在 f1 中又发生对函数 f2 的调用，这时将 i 的平方值作为实参调用 f2，在 f2 中完成求其阶乘的计算。f2 执行完毕将平均值 c 返回给 f1，再由 f1 返回主函数。至此，通过函数的嵌套调用实现了题目的要求。因为数值较大，所以函数和一些变量的类型都声明为长整型，否则会造成计算错误。

7.5 函数的递归调用

一个函数在它的函数体内调用其自身称为递归调用，这种函数称为递归函数。C 语言允许函数的递归调用。在递归调用中，主调函数又是被调函数。执行递归函数将反复调用其自身，每调用一次就进入新的一层。

例如，有函数 f 如下：

```
int f(int x){
    int y;
    z=f(y);
    return z;
}
```

这个函数是一个递归函数，但是该函数将无休止地调用其自身，这当然是不正确的。为了防止递归调用无终止地进行，必须在函数内有终止递归调用的手段。常用的办法是加条件判断，满足某种条件后就不再作递归调用，然后逐层返回。下面举例说明递归调用的执行过程。

例 7.4 用递归计算 $n!$。

阶乘 $n!$ 的计算公式如下：

$$n! = \begin{cases} 1, & n = 0 \text{或} 1 \\ n(n-1)!, & n > 1 \end{cases}$$

代码如下：

```
long factorial(int n){
    long result;
    if(n==0||n==1)
        result=1;
    else
        result=factorial(n-1)*n;    //递归调用
    return result;
}
```

这是一个典型的递归函数。调用 factorial 函数后即进入函数体，只有当 n=0 或 n=1 时函数才会结束，否则就一直调用其自身。

因为每次调用的实参为 n–1，即将 n–1 的值赋给形参 n，所以每次递归实参的值都减 1，直到当最后 n–1 的值为 1 时，形参 n 的值也为 1，递归就终止了，程序会逐层退出。

例如，求 5!，即调用 factorial(5)。当进入 factorial 函数体后，因为 n=5，不等于 0 或 1，所以执行"result = factorial(n–1)*n"，即"result = factorial(5–1)*5"，接下来也就是调用 factorial(4)。这是第 1 次递归。进行 4 次递归调用后，实参的值为 1，也就是调用 factorial(1)。这时递归就结束了，开始逐层返回。factorial(1)的值为 1，factorial(2)的值为 1*2=2，factorial(3)的值为 2*3=6，factorial(4)的值为 6*4=24，最后返回值 factorial(5)为 24*5=120。

例 7.4 也可以不用递归的方法来完成，可以用循环，即从 1 开始乘以 2，再乘以 3，…，直到乘以 n。递归调用不但难以理解，而且开销很大，如非必要，不推荐使用。很多递归调用可以用循环来代替，但是有些问题则只能用递归算法才能实现。

7.6 数组作为函数参数

数组可以作为函数的参数使用，进行数据传递。

数组用作函数参数有两种形式：一种是将数组元素（下标变量）作为实参使用；另一种是将数组名作为函数的形参和实参使用。

7.6.1 数组元素作函数参数

数组元素就是下标变量，它与普通变量并无区别，因此它作为函数实参使用与普通变量是完全相同的。在进行函数调用时，将作为实参的数组元素的值传递给形参，实现单向的值传递。

例 7.5 判别一个整数数组中各元素的值，若大于 0 则输出该值，若小于或等于 0 则输出 0 值。

代码如下：

```c
#include<stdio.h>
void judge(int x){
    if(x>0)
        printf("%d",x);
    else
        printf("%d",0);
}
int main()
{
    int a[5],i;
    printf("input 5 numbers\n");
    for(i=0;i<5;i++){
```

```
        scanf("%d",&a[i]);
        judge (a[i]);
    }
    return 0;
}
```

本程序中首先定义一个无返回值函数 judge()，并声明其形参 x 为整型变量。在函数体中根据 x 值输出相应的结果。在 main()函数中用一个 for 语句输入数组各元素，每输入一个就以该元素作实参调用一次 judge()函数，即将 a[i]的值传递给形参 x，供 judge()函数使用。

7.6.2 数组名作函数参数

用数组名作函数参数与用数组元素作实参有以下几点不同。

（1）用数组元素作实参时，只要数组类型和函数的形参变量的类型一致，那么作为下标变量的数组元素的类型也和函数形参变量的类型是一致的。因此，并不要求函数的形参也是下标变量。换句话说，对数组元素的处理是按普通变量对待的[2]。用数组名作函数参数时，则要求形参和相对应的实参都必须是类型相同的数组，都必须有明确的数组声明。当形参和实参二者不一致时，即会发生错误。

（2）用普通变量或下标变量作函数参数时，形参变量和实参变量由编译系统分配了两个不同的内存单元。在函数调用时发生的值传递是将实参变量的值赋予形参变量。在用数组名作函数参数时，不是进行值的传递，即不是将实参数组的每一个元素的值都赋予形参数组的各个元素。因为实际上形参数组并不存在，编译系统不为形参数组分配内存。那么，数据的传递是如何实现的呢？前面曾介绍过，数组名就是数组的首地址。在数组名作函数参数时所进行的传递是地址的传递，即将实参数组的首地址赋予形参数组名。形参数组名取得该首地址之后，可以通过该地址引用原数组的元素。实际上是形参数组和实参数组为同一数组，共同拥有一段内存空间，如图 7.3 所示。

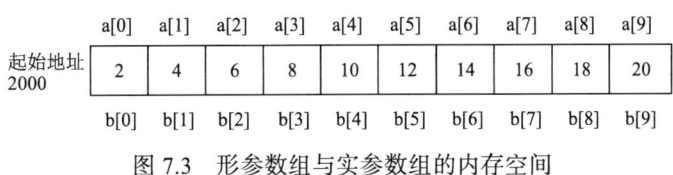

图 7.3　形参数组与实参数组的内存空间

图 7.3 中，a 为实参数组名，类型为整型，占有以 2000 为首地址的一块内存区；b 为形参数组名。当发生函数调用时，进行地址传递，将实参数组 a 的首地址传递给形参数组名 b，于是 b 也取得了该地址 2000。这时，a、b 两数组共同占有以 2000 为首地址的一段连续内存单元。从图中还可以看出，a 和 b 下标相同的元素实际上也占用相同的两个内存单元（整型数组每个元素占两个字节）。例如，a[0]和 b[0]都占用 2000 和 2001 单元，当然 a[0]等于 b[0]。类推则有 a[i]等于 b[i]。

例 7.6　数组 a 中存放了一个学生 5 门课程的成绩，求平均成绩。

代码如下:

```c
#include<stdio.h>
float aver(float a[5]){
    int i;
    float av,s=a[0];
    for(i=1;i<5;i++)
        s=s+a[i];
    av=s/5;
    return av;
}
int main()
{
    float sco[5],av;
    int i;
    printf("\ninput 5 scores:\n");
    for(i=0;i<5;i++)
        scanf("%f",&sco[i]);
    av=aver(sco);
    printf("average score is %5.2f",av);
    return 0;
}
```

本程序首先定义了一个实型函数 aver()，有一个形参为实型数组 a，长度为 5。在函数 aver() 中，将各元素值相加求出平均值，返回给主函数。主函数 main() 中首先完成数组 sco 的输入，然后以 sco 作为实参调用 aver() 函数，函数返回值 av，最后输出 av 值。

（3）在变量作为函数参数时，所进行的值传递是单向的。即只能从实参传向形参，不能从形参传回实参。形参的初值和实参相同，而形参的值发生改变后，实参并不变化，两者的终值可能是不同的。而当用数组名作函数参数时，情况则不同。实际上形参和实参为同一内存区域的数组，因此当形参数组发生变化时，实参数组也随之变化。不过这种情况不能理解为发生了"双向"的值传递[16]，但从实际情况来看，调用函数之后实参数组的值将随着形参数组值的变化而变化。

例 7.7 判别一个整数数组中各元素的值，若大于 0 则输出该值，若小于或等于 0 则输出 0 值。要求用数组名作函数参数。

代码如下:

```c
#include<stdio.h>
void judge(int a[5]){
    int i;
    printf("\nvalues of array a are:\n");
```

```
        for(i=0;i<5;i++){
            if(a[i]<0) a[i]=0;
            printf("%d",a[i]);
        }
    }
    int main()
    {
        int b[5],i;
        printf("\ninput 5 numbers:\n");
        for(i=0;i<5;i++)
            scanf("%d",&b[i]);
        printf("initial values of array b are:\n");
        for(i=0;i<5;i++)
            printf("%d",b[i]);
        judge (b);
        printf("\nlast values of array b are:\n");
        for(i=0;i<5;i++)
            printf("%d",b[i]);
        return 0;
    }
```

本程序中函数 judge()的形参为整型数组 a，长度为 5；主函数中实参数组 b 也为整型，长度也为 5。在主函数中首先输入数组 b 的值，同时输出数组 b 的初始值。然后以数组名 b 为实参调用 judge()函数。在 judge 中，按要求将负值单元清零，并输出形参数组 a 的值。返回主函数之后，再次输出数组 b 的值。从运行结果可以看出，数组 b 的初值和终值是不同的，数组 b 的终值和数组 a 是相同的。这说明实参、形参为同一数组，它们的值同时发生改变。

用数组名作为函数参数时还应注意以下几点。

（1）形参数组和实参数组的类型必须一致，否则将引起错误。

（2）形参数组和实参数组的长度可以不相同，因为在调用时，只传递首地址而不检查形参数组的长度。当形参数组的长度与实参数组不一致时，虽不会出现语法错误（编译能通过），但程序执行结果将可能与实际不符，应予以注意。

为了更好地解释这一问题，我们将例 7.7 改写为例 7.8 的形式。

例 7.8

```
#include<stdio.h>
void judge(int a[8]){
    int i;
    printf("\nvalues of array are:\n");
    for(i=0;i<8;i++){
```

```
        if(a[i]<0) a[i]=0;
        printf("%d",a[i]);
    }
}
int main()
{
    int b[5],i;
    printf("\ninput 5 numbers:\n");
    for(i=0;i<5;i++)
        scanf("%d",&b[i]);
    printf("initial values of array b are:\n");
    for(i=0;i<5;i++)
        printf("%d",b[i]);
    judge(b);
    printf("\nlast values of array b are:\n");
    for(i=0;i<5;i++)
        printf("%d",b[i]);
    return 0;
}
```

本程序与例 7.7 程序相比，judge()函数的形参数组长度改为 8，函数体中，for 语句的循环条件也改为 i<8。因此，形参数组 a 和实参数组 b 的长度不一致。编译能够通过，但从结果来看，数组 a 的元素 a[5]、a[6]、a[7] 显然是无意义的，存在数组下标越界问题。

（3）在函数形参表中，允许不给出形参数组的长度，或用一个变量来表示数组元素的个数。例如，可以写为

```
void judge(int a[]);
```

或

```
void judge(int a[],int n);
```

其中，形参数组 a 没有给出长度，而由 n 值动态地表示数组的长度。n 的值由主调函数的实参进行传递。由此，例 7.8 又可改为例 7.9 的形式。

例 7.9

```
#include<stdio.h>
void judge(int a[],int n){
    int i;
    printf("\nvalues of array a are:\n");
    for(i=0;i<n;i++){
        if(a[i]<0)a[i]=0;
        printf("%d",a[i]);
```

```
        }
    }
    int main()
    {
        int b[5],i;
        printf("\ninput 5 numbers:\n");
        for(i=0;i<5;i++)
            scanf("%d",&b[i]);
        printf("initial values of array b are:\n");
        for(i=0;i<5;i++)
            printf("%d",b[i]);
        judge(b,5);
        printf("\nlast values of array b are:\n");
        for(i=0;i<5;i++)
            printf("%d",b[i]);
        return 0;
    }
```

本程序 judge()函数形参数组 a 没有给出长度，由 n 动态确定该长度。在 main()函数中，函数调用语句为

    judge(b,5)

其中，实参 5 将赋予形参 n 作为形参数组的长度。

7.6.3 多维数组名作函数参数

多维数组元素作函数参数与前述一维数组情况类似。

多维数组名也可作为函数的实参和形参，在被调用函数中对形参数组定义时可以指定每一维的大小，也可以省略第一维的大小说明。例如，

    int arry[3][10];

或

    int arry[][10];

二者都合法而且等价。但是不能将第二维和其他高维的大小说明省略。如下的定义是不合法的：

    int arry[][];

这是为什么呢？二维数组是由若干个一维数组组成的，在内存中，数组是按行存放的。因此，在定义二维数组时，必须指定列数（即一行中包含几个元素），因为形参数组和实参数组类型相同，所以它们是由具有相同长度的一维数组组成的，不能只指定第一维而省略第二维。如下的写法是错误的：

    int arry[3][];

在第二维大小相同的情况下，形参数组的第一维可以和实参数组不同。例如，实参数组定义为

```
int score[5][10];
```

而形参数组定义为

```
int arry[][10];
```

或

```
int arry[8][10];
```

都可以，这时形参数组和实参数组都是由相同类型和大小的一维数组组成的，C 语言编译系统不检查第一维的大小。

例 7.10 有一个 3×4 的矩阵，求所有元素中的最大值。

代码如下：

```c
#include<stdio.h>
int main()
{
    int max_value(int arry[][4]);
    int a[3][4]={(1,3,5,7),(2,4,6,8),(15,17,34,12)};
    printf("max value is %d\n",max_value(a));
    return 0;
}
int max_value(int arry[][4]){
    int i,j,max;
    max=arry[0][0];
    for(i=0;i<=3;i++)
        for(j=0;j<=4;j++)
            if(arry[i][j]>max)
                max=arry[i][j];
    return max;
}
```

运行结果如下：

```
Max value is 34
```

本程序中，形参数组 arry 的第一维大小省略，第二维大小不能省略，而且要和实参数组 a 的第二维大小相同。在主函数调用 max_value()函数时，将实参数组 a 的第一行的起始地址传递给形参数组 arry，因此 arry 数组第一行的起始地址与 a 数组的第一行的起始地址相同。由于两个数组的列数相同，因而 arry 数组第二行的起始地址与 a 数组的第二行的起始地址也相同，a[i][j]和 arry[i][j]同占一个存储单元，它们具有同一个值。实际上，arry[i][j]就是 a[i][j]，在函数中对 arry[i][j]的操作就是对 a[i][j]的操作。

7.7 局部变量和全局变量

在讨论函数的形参变量时曾经提到,形参变量只在被调用期间才分配内存单元,调用结束后立即释放。这一点表明形参变量只有在函数内才是有效的,离开该函数就不能再使用了。这种变量有效性的范围称为变量的作用域。不仅形参变量如此,C 语言中所有的变量都有自己的作用域。变量说明的方式不同,其作用域也不同。C 语言中的变量,按作用域范围可分为两种,即局部变量和全局变量。

7.7.1 局部变量

局部变量也称为内部变量,是在函数内作定义说明的,其作用域仅限于函数内,离开该函数后再使用这种变量是非法的。例如,

```
int f1(int a){          /*函数 f1*/
    int b,c;
    ……
}

int f2(int x){          /*函数 f2*/
    int y,z;
    ……
}

main(){                 /*主函数*/
    int m,n;
    ……
}
```

在函数 f1 内定义了三个变量,a 为形参,b、c 为一般变量。在 f1 的范围内 a、b、c 有效,或者说 a、b、c 变量的作用域限于 f1 内。同理,x、y、z 的作用域限于 f2 内。m、n 的作用域限于 main() 函数内。关于局部变量的作用域还要说明以下几点。

(1) 主函数中定义的变量也只能在主函数中使用,不能在其他函数中使用。同时,主函数中也不能使用其他函数中定义的变量。因为主函数也是一个函数,它与其他函数是平行关系。这一点是与其他语言不同的,应予以注意。

(2) 形参变量是属于被调函数的局部变量,实参变量是属于主调函数的局部变量。

(3) 允许在不同的函数中使用相同的变量名,它们代表不同的对象,分配不同的单元,互不干扰,也不会发生混淆。如在例 7.2 中,形参和实参的变量名都为 n,是完全允许的。

(4) 在复合语句中也可定义变量,其作用域仅在复合语句范围内。

例 7.11

```
#include<stdio.h>
int main()
{
    int i=2,j=3,k;
    k=i+j;
    {
        int k=8;
        i=3;
        printf("%d\n",k);
    }
    printf("%d %d\n",i,k);
    return 0;
}
```

例 7.11 程序在 main()中定义了 i、j、k 三个变量,其中,k 未赋初值;而在复合语句内又定义了一个变量 k,并赋初值为 8。应该注意这两个 k 不是同一个变量。在复合语句外,由 main()定义的 k 起作用;而在复合语句内,则由复合语句内定义的 k 起作用。因此程序第 3 行的 k 为 main()所定义,其值应为 5;第 7 行输出 k 值,该行在复合语句内,由复合语句内定义的 k 起作用,其初值为 8,故输出值为 8;第 9 行输出 i、k 值,i 是在整个程序中有效的,第 6 行对 i 赋值为 3,故输出也为 3;第 9 行已在复合语句外,输出的 k 应为 main()所定义的 k,此 k 值在第 3 行已得到,为 5,故输出也为 5。

7.7.2 全局变量

全局变量也称为外部变量,是在函数外部定义的变量。它不属于哪一个函数,而属于一个源程序文件,其作用域是整个源程序。全局变量的说明符为 extern。在函数中使用全局变量,一般应作全局变量说明,只有在函数内经过说明的全局变量才能使用,但在一个函数之前定义的全局变量,在该函数内使用可不加以说明。例如,

```
int a,b;                    //外部变量
void f1(){                  /*函数 f1*/
......
}
float x,y;                  //外部变量
int fz(){                   /*函数 fz*/
......
}
main(){                     /*主函数*/
......
}
```

可以看出，a、b、x、y 都是在函数外部定义的外部变量，都是全局变量。但 x、y 定义在函数 f1 之后，而在 f1 内又无对 x、y 的说明，所以 x、y 在 f1 内无效。a、b 定义在源程序最前面，因此在 f1、f2 及 main() 内不加说明也可使用。

例 7.12 输入长方体的长宽高，求体积及三个面的面积。

```
int s1,s2,s3;
int vs(int a,int b,int c){
    int v;
    v=a*b*c;
    s1=a*b;
    s2=b*c;
    s3=a*c;
    return v;
}
int main()
{
    int v,l,w,h;
    printf("\ninput length,width and height\n");
    scanf("%d%d%d",&l,&w,&h);
    v=vs(l,w,h);
    printf("\nv=%d,s1=%d,s2=%d,s3=%d\n",v,s1,s2,s3);
    return 0;
}
```

例 7.13 外部变量与局部变量同名。

```
int a=3,b=5;              //a、b 为外部变量
max(int a,int b){
    int c;
    c=a>b?a:b;
    return(c);
}
int main(){
    int a=8;
    printf("%d\n",max(a,b));
    return 0;
}
```

如果同一个源文件中，外部变量与局部变量同名，则在局部变量的作用范围内，外部变量被"屏蔽"，即它不起作用。

7.7.3 变量的存储方式和生存期

内存中供用户使用的存储空间可分为 3 部分：
（1）程序区，用来存放程序代码的内存区。
（2）静态存储区，存储全局变量（包括外部变量）和静态局部变量等。静态存储变量默认初值为 0。
（3）动态存储区，存储函数形参、函数中定义的自动变量及函数调用时的现场保护和返回地址等。动态存储变量初始值不确定。

所以，从内存变量值存储方式来观察，变量的存储方式有两种：静态存储方式和动态存储方式。静态存取区还分为栈（由系统分配释放）和堆（由程序员分配释放）。除了存储在内存中，有些变量可以存储在 CPU 的寄存器中。

C 语言的存储类别有 4 种：自动的（auto）、静态的（static）、寄存器的（register）和外部的（extern）。局部变量的存储类别有 3 种：
（1）自动变量即动态局部变量（离开函数，变量消失），存储在内存动态存储区。函数中的变量如果不声明为 static 都指定为 auto，即自动变量。自动变量只在函数被调用时存在，离开函数时则消失。下次调用时分配的内存位置可能不同。
（2）静态局部变量（离开函数，值仍保留），存储在内存静态存储区。函数调用结束时，其占用的存储单元不释放。下次调用该函数时，该变量已有值。但因其为局部变量，故不能被其他函数引用。
（3）寄存器变量（离开函数，值就消失），存储在 CPU 中的寄存器中。
形参可以定义为自动变量或寄存器变量。
全局变量都存储在内存静态存储区中，因此它们存在于整个程序运行过程，按可引用范围分为 2 种：
（1）静态外部变量（用 static 声明，只限本文件使用）。
（2）外部变量（非静态的外部变量，允许其他文件通过 extern 引用）。

7.8 关于变量的声明和定义

变量的声明有两种情况：
（1）需要建立存储空间。
例如，
```
    int a;
```
在声明的时候就已经建立了存储空间。
（2）不需要建立存储空间。
例如，
```
    extern int a;
```
其中，变量 a 是在别的文件中定义的。

前者称为定义性声明（defining declaration）或者称为定义（definition），而后者称为引用性声明（referncing declaration）。从广义的角度来讲，声明中包含着定义，即定义是声明的一个特例，所以并非所有的声明都是定义。例如，

```
int a;
```

既是声明，同时又是定义。然而对于

```
extern int a;
```

来讲它只是声明不是定义。一般的情况下，我们将建立存储空间的声明称为定义，而将不需要建立存储空间的声明称为声明。

很明显，这里的声明是狭义上的声明，也就是非定义性质的声明[15]。例如，在主函数中：

```
int main(){
    extern int A;    //这是个声明而不是定义，声明A是一个已经定义了的外部变量
                     //注意：声明外部变量时可以将变量类型去掉，如extern A;
    dosth();         //执行函数
}
int A;               //是定义，定义了A为整型的外部变量
```

外部变量的"定义"与外部变量的"声明"是不相同的，外部变量的定义只能有一次，它的位置是在所有函数之外；而同一个文件中的外部变量声明可以是多次的，它可以在函数之内（哪个函数要用就在哪个函数中声明），也可以在函数之外（在外部变量的定义点之前）。系统会根据外部变量的定义（而不是根据外部变量的声明）分配存储空间。对于外部变量来讲，初始化只能在"定义"中进行，而不能在"声明"中进行。所谓"声明"，其作用是声明该变量是一个已在后面定义过的外部变量，仅仅是为了提前引用该变量而作的"声明"而已。extern 只作声明，不作任何定义。

声明的最终目的是提前使用，即在定义之前使用，如果不需要提前使用，就没有单独声明的必要。变量是如此，函数也是如此，所以声明不会分配存储空间，只有定义才会分配存储空间。

用 static 来声明一个变量有两种作用。

（1）对于局部变量用 static 声明，是为了该变量分配的空间在整个程序的执行期内都始终存在。

（2）外部变量用 static 来声明，则该变量的作用只限于本文件模块。

7.9 内部函数和外部函数

函数本质上是全局的，因为一个函数要被另外的函数调用，但是，也可以指定函数不能被其他源文件调用，根据函数能否被其他源文件调用，函数可分为内部函数和外部函数。

7.9.1 内部函数

如果一个函数只能被本文件中其他函数所调用，那么它被称为内部函数。在定义内部函数时，在函数名和函数类型的前面加 static，即

> static 类型标识符 函数名(形参表);

例如，

> static int fun(int a,int b);

内部函数又称静态函数。使用内部函数，可以使函数的作用只局限于所在文件，如果在不同的文件中有同名的内部函数，则互不干扰。这样，不同的人可以分别编写不同的函数，而不必担心所用函数会与其他文件中函数同名。通常将只能由本文件使用的函数和外部变量放在一个文件中，在它们前面都加 static 使之局部化，其他文件不能引用。

7.9.2 外部函数

在外部函数的使用中，extern 关键字有两种作用。

（1）在定义函数时，若在函数首部的最左端存在关键字 extern，则表示此函数是外部函数，可供其他文件调用。

如函数首部可以写为

> extern int fun (int a, int b)

这里的函数 fun 就可以被其他文件调用。C 语言规定，若在定义函数时省略 extern，则隐含为外部函数。本书前面所用的函数都是外部函数。

（2）在需要调用此函数的文件中，用 extern 声明所用的函数是外部函数。

例 7.14 一个字符串内有若干个字符。现输入一个字符，要求程序将字符串中该字符删去。用外部函数实现。

file1.c（文件 1）

```
#include<stdio.h>
int main()
{
    extern enter_string(char str[80]);
    extern delete_string(char str[],char ch);
    extern print_string(char str[]);
    /*以上 3 行声明在本函数中将要调用的在其他文件中定义的 3 个函数*/
    char c;
    char str[80];
    enter_string(str);
    scanf("%c",&c);
    delete_string(str,c);
    print_string(str);
}
```

file2.c（文件 2）
```c
#include<studio.h>
enter_string(char str[80]){      /*定义外部函数 enter_string*/
    gets(str);                   //读入字符串 str
}
```

file3.c（文件 3）
```c
delete_string(char str[],char ch){   /*定义外部函数 delete_string*/
    int i,j;
    for(i=j=0;str[i]!='\0';i++){
        if(str[i]!=ch)
            str[j++]=str[i];
        str[j]='\0';
    }
}
```

file4.c（文件 4）
```c
print_string(char str[]){        /*定义外部函数 print_string*/
    printf("%s",str);
}
```

运行结果如下：

```
abcdefgc    （输入字符串 str）
c           （输入要删去的字符 c）
abdefg      （输出已删去指定字符的字符串）
```

整个程序由 4 个文件组成，每个文件包含一个函数。主函数是主控函数，除声明部分外，由 4 个函数调用语句组成。其中，scanf()是库函数；另外 3 个是用户自己定义的函数。函数 delete_string()的作用是根据给定的字符串 str 和要删除的字符 ch，对 str 作删除处理。

delete_string()算法流程如下：对 str 数组的字符逐个检查，如果不是被删除的字符就将它存放在数组中。从 str[0]开始逐个检查数组元素值是否等于指定要删除的字符，若不是就依次留在数组中，若是就进行删除。在本例中，应该使 str[0]赋给 str[0]，str[1]赋给 str[1]，str[2]赋给 str[2]，str[3]赋给 str[3]，str[4]是要删除的字符，不应该放在 str 数组中，然后 str[5]赋给 str[4]，等等。请读者注意分析如何控制 i 和 j 的变化，以便使被删除的字符不保留在原数组中。

程序中 3 个函数都定义为外部函数。在 main()函数中用 extern 声明在 main()函数中用到的 enter_string()、delete_string()、print_string()是在其他文件中定义的外部函数。

通过此例可知，使用 extern 声明就能够在一个文件中调用其他文件中定义的函数，或者说将该函数的作用域扩展到本文件。extern 声明的形式就是在函数原型基础上加关键字 extern（见本例 main()函数中的声明形式）。由于函数在本质上是外部的，在程序中经常要调用外部函数。为方便编程，因而 C 语言允许在声明函数时省略 extern。用函数原型也能够将函数的作用域扩展到定义该函数的文件之外（不必使用 extern），只要在使用该函数的每一个文件中包含该函数的函数原型即可。函数原型通知编译系统：该函数在本文件中稍后定义，或在另一文件中定义。

利用函数原型扩展函数作用域最常见的例子是#include 命令的应用。在前面几章中曾多次使用过#include 命令，如前所述，在#include 命令所指定的"头文件"中包含调用库函数时所需的信息。例如，在程序中需要调用 sin()函数，但三角函数并不是由用户在本文件中定义的，而是存放在数学函数库中的。因此，必须在本文件中写出 sin 函数的原型，否则无法调用 sin 函数。sin 函数的原型是：

```
double sin(double x);
```

显然，要求程序设计者在调用库函数时，先从手册中查出所用库函数的原型，并在程序中一一写出来是麻烦而困难的。为减少程序设计者的困难，在头文件 math.h 中包括了所有数学函数的原型和其他有关信息，用户只需包含以下#include 命令：

```
#include <math.h>
```

在此之后，在该文件中就能合法地调用各数学库函数了。

7.9.3 常用函数库

C 语言常用的函数库有：输入输出函数库 stdio.h、数学函数库 math.h、字符函数库 ctype.h、字符串函数库 string.h、标准库函数库 system.h、图形处理函数库 graphic.h、动态内存管理函数库 alloc.h、目录操作函数库 dir.h、系统接口函数库 dos.h、输入/输出函数库 io.h、浮点数据处理库 float.h、控制台输入/输出函数库 conio.h、Debug 相关函数库 assert.h、BIOS 相关函数库 bios.h、内存相关函数库 mem.h、进程管理函数库 process.h、函数跳转函数库 setjup.h、信号定义函数库 signal.h、函数参数处理函数库 stdarg.h、时间函数库 time.h、标准工具库函数库 stdlib.h。

在 C 语言学习中，常用的有输入/输出函数库 stdio.h、数学函数库 math.h、字符串函数库 string.h、标准库函数库 system.h、动态内存管理函数库 alloc.h、时间函数库 time.h、标准工具库函数库 stdlib.h。详见附录 4 C 语言常用库函数。

7.10 MD5 匹 配

消息摘要算法 5（Message Digest Algorithm 5，简称 MD5），是计算机广泛使用的杂凑算法之一，用于确保信息的一致性，主流编程语言已普遍采用 MD5。将不定长度的数据转变为另一固定长度的值，是杂凑算法的基本思想。MD5 的前身有 MD2、MD3、MD4。

MD5 算法具有以下特点。

（1）压缩性。任意长度的数据，计算出的 MD5 值长度都是固定的。

（2）易计算。从原数据计算出 MD5 值很容易。

（3）雪崩效应。对原数据进行任何改动，哪怕只修改 1 个字节，所得到的 MD5 值都有很大区别。

（4）抗弱碰撞。已知原数据和其 MD5 值，想找到一个具有相同 MD5 值的伪造数据是非常困难的。

（5）抗强碰撞。想找到两个不同的数据，使它们具有相同的 MD5 值，是非常困难的。

MD5 算法示意图[12]如图 7.4 所示。

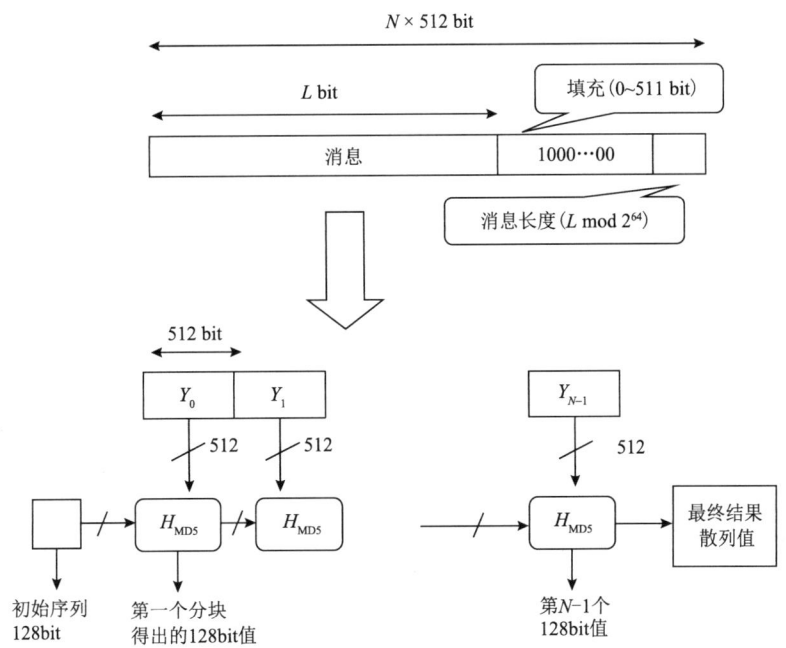

图 7.4　MD5 算法示意图

MD5 算法具有以上特性，被广泛应用于保证数据的完整性上。例如，我们利用 MD5 值判断两个文件是否相同，一般在发送文件的同时计算这个文件的 MD5 值，将 MD5 值与文件一起发送，接收端计算接收到文件的 MD5 值。根据抗强碰撞性，如果 MD5 值相同，那么接收端接收到的文件和发送端发送的文件是相同的。因此，可以判断两个文件是否相同。

本节给出 MD5 算法在文件匹配过程中的应用。因为 MD5 算法的过程比较复杂，在此将 MD5 算法的函数作为外部函数进行引用。代码如下：

```
#include<stdio.h>
#include<string.h>
#include<md5.h>
int main()
{
    char str1[1000],str2[1000];
    char md5OfStr1[129],md5OfStr2[129];
    scanf("%s",str1);
    scanf("%s",str2);
```

```
        md5OfStr1=md5(str1);
        md5OfStr2=md5(str2);
        if(strcmp(md5OfStr1,md5OfStr2))
            printf("这两个字符串不同");
        else
            printf("这两个字符串相同");
        return 0;
    }
```

在该代码中，md5.h 是包含 md5 函数实现的外部函数库，通过调用该库的函数计算输入的两个字符串的 MD5 值。然后通过字符串比较函数 strcmp()，判断 MD5 值是否相同。

7.11 本章小结

本章重点介绍了函数和模块化程序设计两方面内容。函数是 C 语言程序设计的"精华"所在。灵活掌握函数和模块化程序设计的方法，对于系统认识 C 语言程序设计思想和提升 C 语言程序设计能力，具有十分重要的作用。本章需要重点掌握和理解以下内容：

（1）函数定义和调用的方法。
（2）被调用函数的声明和函数原型。
（3）函数的嵌套和递归思想和方法。
（4）数组作为函数参数的设计方法。
（5）局部变量和全局变量的作用域及其应用。
（6）变量的生命期和定义方法。
（7）内部函数和外部函数的定义和使用方法。

习 题 7

1. 从用户的角度看，函数分为几类？分别是什么？
2. 形参和实参的区别是什么？
3. 函数的嵌套调用与递归调用有什么区别？
4. 局部变量和全局变量的区别是什么？
5. 什么是局部静态变量？
6. 请编写两个自定义函数，分别实现求两个整数的最大公约数和最小公倍数，并用主函数调用这两个函数，输出结果。
7. 已有变量定义语句和函数调用语句

```
int x=57;isprime(x);
```

函数 isprime()用来判断整型数 x 是否为素数，若是素数，函数返回 1；否则返回 0。请编写 isprime()函数。

8. 编写函数实现求定积分 $\int_0^4 (x^2+3x+2)dx$ 的值。等分数 n=1000。

9. 古典问题：有一对兔子，从出生后第 3 个月起每个月都生一对兔子，小兔子长到第三个月后每个月又生一对兔子。假如兔子都不死，问每个月的兔子总数为多少？

10. 编写一个函数，当输入 n 为偶数时，调用函数求 $\frac{1}{2}+\frac{1}{4}+\cdots+\frac{1}{n}$；当输入 n 为奇数时，调用函数求 $\frac{1}{1}+\frac{1}{3}+\cdots+\frac{1}{n}$。

11. 编写 void tran(int m,int r,char str[],int *n)函数，实现任意读入一个十进制正整数，将其转换成二至十六任意进制的字符串。

第 8 章 位 操 作

C 语言兼顾了高级语言的特点，也具备汇编语言的功能。C 语言有功能丰富的库函数，运算速度快、编译效率高，有良好的可移植性，并且可以直接实现对系统硬件的控制。C 语言为程序开发人员提供了位运算功能，支持类似汇编语言的各种位操作，可以对字节或字中的位（比特）进行按位取反、与、或、异或、移位或置换处理，在操作系统、微处理器或嵌入式等底层程序开发中经常使用。位运算在计算效率方面具有明显优势，在信息论与编码和密码算法实现方面应用广泛[2,3,14,16]。

本章将详细介绍二进制数据表示法、进制间相互转换、计算机原码、反码、补码表示、位操作及其应用等内容。

8.1 二进制简介

二进制是计算机中普遍采用的一种数制形式。二进制基数是 2，用 0 和 1 两个数字来表示数据。进位规则是"逢二进一"，借位规则是"借一当二"。现代计算机系统基本上都是采用二进制系统，数据在计算机中主要以补码形式存储。

8.1.1 二进制与十进制的转换

二进制数采用位置计数法，其位权是以 2 为底的幂。一个有 n 位整数、m 位小数的二进制数据，可采用如下加权系数展开式转换为十进制：

$$(a_{n-1}a_{n-2}\ldots a_1a_0a_{-1}a_{-2}\ldots a_{-m})_2 = a_{n-1}\times 2^{n-1} + a_{n-2}\times 2^{n-2} + \ldots + a_1\times 2^1 + a_0\times 2^0$$
$$+ a_{-1}\times 2^{-1} + a_{-2}\times 2^{-2} + \ldots + a_{-m}\times 2^{-m}$$

例如，二进制数 101.01 采用加权系数形式可写为

$$(101.01)_2 = 1\times 2^2 + 0\times 2^1 + 1\times 2^0 + 0\times 2^{-1} + 1\times 2^{-2}$$

将以上加权系数展开式的基数 2 修改为 K，就可以扩展到任意 K 进制数。

根据以上将二进制数转换为十进制数的方法，一个十进制正整数除以 2，余数就是二进制数的末位 a_0，商是 $a_{n-1}a_{n-2}\cdots a_1$。对这个十进制数执行 $n-1$ 次除以 2 的操作，即得到相应二进制数的每一位。这一方法称为求商取余法。

十进制正整数 29 与二进制数 11101 转换的过程如图 8.1 所示。

8.1.2 十六进制、八进制与十进制、二进制的转换

十六进制的基数为 16，字符集包括数字 0~9 和字母 A~F（A~F 分别表示 10~15），逢 16 进 1。八进制的基数为 8，字符集为数字 0~7，逢 8 进 1。

在 C 语言中，十六进制数是以 0x 或 0X 开头的，例如，$(100)_{10}=(0x64)_{16}$。八进制数

是以 0 开头的，例如，$(100)_{10}=(0144)_8$。

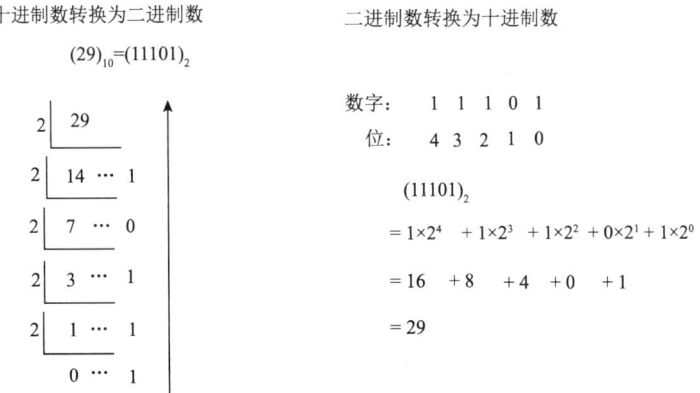

图 8.1 十进制数 29 与二进制数 11101 转换的过程

十六进制数转换为十进制数可参照 8.1.1 小节加权系数展开式，将基数转换为 16 即可。同理，八进制数转换为十进制数将基数转换为 8。例如，

$$(321)_8 = 3\times 8^2 + 2\times 8^1 + 1\times 8^0 = 209$$

十进制数转换为八进制数的方法，与十进制数转换为二进制数相似，除数修改为 8，采用除 8 取余法，将得到的余数逆序排列形成八进制数。同理，十进制数转换为十六进制数的方法，采用除 16 取余法。

二进制数转换为八进制数、十六进制数，分别采用取三合一、取四合一的方法，即每三位二进制数字为一组构成一位八进制数字，每四位二进制数字为一组构成一位十六进制数字。

根据二进制数转换为八进制数、十六进制数的方法，可以很容易地将十六进制数或八进制数转换为二进制数，十六进制的每一位数字相当于二进制的四位数字，八进制的每一位数字相当于二进制的三位数字。

十六进制与八进制之间可以先转换为二进制，再进行相互的转换。例如，

$(100)_{10} = (0x64)_{16} = (0000\ 0000\ 0000\ 0000\ 0000\ 0000\ 0110\ 0100)_2 = (0144)_8$

参照上述方法，请读者将十进制数 569 转换为十六进制、八进制、二进制数。

8.2 计算机数据的表示形式

一般来说，机器数指一个数在计算机中的二进制表示形式，将带符号位的机器数对应的真正数值称为机器数的真值。

机器数是带符号的，在计算机中用一个数的最高位存放符号，正数为 0，负数为 1。例如，假设机器字长为 8，一个十进制的带符号整型数+3，表示为二进制数是（0000 0011）$_2$；一个十进制的带符号整型数-3，表示为二进制数是（1000 0011）$_2$；两

个十进制数相加，(+3)+(-3) = 0。而其二进制运算 (0000 0011)$_2$+ (1000 0011)$_2$= (1000 0110)$_2$，这个结果转换为十进制数等于–6。由此可见，机器数的形式值不等于真正的数值。因此，计算机系统中普遍采用补码的表示和存储形式。通过补码可以将符号位和数值域统一处理，并可以实现补码和原码的相互转换。

8.2.1 原码

机器字长为 n（即采用 n 个二进制位表示数据），数值 x 的原码记为[x]$_原$。最高位是符号位，0 表示正号，1 表示负号，其余 n–1 位表示数值的绝对值。

因此，数值 0 的原码表示有两种形式：

[+0]$_原$=0000 0000，   [–0]$_原$=1000 0000

例如，若机器字长 n 为 8，则

[+1]$_原$= 0000 0001，   [–1]$_原$= 1000 0001

[+127]$_原$= 0111 1111，   [–127]$_原$= 1111 1111

[+50]$_原$= 0011 0010，   [–50]$_原$= 1011 0010

8.2.2 反码

机器字长为 n，数值 x 的反码记为[x]$_反$。最高位是符号位，0 表示正号，1 表示负号。正数的反码与原码相同；负数的反码符号位不变，数值位按位求反。

数值 0 的反码表示有两种形式：

[+0]$_反$=0000 0000，   [–0]$_反$=1111 1111

例如，若机器字长 n 为 8，则

[+1]$_反$= 0000 0001，   [–1]$_反$= 1111 1110

[+127]$_反$= 0111 1111，   [–127]$_反$= 1000 0000

[+50]$_反$= 0011 0010，   [–50]$_反$= 1100 1101

8.2.3 补码

机器字长为 n，数值 x 的补码记为[x]$_补$。最高位是符号位，0 表示正号，1 表示负号。正数的补码与原码、反码都相同；负数的补码等于其反码的末位+1。

数值 0 的补码表示有唯一的编码：

[+0]$_补$=0000 0000，   [–0]$_补$=0000 0000

根据这个定义，[–128]$_补$=1000 0000。

例如，若机器字长 n 为 8，则

[+1]$_补$= 0000 0001，   [–1]$_补$= 1111 1111

[+127]$_补$= 0111 1111，   [–127]$_补$= 1000 0001

[+50]$_补$= 0011 0010，   [–50]$_补$= 1100 1110

8.2.4 带符号数的运算

通过以上可知，用原码表示带符号数，符号位也参与了运算。

例如，计算十进制表达式：1−1=0。

其原码形式为

$$1 - 1 = 1 + (-1) = [00000001]_原 + [10000001]_原 = [10000010]_原 = -2$$

由此可见，在减法运算中，原码的计算结果是不正确的。这也说明了计算机系统不能采用原码进行数值运算的原因。为了解决原码减法运算的问题，提出了反码的编码方法。

对于上述十进制表达式，其反码形式为

$$1 - 1 = 1 + (-1) = [0000\ 0001]_原 + [1000\ 0001]_原$$
$$= [0000\ 0001]_反 + [1111\ 1110]_反$$
$$= [1111\ 1111]_反 = [1000\ 0000]_原 = -0$$

在这一计算中，采用反码进行减法运算，结果的真值部分是正确的，但是出现了"−0"这一特殊数值。我们知道，0 带符号位是没有意义的，并且存在[0000 0000]$_原$和[1000 0000]$_原$两个编码表示 0。补码的出现，解决了上述两种编码的问题。

$$1-1 = 1 + (-1) = [0000\ 0001]_原 + [1000\ 0001]_原$$
$$= [0000\ 0001]_补 + [1111\ 1111]_补$$
$$= [0000\ 0000]_补 = [0000\ 0000]_原$$

由以上可知，补码表示方法不仅可以实现符号位和数值域的统一处理，也可以实现加法和减法的统一处理。此外，补码和原码可以相互转换，运算过程也是相同的。

此外，使用补码表示的带符号数进行加法和减法运算，存在结果溢出问题。例如，机器字长 n 为 8，能表示的数值范围是−128 ~ 127。带符号数 127 和 2 的加法结果为 129，其二进制形式为$(1000\ 0001)_2 = -1$。相加结果符号位变成了 1，导致结果成为负数。这一情况称为向上溢出；带符号数−127 和−2 的加法结果为−129，其二进制形式为

$$[-127]_补 + [-2]_补 = (1000\ 0001)_2 + (1111\ 1110)_2 = (0111\ 1111)_2 = 127$$

这一情况称为向下溢出。

导致向上溢出和向下溢出的原因是数值超过了字长能表达的数值范围。采用补码表示的 n 位字长的带符号整数，其有效数值范围为$-2^{n-1} \sim 2^{n-1}-1$。

8.3 位 操 作

C 语言兼具高级语言和低级语言的特点，支持位运算是 C 语言兼具汇编语言特征的一个具体体现。C 语言中位运算支持对字节和字的二进制位进行按位异或、与、或、取反、移位或置换处理，在计算效率方面具有明显的优势。

C 语言提供了 6 个位操作运算符。这些运算符只能用于标准的 char 和 int 数据类型，包括带符号或无符号的 char、short、int 和 long 数据类型。6 种位运算符运算规则如表 8.1 所示。

表 8.1 位运算符运算规则

符号	描述	运算规则	类型	结合性
~	按位取反	0变为1，1变为0	单目	自右至左
&	按位与	两位都为1，结果为1	双目	自左至右
|	按位或	两位都为0，结果为0	双目	自左至右
^	按位异或	两位相同为0，不同为1	双目	自左至右
<<	左移位	各二进制位整体左移，高位丢弃，低位补0	双目	自左至右
>>	右移位	字节或字整体右移，无符号数，高位补0；带符号数，算术右移补符号位，逻辑右移补0	双目	自左至右

1. 按位与

例如，3&5 = 1，(0000 0011) & (0000 0101)= (0000 0001)。

```
#include<stdio.h>
int main()
{
    int a=3;
    int b=5;
    printf("%d",a&b);
    return 0;
}
```

2. 按位或

例如，15 | 35 = 47，(0000 1111) | (0010 0011) = (0010 1111)。

```
#include<stdio.h>
int main()
{
    int a=15;
    int b=35;
    printf("%d",a|b);
    return 0;
}
```

3. 按位异或

例如，15 ^ 35 = 44，(0000 1111) ^ (0010 0011) = (0010 1100)。

```
#include<stdio.h>
int main()
{
    int a=15;
    int b=35;
```

```
    printf("%d",a^b);
    return 0;
}
```

4. 按位取反

例如，~77 = -78。

```
#include<stdio.h>
int main()
{
    int a=77;
    printf("%d",~a);
    return 0;
}
```

请思考：如果 a 的类型为无符号整数 unsigned int，结果如何？

5. 左移位

左移运算符用于将一个数的各二进制位左移若干位，x<<n，移动的位数由 n 指定（n 必须是非负整数），高位左移溢出并舍弃，低位用 0 填补。

例如，15 << 2 = 60，(0000 1111) << 2 = (0011 1100)。

8 位字长情形如下：15 << 5 = -32，(0000 1111) << 5 = (1110 0000)。

```
#include<stdio.h>
int main()
{
    int a=15;
    printf("%d",a<<2);
    return 0;
}
```

6. 右移位

右移运算符用于将一个数的各二进制位右移若干位，x>>n，移动的位数由 n 指定（n 必须是非负整数），低位右移溢出并舍弃。对于无符号数，高位补 0；对于带符号数，各种编译器处理方法不一样。若是算术右移，则在高位用符号位填补；若是逻辑右移，则在高位用 0 填补。

例如，125 >> 2 = 31，(0111 1101) >> 2 = (0001 1111)。

```
#include<stdio.h>
int main()
{
    int a=125;
    printf("%d",a>>1);
    return 0;
}
```

8.4 位操作的应用

位运算可以提高数据处理速度,并且有利于算法的硬件实现。在编程实践中,巧妙运用位操作可以达到"四两拨千斤"的效果[3]。以下简要介绍一些常用的位操作应用。

(1)存储单元清零。

若想对一个存储单元清零,即使其全部二进制位为0,只要将该数与0按位与即可。例如,

$$43 \& 0 = (0010\ 1011) \& (0000\ 0000) = (0000\ 0000)$$

(2)指定位清零。

若想对一个数值的指定位清零,即使指定位二进制位为0,只要将该位与0按位与运算即可。

例如,令43的第2、3、4位清零:

$$43 \& 241 = (0010\ 1011) \& (1111\ 0001) = (0010\ 0001)$$

这里的241是无符号数,其对应的带符号数是–15。

(3)取一个数中某些指定位。

例如,一个2字节的整数,若取其中的低字节(8位),只要将它与8个1按位与,即可达到取出指定位的目的。例如,

$$(00101100\ 10101100) \& (00000000\ 11111111) = (00000000\ 10101100)$$

请思考:如何实现保留一个数的指定位?

(4)判断奇偶。

通过提取一个数的二进制最低位,就可判断这个数是奇数还是偶数。例如,(a&1)==0为偶数,(a&1)==1为奇数。

(5)指定位置为1。

按位或运算可以实现对一个数的某些位置为1。例如,若想使一个数48的最低3位置为1,则只需将48与7进行按位或运算,即可达到最低3位置为1的目的:

$$(0011\ 0000)\ |\ (0000\ 0111) = (0011\ 0111)$$

(6)指定位翻转。

按位异或运算可以实现对一个数的某些位翻转,即指定某些二进制位1变为0,0变为1。该操作可以达到类似开关的效果。例如,令数值122的最低4位翻转,可以将122与15按位进行异或运算:

$$122\ \hat{}\ 15 = (0111\ 1010)\ \hat{}\ (0000\ 1111) = (0111\ 0101)$$

(7)两数交换。

按位异或运算也可以实现两个数的交换,但不使用第三个变量。例如,

```
a^=b;b^=a;a^=b;
```

前两个赋值语句,相当于

```
a=a^b;
b=b^(a^b)=a;
```

第三个赋值语句，等价于
```
a=(a^b)^a=b;
```
（8）变换符号。

整型数变换符号可通过按位取反运算实现，具体步骤是将该整型数按位取反，末位加1。例如，对于整型数 a = 103：

$$\sim a + 1 = \sim(0110\ 0111) + 1 = (1001\ 1000) + 1 = (1001\ 1001)$$

（9）求绝对值。

按位取反运算也可以用来求绝对值，对于正数，其最高符号位为 0；对于负数，其最高符号位为 1。可通过移位、提取最高位等方法判断这个数的符号。例如，机器字长为 n，采用移位提取数 a 的符号位：
```
a>>(n-1);
```
采用按位与运算提取数 a 的最高位（假设字长为 16）：
```
a&0x8000
```
假设机器字长为 32，下述语句可获得 a 的绝对值：
```
int a,i=a>>31;
i==0?a:(~a+1);
```
或者
```
((a^i)-i);
```
（10）高低位交换。

对于一个 16 位无符号整数，假定其二进制前 8 位为"高位"，后 8 位为"低位"。例如，对于 16 位无符号整数 43028，其二进制形式为 10101000 00010100，高低位进行交换后，其二进制形式为 00010100 10101000，即无符号整数 5288。

利用以下语句即可实现其高低位的互换：
```
a=(a>>8)|(a<<8);
```
（11）二进制逆序。

对于一个 16 位无符号整数，可以采用归并排序的方法获得其二进制序列的逆序。例如，假设 16 位无符号整数 n=12345，其二进制序列为 0011000000111001，对应的二进制逆序形式为 1001110000001100，即十进制数 39948。采用归并排序的分组处理，操作步骤如下：

① 每 2 位为一组，组内高低位交换：

    00 11 00 00 00 11 10 01 → 00 11 00 00 00 11 01 10

② 每 4 位为一组，组内高低位交换：

    0011 0000 0011 0110 → 1100 0000 1100 1001

③ 每 8 位为一组，组内高低位交换：

    11000000 11001001 → 00001100 10011100

④ 每 16 位为一组，组内高低位交换：

    0000110010011100 → 1001110000001100

上述过程采用 C 语言位操作实现如下：

```
n=((n&0xAAAA)>>1)|((n&0x5555)<<1);
n=((n&0xCCCC)>>2)|((n&0x3333)<<2);
n=((n&0xF0F0)>>4)|((n&0x0F0F)<<4);
n=((n&0xFF00)>>8)|((n&0x00FF)<<8);
```

（12）统计二进制中 1 的个数。

采用位运算可以更高效地统计二进制序列中 1 的个数。例如，假设 16 位无符号整数 n=12345，其二进制序列为 0011000000111001，其中，1 的个数为 6。采用分组相加的方法，操作步骤如下：

① 每 2 位为一组，组内高低位相加：

00 11 00 00 00 11 10 01 → 00 10 00 00 00 10 01 01

② 每 4 位为一组，组内高低位相加：

0010 0000 0010 0101 → 0001 0000 0010 0010

③ 每 8 位为一组，组内高低位相加：

00010000 00100010 → 00000010 00000100

④ 每 16 位为一组，组内高低位相加：

0000001000000100 → 0000000000000110

二进制数 0000000000000110 的结果是 6，即无符号整数 12345 中 1 的个数。

上述过程采用 C 语言位操作实现如下：

```
n=((n&0xAAAA)>>1)+(n&0x5555);
n=((n&0xCCCC)>>2)+(n&0x3333);
n=((n&0xF0F0)>>4)+(n&0x0F0F);
n=((n&0xFF00)>>8)+(n&0x00FF);
```

（13）二进制补码形式的等价变换。

二进制补码形式的等价变换如表 8.2 所示。

表 8.2　二进制补码形式的等价变换

运算	等价形式	运算	等价形式
-x	~x + 1 = ~(x-1)	x|y	(x&~y)+y
~x	-x-1	x&y	(~x|y)-~x
-(~x)	x+1	x==y	~(x-y|y-x)
~(-x)	x-1	x!=y	x-y|y-x
x+y	x - ~y - 1 = (x|y)+(x&y)	x<y	(x-y)^((x^y)&((x-y)^x))
x-y	x + ~y + 1 = (x|~y)-(~x&y)	x<=y	(x|~y)&((x^y)|~(y-x))
x^y	(x|y)-(x&y)	x<y（无符号 x,y 比较）	(~x&y)|((~x|y)&(x-y))

（14）不使用第三方变量交换 x、y。

利用位操作符和补码性质，不使用第三方变量交换变量 x、y，表达式形式如下：

```
x^=y;    y^=x;    x^=y;
x=x+y;   y=x-y;   x=x-y;
x=x-y;   y=y+x;   x=y-x;
x=y-x;   y=y-x;   x=x+y;
```

(15)位运算加速处理方法。

相对于其他数据处理方法,位运算在数据处理方面通常具有更高的性能优势,以下位运算加速处理方法可以明显地体现这一特点。

①左移运算加速。

一个整数乘以 2 的 n 次幂,可以使用左移运算<<n,处理速度可加速 2~3 倍。例如,x = x * 64。由于 $64 = 2^6$,使用左移运算形式如下:

```
x=x<<6;
```

②右移运算加速。

一个整数除以 2 的 n 次幂,可以使用右移运算>>n,处理速度可加速 3.5 倍。例如,x = x / 64。由于 $64 = 2^6$,使用右移运算形式如下:

```
x=x>>6
```

③异或运算加速。

交换两个整数,使用按位异或运算,处理速度可加速 1/5。例如,

```
a=a^b;
b=a^b;
a=a^b;
```

④正负号转换。

例如,实现 i = –i,采用取反运算符,表示形式如下:

```
i=~i+1;
```

采用按位异或运算符,表示形式如下:

```
i=(i^-1)+1;
```

上述运算方式的处理速度可加速 2~3 倍。

⑤计算余数。

如果除数是 2 的倍数,使用按位与运算可加速达 4~6 倍。例如,实现 x = 131 % 4,采用按位与运算表示如下:

```
x=131&(4-1);
```

⑥验证是否为 2 的倍数。

利用按位与运算,可以检验整数是否为 2 的倍数,可加速至 4~6 倍。例如,实现 if(i % 2 == 0),可采用按位与运算表示如下:

```
if(i&1==0)
```

⑦比较符号。

采用按位异或运算,比较两数符号位是否相同,可加速 1/3 以上。例如,实现 if(a * b > 0),可采用按位异或运算表示如下:

```
if((a^b)>0)
```

从上述位操作应用中可以看出，位操作具有高效的计算性能和优美的表现形式，在编程实践中需要灵活运用，举一反三，融会贯通。

8.5 位操作程序实例

例 8.1 编写函数完成以下功能：输入一个整型数，判断这个数的二进制形式中 1 的个数。

一个数 a 与 a–1 按位与运算的结果，能够将 a 的二进制形式中最低位的 1 转变为 0。反复进行这个操作，直到最终的结果为 0，则二进制形式中所有的 1 都已经为 0。执行的次数就是 a 的二进制形式中 1 的个数。用这种方法可以判断一个数的二进制形式中 1 的个数，实现代码如下：

```c
int NumOfOne(int n){
    int count=0;
    while(n){
        n=n&(n-1);
        count++;
    }
    return count;
}
```

例 8.2 编写函数完成以下功能：输入一个无符号整数，利用位操作输出这个数的二进制形式。

要输出一个无符号整型数 n 的二进制形式，只需要从这个数的最高位开始，通过按位与运算循环判断这个数的二进制形式中每一位的数值即可。实现代码如下：

```c
void BinaryOfNum(unsigned int n){
    unsigned int m=0x8000;          //32 位的最高位为 1，其余为 0
    while(m){                       /*判断 m 是否为 0*/
        if(n&m) printf("1");
        else printf("0");
        m=m>>1;                     //循环右移，高位补 0
    }
}
```

例 8.3 编写函数完成以下功能：用反复平方法计算 a^b（b 为正整数）。

反复平方法是一种计算求幂运算的方法，例如 $5^{13} = 5^8 \times 5^4 \times 5^1$，其中，

$$13 = 8 + 4 + 1 = (1101)_2, \quad 5^8 = 5^4 \times 5^4, \quad 5^4 = 5^2 \times 5^2, \quad 5^2 = 5^1 \times 5^1$$

由此可见，每一个幂运算结果都可以由前一个幂运算结果的平方计算得出，此方法称为反复平方法。一个数的 n 次幂的计算，循环相乘需要 $n-1$ 次循环，而用反复平方法

仅需要 $\log_2(n-1)$ 次循环。

编写程序时，计算出指数的二进制形式 $b_n, b_{n-1}, \cdots, b_1, b_0$，然后根据相应二进制形式的每一位求出幂运算结果 a^b，其中，$b_i = 2i$。如果二进制形式中某一位为 1，如 $b_3=1$，则将 $a^{b_3}=a^6$ 与中间值结果相乘，得到新的中间值结果。反复上述迭代过程，直至二进制形式的最高位 b_i。实现代码如下：

```
double PowerWithUnsignedExponent(double base, unsigned int exponent){
    double value=base;
    double result=1.0;
    if(!exponent) return 1;
    if(!(exponent>>1)) return value;
    if(exponent&1)
        result*=value;
    exponent>>=1;
    while(exponent){
        value*=value;
        if(exponent&1)
            result*=value;
        exponent=exponent>>1;
    }
    return result;
}
```

8.6 S 盒

在密码学中，S 盒（Substitution-box）是对称密钥算法执行置换计算的基本结构。S 盒被广泛使用在现代分组密码算法设计中，如著名的 DES 算法和 AES 算法。S 盒是一种非线性结构，其设计好坏直接决定了密码算法的安全性能[10]。

1. DES 算法 S 盒简介

DES 算法包含了 8 个 S 盒。每个 S 盒输入为 6 bit，输出为 4 bit。每个 S 盒是一个 4 行 16 列的表。S 盒的 6 bit 输入中，第 1 个和第 6 个组合成一个 2 位的二进制数，0~3 对应表中的各行；中间 4 个比特构成一个 4 位二进制数，对应表中 0~15 列。行和列选定后，得到其行列交叉位置的十进制数，将这个数表示为 4 位二进制数，作为 S 盒的输出。

例如，对于 6 bit 输入 $b_1b_2b_3b_4b_5b_6$，b_1b_6 组成的 2 位二进制数表示行，$b_2b_3b_4b_5$ 组成的 4 位二进制数表示列。通过查找 S 盒，提取某-S 盒表中的十进制数并转换为 4 位二进制输出。其原理如图 8.2 所示。

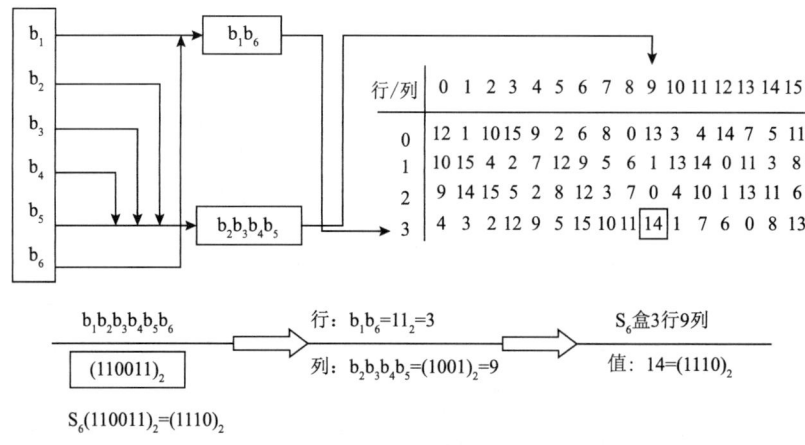

图 8.2 S 盒的工作原理

2. 算法流程

编程实现一轮 S 盒变换，设进入 S 盒的 6bit 为 1100011，求经过 S 盒压缩变换后的输出结果。

```
#include<stdio.h>
/*十进制转换得到二进制存放在数组中*/
int trans(int x,int soutput[],int m){
    int a[4]={0};
    int i=0,rem;
    do{                      /*这是一个 do…while 循环结构
        rem=x%2;x=x/2;
        a[i]=rem;
        i++;                 //请思考什么时候停止执行
    }while(x!=0);            //根据 while 圆括号里的条件决定是否继续执行
    for(i=3;i>=0;i--){
                             /*这是一个 for 循环结构，不足 4 位数末尾补零*/
        soutput[m]=a[i];
        m++;
    }
    return m;
}

void S_P_output(int data[6]){
  /*初始化 S 盒*/
  int S[4][16]={{14,4,13,1,2,15,11,8,3,10,6,12,5,9,0,7},
                {0,15,7,4,14,2,13,1,10,6,12,11,9,5,3,8},
                {4,1,14,8,13,6,2,11,15,12,9,7,3,10,5,0},
```

```
                {15,12,8,2,4,9,1,7,5,11,3,14,10,0,6,13}};
    /*进去S盒,得到十进制数*/
    int i,row,line,m;
    int value;              //存放经过一轮S盒后得到的十进制数
    int S_output[32]={0};
                            //存放经过S盒后的二进制数
    m=0;
    row=data[0]*2+data[5]*1;
    line=data[1]*8+data[2]*4+data[3]*2+data[4]*1;
    value=S[row][line];
                        /*十进制转换为二进制得到S盒的输出并存放在
                           S_output数组中*/
    m=trans(value,S_output,m);
    printf("经过S盒压缩后:");
    for(i=0;i<4;i++){
        printf("%d",S_output[i]);
        printf("\n");
    }
}

int main()
{
    int i;
    int data[6]={1,1,0,0,1,1};      //输入需要变换的6bit二进制序列
    printf("进入S盒的48bit为:");
    for(i=0;i<6;i++)
        printf("%d",data[i]);
    printf("\n");
    S_P_output(data);
    return 0;
}
```

8.7 本章小结

本章主要介绍了二进制、八进制、十进制以及十六进制间相互转换的方法,计算机原码、反码、补码表示,带符号数的运算方法,位操作应用及其程序实例等内容。本章需要重点理解并掌握以下内容:

（1）理解二进制数据表示法。

（2）理解二进制、八进制、十进制和十六进制间相互转换的原理和方法。

（3）掌握原码、反码、补码的表示及相互关系，带符号数运算的原理与方法。

（4）掌握6种位运算符的特点与使用方法。

（5）了解位操作程序实例及其特点。

习 题 8

1. 将下列十进制数转换为二进制、八进制、十六进制数。

（1）46 （2）99 （3）255 （4）1345

2. 编程实现：输入一个十进制整型，通过求商取余法将其转换为十六进制数。

3. 编程实现：输入一个整型，通过位操作变换其符号，即正数变负数，负数变正数。

4. 编程实现：求输入的整型的绝对值，要求不能使用条件判断。

5. 编程实现：交换一个16位无符号整型的高8位和低8位。

6. 有一组整数，其中有一个数字出现了1次，其他数字都出现了2次，编写代码找出这个数字。

7. 编程实现：输入一个正整数，判断其是否是2的正整数幂。

8. 编程提取一个无符号数据从第 p 位开始右侧 n 位的二进制数据，以及左侧 $p-n$ 位的二进制数据。假设第0位在二进制数据的最右端，显示输出上述结果。

第 9 章 指 针

指针是 C 语言中一个重要的概念,也是 C 语言的主要特色之一,被视为 C 语言的精髓。通过指针变量可以表示各种数据类型,可以描述复杂的数据结构,可以灵活地进行参数传递,还可以像汇编语言一样处理内存地址。指针教学内容实现了 C 语言中大部分教学内容的贯穿和融合,正确理解和使用指针有助于编写出高质量的程序。对于初学者而言,指针相对较难理解,需要结合基本概念和实践操作逐步加深对指针的理解。

本章将详细介绍地址和指针的基本概念、通过指针引用数组、字符串指针、指针数组和数组指针、函数指针和指针函数等内容。

9.1 地址和指针的概念

9.1.1 地址的概念

存储器是计算机系统中用于保存信息的记忆设备。计算机系统中的存储器按用途可分为主存储器(内存)和辅助存储器(外存)。外存通常指计算机内存和 CPU 缓存以外的存储器,此类存储器一般在断电后仍能保存数据,如硬盘、光盘、U 盘等。内存是计算机系统的重要部件之一,是与计算机 CPU 进行交互和沟通的桥梁。内存一般指随机存储器(RAM)、只读存储器(ROM),以及高速缓存(cache)。内存主要用于暂存 CPU 处理的数据,以及与硬盘等外部存储器交换的数据。内存的显著特点是:暂时存放程序和数据,存取速度快,断电数据立即丢失。

为了便于内存访问和管理,每个内存单元都有唯一的编号,这个编号即内存地址,通常用十六进制形式表示。在 32 位计算机中,内存地址的编码是 32 位,从 0x00000000 到 0xFFFFFFFF,最大支持 2^{32}(4GB)内存空间。C 语言程序中的每个变量和函数,在程序执行过程中都会分配一定的内存单元,即拥有确定的内存地址。

每一个内存地址对应一个内存单元,其中存放着一组十六进制形式表示的数,通常称为该内存单元中的内容,或者该地址对应的内容。如图 9.1 所示,0102FEA0 单元中存放的数是 1E,0102FEA1 单元中存放的数是 5A。

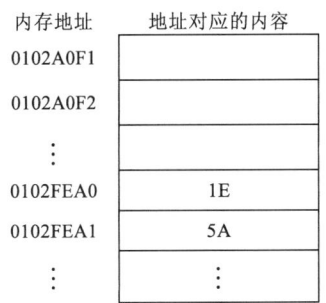

图 9.1 变量的地址及其对应的内容

因此，C 语言中一个变量的定义过程，同时包含了两种内存分配信息：一是该变量在内存中的首地址，二是相应数据类型所需的存储空间大小。例如，下面的变量定义语句：

    int x,y;

说明了两个整型变量 x 和 y 的定义。在 C 编译过程中，编译器将在内存中分配相应的内存单元，如分别占 4 个字节。在 C 语言程序设计中，通过引入取地址操作符"&"来表示变量 x 和 y 在内存中的首地址。例如，&x 和&y 分别描述变量 x 和 y 在内存中的首地址，如图 9.2 所示。

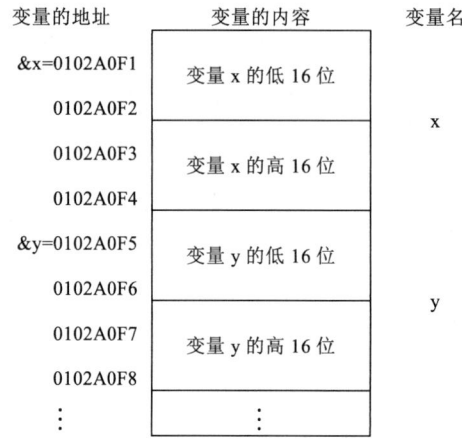

图 9.2 变量 x 和 y 的地址及其对应的内容

9.1.2 取址运算

C 语言中用变量来存储数据，用函数来定义一段可以重复使用的代码，代码和数据都需要加载到内存中供 CPU 使用。数据和代码都以十六进制形式存储在内存中，计算机不能从格式上区分某块内存存储的是数据还是代码。当程序被加载到内存后，操作系统会给不同的内存块指定不同的权限，将拥有读取和执行权限的内存块作为代码；将拥有读取和写入权限（可能只有读取权限）的内存块作为数据[3]。

CPU 通过地址来获取内存中的代码和数据，程序在执行过程中通过编译器提供 CPU 需要执行的代码以及需要读写数据的地址。如果 CPU 写入数据到一段代码存储的地址，将会发生内存访问错误。

变量名和函数名是地址的一种助记符，C 源文件经过编译和链接成为可执行程序，在程序执行过程中变量名和函数名会被转换成具体的内存地址。因此，编译和链接过程的重要任务之一就是确定这些助记符对应的地址。

同理，变量名、函数名、字符串名，以及数组名在本质上是一样的，都是地址的助记符形式。使用&x 来表示变量 x 在内存中的地址，而无须关注该地址具体的十六进制数值是什么。在编写程序的过程中，使用变量名表示数据，使用函数名、字符串名和数组名表示代码块或数据块的首地址。

9.1.3 指针变量的概念

一个变量在内存中的地址称为指针，用来保存指针的一类变量，称为指针变量。可以简单理解为"指针是变量的地址；指针变量是存放变量地址的变量"。因此，通过指针能获得对应变量在内存中的存储内容。

在 C 语言中，指针是变量的一种类型，存放的是指定类型数据的地址。指针变量的值是某个内存单元的地址，这个内存单元存放的内容（或对象）可以是变量、数组、字符串、函数，也可以是另一个指针变量。如果一个指针变量存放某个对象的地址，则称这个指针变量指向该对象。因此，在 C 语言程序设计中，指针变量只有明确指向了某一种数据类型才有实际意义。

例如，整型变量 x 的值为 1E，x 存放在地址为 0x0102FEA0 的内存单元中（用十六进制表示）。有一个指针变量 p，其值为 0x0102FEA0，即等于变量 x 的地址。这时，称 p 指向了变量 x，或者说 p 是指向变量 x 的指针，如图 9.3 所示。

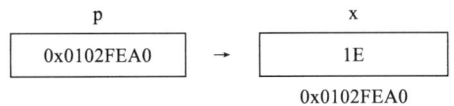

图 9.3　指针变量 p 指向变量 x

9.1.4 定义和使用指针变量

通过一个指针访问它所指向的地址的过程称为间接访问或解引用。实现这一间接访问的操作符是单目运算符 "*"，也称为间接运算符或解引用运算符。"*" 运算符放在指针变量前，可以访问指针变量所指向的存储单元值，其返回结果是指针变量所指向的对象的值。指针变量定义的一般形式如下：

　　数据类型　*变量名；

其中，"*" 是指针类型标识符，表明其后的变量是一个指针类型的变量；数据类型用于说明该指针变量指向了哪一种类型的变量，称为该指针的基类型。

1. 定义指针变量

例如，

```
int *p;
```

其中，"*" 表示 p 是一个指针变量；int 表示该指针变量所指向的基类型是整型；指针变量名是 p，而不是*p。

注意："*" 可以出现在数据类型与变量名之间的任何位置。例如，int* p、int *p 和 int * p 三种定义形式是等价的；但在 int* p, q 形式中，p 是一个指针变量，q 不是指针变量。

2. 指针变量的初始化

例如，

```
int a=100;
int *p_a=&a;
```

9.1.1 小节已经介绍，通过取地址运算符"&"可以获得变量 a 的地址。本例中，在定义指针变量 p_a 的同时对 p_a 进行初始化，即将变量 a 的地址值赋值给指针变量 p_a，此时 p_a 就指向了变量 a。

注意 （1）*p_a 得到的是指针变量 p_a 所指向的变量 a 的值，因此，输出*p_a 的值和输出 a 的值是等价的。

（2）指针 p_a 的类型是 int *，*p_a 的类型是 int。也就是说，p_a 是一个指向整型变量的指针，对 p_a 进行解引用操作将产生一个整型值。

（3）本例中符号*是指针类型标识符，不是指针运算符，因此不能理解为将&a 的值赋值给 p_a 所指向的变量*p_a。实际上，该例等价于

```
int a=100;
int *p_a;
p_a=&a;
```

即定义一个指针变量 p_a，然后将整型变量 a 的地址赋值给指针变量 p_a，此时 p_a 指向了整型变量 a。指针变量与其所指向的变量之间的关系如图 9.4 所示。

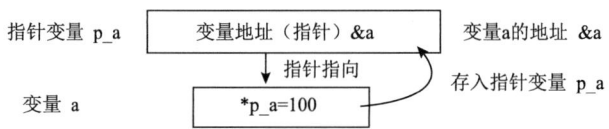

图 9.4 指针变量与其所指向的变量之间的关系

经过上述定义，*p_a 得到的是 p_a 指向的变量 a，相当于

```
*p_a=100;
```

3. "*"运算符与"&"运算符

例如，

```
*&a=25;
```

该表达式的结果是将 25 赋值给变量 a。这个表达式与 a=25 在功能上是相同的。但是*&a 涉及了更多的操作：首先，"&"操作符产生了变量 a 的地址，使其成为了一个指针常量；然后，通过"*"操作符访问操作对象&a 所表示的地址。在这个表达式中，操作对象是变量 a 的地址，因此数值 25 存放在变量 a 对应的存储单元中。同理，上例中&(*p_a)与 p_a，在功能上也是等价的。在程序编写过程中，不建议使用类似&(*p_a)和*(&a)的表达式，其引入的额外操作符使源程序的可读性变差。

4. 指针变量的赋值

指针变量也是一种变量，与其他类型变量有相似之处。例如，它们都需要在内存中占用一定的存储空间，都需要先定义、后使用，以及可以被多次写入等。例如，

```
char c='@',d='#';          //定义字符型变量 c、d
float *p1=&a;              //定义指针变量 p1
char *p2=&c;               //定义指针变量 p2
p1=&b;                     //修改指针变量 p1 的指向
p2=&d;                     //修改指针变量 p2 的指向
```

在本例中，"*"表明变量 p1、p2 是指针变量。初始化定义语句 float *p1=&a 和 char *p2=&c，将指针变量 p1、p2 分别指向了变量 a、c。由于已经知道 p1、p2 是指针变量，就可以像使用其他变量一样来使用它们，表达式 p1=&b 和 p2=&d 分别对指针变量 p1、p2 再次进行了赋值，通过修改指针变量 p1、p2 的指向，使*p1、*p2 分别得到了变量 b、d 的值。

指针变量也可以连续定义，例如，

```
int *a,*b,*c;            //此时 a、b、c 的类型都是 int*
```

指针变量的赋值，需要注意以下两点。

（1）在基类型相同的条件下，才能对指针变量赋值。上面例子如果修改为

```
float *p1=&c;
char *p2=&a;
```

或

```
p1=&d;
p2=&b;
```

都是不正确的。

（2）指针变量必须先初始化才能使用。对未初始化的指针变量赋值将导致编译器出现严重的错误，例如，

```
int *p;
p=100;
```

或

```
int x=100, *p;
*p=x;
```

都会因内存的非法访问，导致程序异常终止。此时指针变量 p 指向的内存地址是不确定的。对于编译器来说，其后果就像发射一发没有定位的炮弹一样严重。因此，务必牢记：指针变量必须先初始化，才能使用。

5. 直接寻址和间接寻址

指针变量存储了变量的地址，可以通过指针变量获得该地址中存储的数值，例如，

```
#include<stdio.h>
int main()
{
    int a=17;
    int *p=&a;
    printf("%d,%d\n",a,*p);
    return 0;
}
```

运行结果如下：

```
17,17
```

以上 a 和 *p 两种方式都可以输出 a 的值。假设变量 a 的地址是 0X20E61027，当指针变量 p 指向变量 a 后，p 的内容也会变为 0X20E61027。此时，*p 表示获取地址 0X20E61027 上的数值，即变量 a 的值。从运行结果可看出，*p 和 a 是等价的。

从上述分析可知，CPU 读写变量必须知道变量在内存中的地址，普通变量和指针变量都是地址的助记符形式。尽管通过*p 和 a 可以得到相同的结果，但它们的操作过程存在差别：变量 a 采用的是直接寻址，即直接使用变量名就可以实现变量值的存取；而*p 使用的是间接寻址方式，要先得到变量 a 的地址，再到变量 a 对应的存储单元中获得变量值。

假设变量 a 和指针变量 p 的地址分别为 0X1027、0X3F2A，它们的寻址方式如图 9.5 所示。

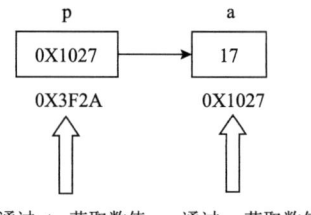

图 9.5　变量 a 和指针变量 p 的寻址方式示意图

C 源程序被编译和链接后，a 和 p 都将被替换成相应的地址。如图 9.5 所示，通过 a 的地址 0X1027 可以直接读取 a 的数值 17；而使用*p，需要先通过地址 0X3F2A 取得变量 p 对应的存储单元内容 0X1027，即变量 a 的地址，然后再通过 a 的地址取得变量 a 在存储单元中的数值 17。

指针可以获取内存单元的数值，也可以修改内存单元的数值，例如，

```
#include<stdio.h>
int main()
{
    int a=15,b=99,c=222;
    int *p=&a;                    //定义指针变量
    *p=b;                         //通过指针变量修改内存单元的数值
    c=*p;                         //通过指针变量获取内存单元的数值
    printf("%d,%d,%d,%d\n",a,b,c,*p);
    return 0;
}
```

运行结果如下：

99,99,99,99

在这个例子中，*p 首先被赋值为变量 a 的数值，然后被赋值为变量 b 的数值，最后将*p 赋值给另外一个变量 c。因此，它们的输出结果是相同的。

从以上两个例子也可以看出，使用指针 p 比使用变量 a 所需的操作代价高。但是，

指针的明显优势是：指针可以指向内存的任何地址，并且可以通过指针修改对应地址中的数值。采用其他类型的变量来实现这个目的，是比较困难的。

在上述例子中，指针变量初始化之后，指针的解引用结果就是变量的值。因此，指针变量可以像其他普通变量一样，出现在表达式中。例如，

```
int x,y,*px=&x,*py=&y;
y=*px+5;                //把 x 的内容加 5 并赋给 y
y=++*px;                //px 的内容加上 1 之后赋给 y
y=*px++;                //相当于 y=(*px)++
```

例 9.1 通过指针交换两个变量的值。

```
#include<stdio.h>
int main()
{
    int a=100,b=999,temp;
    int *pa=&a,*pb=&b;
    printf("a=%d,b=%d\n",a,b);
    temp=*pa;               //将 a 的值保存起来
    *pa=*pb;                //将 b 的值交给 a
    *pb=temp;               //再将保存的 a 值交给 b
    printf("a=%d,b=%d\n",a,b);
    return 0;
}
```

运行结果如下：

a=100,b=999
a=999,b=100

从运行结果可以看出，a 和 b 的值发生了交换。其中，temp 是临时变量，在本例中起到了中间过渡变量的作用。执行*pa=*pb 表达式语句后，a 的值会被 b 的值覆盖。因此，先通过 temp=*pa 表达式语句将 a 的值暂存在 temp 中。在此例中，临时变量也可以使用指针变量来代替，代码如下：

```
#include<stdio.h>
void main()
{
    int *pa,*pb,*p,a,b;
    printf("Input a and b: ");
    scanf("%d,%d",&a,&b);
    pa=&a;
    pb=&b;
    p=pa;pa=pb;pb=p;
    printf("a=%d,b=%d\n",*pa,*pb);
```

```
        return 0;
}
```

9.1.5　指针变量的运算

指针变量保存的是一个地址值,本质上是一个无符号整数[17]。因此,指针变量可以进行一些简单的算术运算、赋值运算和关系运算,如加法、减法、比较等。

例 9.2　指针变量的加法、减法和比较运算。

```
#include<stdio.h>
int main()
{
    int a=10,*pa=&a,*paa=&a;
    double b=99.9,*pb=&b;
    char c='@',*pc=&c;
    /*输出最初的赋值*/
    printf("&a=%#X,&b=%#X,&c=%#X\n",&a,&b,&c);
    printf("pa=%#X,pb=%#X,pc=%#X\n",pa,pb,pc);
    /*加法运算*/
    pa++;pb++;pc++;
    printf("pa=%#X,pb=%#X,pc=%#X\n",pa,pb,pc);
    /*减法运算*/
    pa-=2;pb-=2;pc-=2;
    printf("pa=%#X,pb=%#X,pc=%#X\n",pa,pb,pc);
    /*比较运算*/
    if(pa==paa){
        printf("%d\n",*paa);
    }else{
        printf("%d\n",*pa);
    }
    return 0;
}
```

运行结果如下:

```
&a=0X28FEFC,&b=0X28FEF0,&c=0X28FEEF
pa=0X28FEFC,pb=0X28FEF0,pc=0X28FEEF
pa=0X28FF00,pb=0X28FEF8,pc=0X28FEF0
pa=0X28FEF8,pb=0X28FEE8,pc=0X28FEEE
2686868
```

C语言规定,在printf()的格式控制符中使用%#x,将以带0x前缀的十六进制形式输出后面的相应参数。这一作用与%x 相同,但是%x 不输出前面的 0x 前缀。

从运算结果可以看出,通过执行语句

```
pa++;
pb++;
pc++;
```

使得 pa、pb、pc 分别加 1,相应的地址分别增加 4、8、1,恰是 int、double、char 类型所占的字节数;通过执行语句

```
pa-=2;
pb-=2;
pc-=2;
```

pa、pb、pc 分别减 2,相应的地址分别减少 8、16、2,恰是 int、double、char 类型所占字节数的 2 倍。

从以上可知,指针变量的加减运算与其指向的数据类型的长度直接相关。

以例 9.2 中 a 和 pa 为例,a 为 int 类型,占用 4 个字节;pa 是指向 a 的指针,其指针的地址变化如图 9.6(a)所示。

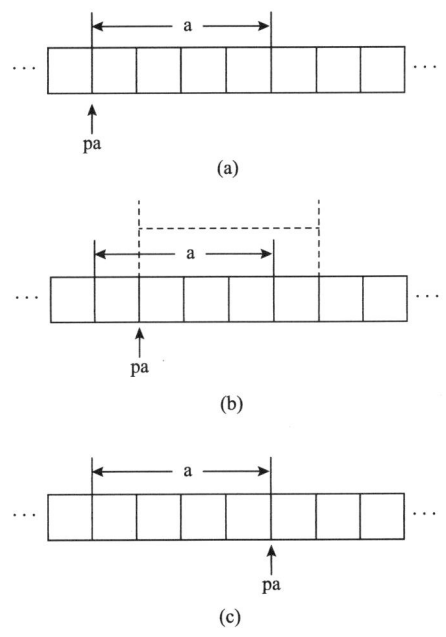

图 9.6 指针 pa 加减运算图示

(1)开始时,pa 指向 a 的首地址,通过*pa 读取变量 a 的数值,这一数值指变量 a 首地址开始的连续 4 个字节。

(2)假设执行语句 pa++,pa 指向的地址仅向后移动 1 个字节,指针 pa 的地址变化将如图 9.6(b)所示。指针 pa 指向的地址向后移动 1 个字节,即指向变量 a 首地址相邻的下一个字节地址。此时,*pa 是虚线框出的连续 4 个字节表示的变量值。在这 4 个字节中,前 3 个字节属于变量 a 的一部分,而最后 1 个字节并不属于变量 a(可能是其他

变量、代码、随机存储单元等内容的一部分），将这 4 个字节混合在一起，将构成一个没有实际意义的数值。因此，假设 pa++表示 pa 指向的地址向后移动一个字节，这一判断是错误的。

（3）假设执行语句 pa++，pa 地址将向后移动 4 个字节，即恰好指向变量 a 后继一个变量的地址，指针 pa 的地址变化如图 9.6（c）所示。

在 C 语言程序设计中，数组中所有元素在内存中通常是连续存储的。因此，如果一个指针指向了数组中的某一个元素，那么指针变量加 1，指针将指向下一个元素；指针变量减 1，指针将指向上一个元素。

所以，指针加（减）一个整数 n，其地址的变化等于加（减）n*sizeof（基类型）个字节数。

需要注意的是，C 编译器采用多种方式分配变量的存储单元。如果连续定义多个变量，它们有可能是相邻的，也有可能是分散的，这与变量的类型、编译器的实现以及具体的编译模式相关。因此，对于指向普通变量的指针，在不明确指针变量相邻存储单元的具体内容时，通常不直接进行加减运算，尽管编译器不一定会报错，但这样做缺少实际意义[13]。

下面通过一个例子提醒读者，在不知道指针指向的下一个变量的地址及其对应内容时，应谨慎使用指针获取下一个变量的地址。

```c
#include<stdio.h>
int main()
{
    int a=1,b=2,c=3;
    int *p=&a;
    int i;
    for(i=0;i<8;i++){
        printf("%d",*(p+i));
    }
    return 0;
}
```

其中一次运行结果如下：
1 0 4195904 0 -845150160 32704 0 0

从以上可以发现，变量 a、b、c 在存储单元中不一定相邻，中间可能掺杂了其他数据。另外，在运行结果中的后 4 个数值，是指针意外访问了内存中过去存储在这个位置的变量，这些变量值被视为随机值，这种访问方式被称为指针的越界访问。由于大多数 C 编译器不会检查指针表达式的访问结果是否位于合法的边界范围内，因而指针的越界访问结果是无法预测的[17]。在涉及指针的程序编写过程中，指针越界和指向未知值的指针是常见的两种错误，两者都会导致难以预测的结果。

此外，当两个指针都指向同一数组中的元素时，允许进行两个指针的减法运算。此时，两个指针的减法运算结果是它们在内存中的距离（以数组元素的长度为单位），或者等于字节的差值除以数组元素的长度。这就像某一楼层学生宿舍上的房牌号码相减，可以得到两者间的房间数一样。然而，如果两个指针所指向的是不同数组中的元素，它们相减的结果是没有意义的。这就像位于不同楼栋学生宿舍上的房牌号码相减结果与两者间的房间数不一定相符。因此，程序员不知道两个指针所指向内存中的具体位置，这两个指针之间的距离就失去了实际意义。

指针变量可以进行加减运算，也可以进行比较运算，例如，可以用"<""<="">"">="关系运算符进行两个指针的比较。当两个指针变量进行比较运算时，参与比较的是指针变量所指向的变量的地址，因此只存在地址相等或地址不相等两种结果。如果地址相等，这两个指针就指向同一个内存单元；否则，它们分别指向了不同的内存单元。

例 9.2 中，在比较 pa 和 paa 指针变量时，由于 pa 此前已进行了 pa++和 pa -= 2 两组赋值运算，pa 指向了与 a 相邻的上一个整型变量的地址。这个变量所在存储单元的内容未知，因此导致 printf()输出了一个没有意义的数 2686868。这也印证了上面的论述，即在不知道指针指向的下一个变量的地址及其相应内容的情况下，应谨慎对指针进行加减运算。此外，不要对指针变量进行乘法、除法、取余等其他运算，即使不产生语法错误，计算结果也可能失去了实际意义。

9.2　通过指针引用数组

9.2.1　数组元素的指针

数组（array）是一系列具有相同类型的变量组成的集合，组成数组的各个变量称为数组的分量，也称为数组元素（element）。一般来说，数组的所有元素在内存中是连续存储的，整个数组占用一块内存区域。以 int arr[]={ 35, 27, 64, 128, 2017, 532 }为例，该数组在内存中的分布如图 9.7 所示。

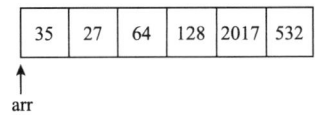

图 9.7　数组元素在内存中的分布

数组名 arr 是一个指向整型数组的第 1 个元素的指针，数组名的值与数组中第 1 个元素的地址相同。数组名的值通常被认为是一个指针常量，它具有如下的特征：

（1）数组名的类型取决于数组元素的类型。如果数组元素是整型，数组名的类型就视为"指向整型的常量指针"；如果数组元素是其他类型，数组名的类型就是"指向其他类型的常量指针"。

（2）数组名是一个指针常量，而不是指针变量。数组名指向数组在内存中的起始位置，在程序编译链接完成后，数组在内存中的位置是固定的，即此时数组名是不能修改的。这也符合数组名是指针常量的定义。

（3）在数组名用作 sizeof()操作符的操作数时，sizeof()返回整个数组的字节长度，即数组元素所占的字节数，而不是指向数组的指针的长度。例如，上例中 sizeof(arr)的结果是 24。而使用"&"操作符取一个数组名的地址时，将得到一个指向数组的指针。例如，上例&arr 将得到指向数组 arr 的第 1 个元素的地址。

考虑下面的例子：

```
int a[15];
int b[15];
int *c;
c=&a[0];
```

表达式&a[10]是一个指向数组第 1 个元素的指针。其结果等价于赋值语句：

```
c=a;
```

从以上可看出，如果数组名表示一个数组，上述语句就意味着数组 a 被复制到了一个新的数组 c 中。实际上，数组名不能表示一个数组，只代表数组的首地址，赋值表达式 c=a 中，c 得到的是一个指针，即 a 数组的第 1 个元素的地址。同理，下述赋值表达式是非法的：

```
b=a;
```

由于 b 和 a 都是数组名，即分别指向数组 a 和数组 b 的指针常量，常量的值是不能被修改的。因此，如果将一个数组的所有元素赋值给另一个数组，必须逐个元素进行赋值。同理，下面的赋值表达式也是非法的：

```
a=c;
```

按照上述分析，a 是一个指针常量，不能进行修改。

例 9.3 使用指针遍历数组元素。

```
#include<stdio.h>
int main()
{
    int arr[]={ 35,27,64,128,2017,532};
    int len=sizeof(arr)/sizeof(int);         //求数组长度
    int i;
    for(i=0;i<len;i++){
      printf("%d",*(arr+i));                 //*(arr+i)等价于arr[i]
    }
    printf("\n");
    return 0;
}
```

运行结果如下：

```
35  27  64  128  2017  532
```

赋值语句 len=sizeof(arr) / sizeof(int)可用来求数组的长度，sizeof(arr)获得所有数组元素所占用的字节数，sizeof(int)获得一个数组元素所占用的字节数，它们相除的结果为数组包含元素的个数，即数组长度。

在表达式*(arr+i)中，arr 是指向数组的第 1 个元素的地址；arr+i 则是指向数组的第 i+1 个元素的地址；*(arr+i)表示获取第 i+1 个元素，它等价于 arr[i]。由于 arr 是 int*类型的指针，arr 每次加 1 后指针将指向下一个元素，地址将相应增加 sizeof(int)。因此，arr 加 i 后地址将增加 sizeof(int) * i。

同理，也可以通过下述语句定义一个指向数组的指针：

```
int arr[]={35,27,64,128,2017,532};
int *p=arr;
```

arr 是一个指针常量，可以直接赋值给指针变量 p。arr 是数组中第 1 个元素的地址，所以初始化表达式 int *p=arr 等价于 int *p=&arr[0]。换句话说，此时 arr、p、&arr[0]三种写法等价，它们都指向了数组第 1 个元素，或者说指向了 arr 数组的首地址。

9.2.2 通过指针引用一维数组元素

如果一个指针指向了数组，简称其为数组指针（array pointer）。数组指针指向数组中的一个具体元素，而不是整个数组，所以数组指针的类型和数组元素的类型相关。在上面的例子中，指针 p 指向的数组元素是 int 类型，所以 p 的类型必须是 int *。

例 9.4 使用数组指针遍历数组元素。

```
#include<stdio.h>
int main()
{
    int arr[]={35,27,64,128,2017,532};
    int i,*p=arr,len=sizeof(arr)/sizeof(int);
    for(i=0;i<len;i++) {
        printf("%d",*(p+i));
    }
    printf("\n%d",sizeof(p));
    printf("\n");
    return 0;
}
```

运行结果如下：

```
35  27  64  128  2017  532
8
```

数组在内存中没有开始或结束标志，因此不能使用 sizeof(p)/sizeof(int)获取数组长度。换句话说，p 是一个指向整型变量的指针，C 编译器并不知道 p 指向的是一个整数，还是一个整数集合（数组）。此时，sizeof(p)得到的是 p 指针所占用的字节数（值为 8），而不是整个数组占用的字节数。以上说明，根据数组指针不能得到整个数组元素的个数，以及数组从哪里开始、到哪里结束等信息。这一点与字符串数组是不同的。

上一节对指针变量进行加法和减法运算，实质上是根据指针指向的数据类型的长度进行计算。详细地说，如果一个指针变量 p 是指向数组第 1 个元素的地址，那么 p+i 就是指向数组的第 i+1 个元素的地址；如果 p 是指向数组的第 n 个元素的地址，那么 p+i 就是指向第 n+i 个元素的地址；不论 p 原来指向数组中的哪一个元素，p+1 总是指向下一个元素的地址，p-1 也总是指向上一个元素的地址。

下面的例子，可以实现指针变量 p 指向数组的第三个元素：

```
#include<stdio.h>
int main()
{
    int arr[]={35,27,64,128,2017,532};
    int *p=&arr[2];              //也可以写为 int *p=arr+2;
    printf("%d,%d,%d,%d,%d\n",*(p-2),*(p-1),*p,*(p+1),*(p+2));
    return 0;
}
```

运行结果如下：

```
35,27,64,128,2017
```

通过上例可知，引入数组指针后，可以通过两种方式实现对数组元素的访问：一种是使用数组下标，另一种是使用指针。

（1）使用数组下标：即使用 arr[i]的形式访问数组元素。如果 p 是指向数组 arr 的指针，那么也可以使用 p[i]来访问数组元素。此时，p[i]等价于 arr[i]。

（2）使用指针：即使用*(p+i)的形式访问数组元素。由于数组名本身也是指针，也可以使用*(arr+i)来访问数组元素。此时，*(arr+i)等价于*(p+i)。

上述两种方式中，arr[i]、p[i]、*(arr+i)、*(p+i)等使用方法都是合法的，且它们都表示同一个数组元素。尽管表示形式不同，但其地址的变化形式本质上都是

*（首地址+偏移地址）

此处的偏移地址是相对于首地址的偏移值。

下面两个例子，分别采用下标法和指针法，实现一维数组元素的输入/输出。

```
int a[10];                      int a[10];
int i;                          int *p,i;
for(i=0;i<10;i++)               for(p=a;p<(a+10);p++)
    scanf("%d",&a[i]);              scanf("%d",p);
for(i=0;i<10;i++)               for(p=a;p<(a+10);p++)
    printf("%d",a[i]);              printf("%d",*p);
```

因此，不论是数组名还是数组指针，都可以使用上面两种方式来访问数组元素。不同之处在于，数组名是常量，它的值不能改变；而数组指针是变量（除非特别定义为常量），它的值可以任意改变。换句话说，数组名仅限于指向数组的首地址，而数组指针可以先指向数组的首地址，之后再指向其他元素。

下面的例子，可以通过自增运算符遍历数组元素。

```
#include<stdio.h>
int main()
{
    int arr[]={35,27,64,128,2017,532};
    int i,*p=arr,len=sizeof(arr)/sizeof(int);
    for(i=0;i<len;i++){
        printf("%d",*p++);
    }
    printf("\n");
    return 0;
}
```

运行结果如下：

35 2764 128 2017 532

在上面这个例子中，"*"与"++"运算符的优先级相同，且结合性为自右至左，因此，*p++应理解为*(p++)。每次循环都会改变指针变量 p 的值，即在每一次循环后 p++ 使得 p 指向下一个数组元素的地址。需要注意的是，*p++语句不能修改为*arr++，这是因为 arr 是一个指针常量，arr++意图通过自增运算修改常量的值，这显然是错误的。

9.2.3 通过指针引用二维数组元素

第 6 章中对二维数组的概念和应用进行了介绍。二维数组可视为由若干个一维数组构成的数组，因此，通过指向二维数组的指针变量可以实现对二维数组中元素的引用。

定义一个二维数组，例如，

`int a[3][3];`

这个定义表示二维数组 a 有 3 行 3 列，共 9 个元素，可以视为由 3 个一维数组 a[0]、a[1]、a[2]组成，其中，a[0]的元素为 a[0][0]、a[0][1]、a[0][2]；a[1]的元素为 a[1][0]、a[1][1]、a[1][2]；a[2]的元素为 a[2][0]、a[2][1]、a[2][2]。

二维数组 a[3][3]在内存中的逻辑结构如图 9.8 所示。

&a[0][0]			
a[0]	a[0][0]	a[0][1]	a[0][2]
a[1]	a[1][0]	a[1][1]	a[1][2]
a[2]	a[2][0]	a[2][1]	a[2][2]

图 9.8 二维数组的逻辑结构图示

在图 9.8 中，a 为一个二维数组，其首地址表示形式有三种：a 为二维数组的首地址；&a[0][0]为数组的第 0 行第 0 列元素的地址，也可以表示为二维数组的首地址；二维数组可视为由 3 个一维数组构成，因此 a[0]首地址也可以表示为二维数组的首地址。

1. 通过指向二维数组元素的指针来引用二维数组的元素

例如，定义二维数组：

```
int a[3][3],*p=&a[0][0];
```

二维数组 a[3][3]在内存中的存储形式如表 9.1 所示。

表 9.1　二维数组的存储形式

首地址	行地址	数组元素	行列值	指针 p
a 或 p	a[0]	a[0][0]	第 0 行第 0 列	p
		a[0][1]	第 0 行第 1 列	p+1
		a[0][2]	第 0 行第 2 列	p+2
	a[1]	a[1][0]	第 1 行第 0 列	p+3
		a[1][1]	第 1 行第 1 列	p+3+1
		a[1][2]	第 1 行第 2 列	p+3+2
	a[2]	a[2][0]	第 2 行第 0 列	p+2*3
		a[2][1]	第 2 行第 1 列	p+2*3+1
		a[2][2]	第 2 行第 2 列	p+2*3+2

p 是指向整型变量的指针，上述定义通过赋值初始化，使 p 指向整型数组的元素 a[0][0]，因此可以通过 p 指针引用元素 a[0][0]。

二维数组在内存中采用按行存储的方式，如图 9.8 所示。因此，也可以通过对指针变量进行加减运算来达到引用数组元素的目的。例如，上面定义中变量 a[0][2]可以用*(p+2)表示，变量 a[1][1]可以用*(p+4)表示。表 9.2 描述了指针 p 和二维数组 a 之间的关系，表 9.3 描述了地址与二维数组元素之间的关系。

表 9.2　指针 p 与二维数组 a 之间的关系

指针 p	指针 p 指向	含义
p=a	指向二维数组 a	指向二维数组起始位置
p=a+1	指向二维数组 a[1][0]	指向二维数组第 1 行起始位置
p=&a[0][0] + 1	指向二维数组 a[0][1]	指向二维数组第 0 行第 1 列
p=*a+1	指向二维数组 a[0][1]	指向二维数组第 0 行第 1 列

表 9.3　地址与二维数组元素之间的关系

地址	含义	数组元素描述	含义
a、&a[0][0]、a[0]、p	数组 a 的首地址	**a、a[0][0]、*a[0]、*p	a[0][0]的值
*a+1、&a[0][0]+1、a[0]+1、p+1	a[0][1]的地址	*(*a+1)、*(&a[0][0]+1)、*(a[0]+1)、*(p+1)	a[0][1]的值
*a+i*3+j、p+i*3+j、a[0]+i*3+j、&a[0][0]+i*3+j、&a[i][j]	a[i][j]的地址	*(*a+i*3+j)、*(p+i*3+j)、*(a[0]+i*3+j)、*(&a[0][0]+i*3+j)、a[i][j]	a[i][j]的值

2. 二维数组的行指针和列指针

定义二维数组：

```
int a[3][3];
```

如图 9.8 所示，如果将二维数组 a 视为由 a[0]、a[1]、a[2]三个特殊元素组成的一维数组，那么 a 是这个一维数组的数组名，代表该一维数组的首地址，即第一个元素 a[0]的地址。这里的 a[0]、a[1]、a[2]分别表示一行二维数组元素的首地址（或行地址），称之为"行指针"。

第 0 行的元素包括 a[0][0]、a[0][1]和 a[0][2]。类似地，也可以将它们视为一个独立的一维数组，数组名为 a[0]，它代表这个一维数组的首地址，即第一个元素 a[0][0]的地址。此时，a[0]和 a[0]+0 等都是二维数组的元素，称之为"列指针"。同理，a[i]（或*(a+i)）可视为一维数组元素 a[i][0]、a[i][1]和 a[i][2]的首地址，它们就像是这个一维数组的数组名，也是数组元素 a[i][0]（或*(*(a+i)+0)）的地址。由此类推，a[i]+j 或*(a+i)+j 表示 a[i][j]元素的地址。因此，以下三种形式都能够表示数组元素 a[i][j]：a[i][j]、*(a[i]+j)、*(*(a+i))[j]。

通过以上分析，可以得出以下结论：

（1）行指针指的是一行二维数组元素的首地址，不指具体元素。行地址加 1，地址增加 1 行数组元素的长度，即表示指向了下一行。

（2）列指针指的是一行中某一个具体的二维数组元素。列地址加 1，地址增加一个数组元素的长度，即表示指向了下一个数组元素。

因此，对于二维数组元素 a[1][2]（或*(*(a+1)+2)），其列指针表示为 a[1]+2（或*(a+1)+2）。

例 9.5 分别使用行指针和列指针输出二维数组中的元素。

代码如下：

```
#include<stdio.h>
int main()
{
    int a[3][4]={1,3,5,7,9,11,13,15,17,19,21,23};
    int i,j;
    int flag;
    int *p=a[0];                    // 列指针的定义法
    int (*q)[4]=&a[0];              // 行指针的定义法（或 int (*q)[4]= a;）
    printf("输出方式为（1.列指针输出二维数组；2.行指针输出二维数组）\n");
    scanf("%d",&flag);              //输出方式：1.列指针输出二维数组；
                                    //         2.行指针输出二维数组
    switch(flag){
        case 1:
            for(;p<a[0]+12;p++)
            {
```

```
                    printf("%d",*p);
                }
                break;
        case 2:
            for(i=0;i<3;i++)
                for(j=0;j<4;j++)
                {
                    printf("%d",*(*(q+i)+j));
                }
            break;
    }
    return 0;
}
```

例 9.6 星期天代表 0，星期一到星期六分别代表 1~6，任意输入英文的星期几，输出对应的数字。

如图 9.9 所示，用一个二维字符数组 weekday 来保存星期表，从 weekday[0]到 weekday[6]分别存放星期日到星期六。二维数组中每行存放一个一维数组字符串，即星期几的字符串。这个二维数组的行指针指向七个字符串的首地址，列指针指向每个字符串中字符的地址。

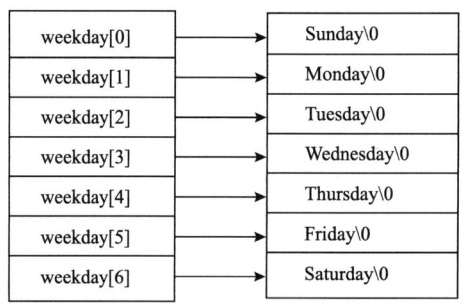

图 9.9 星期表二维数组逻辑关系图示

```
#include<string.h>
int main()
{
    int i,pos,findFlag=0;              //设置标志变量findFlag为假
    char x[10],weekday[][10]={"Sunday","Monday","Tuesday",
       "Wednesday","Thursday","Friday","Saturday"};
    printf("Please enter a string:");
    scanf("%s",x);                     //输入星期几字符串
    for (i=0;i<7&&!findFlag;i++)       //设置循环初始条件和结束条件
    {
```

```
            if (strcmp(x,weekday[i])==0)
                                    //比较两个字符串大小，相等返回0
            {
                    pos=i;          //记录找到星期几的位置
                    findFlag=1;     //设置标志变量为真，说明找到
            }
    }
    if (findFlag)
        printf("%s is %d\n",x,pos);
                                    //如果标志变量为真，说明找到，
                                    输出字符串和位置
    else
        printf("Not found!\n");     //如果标志变量为假，说明未找到，
                                    输出未找到
    return 0;
}
```

在上述程序中，strcmp()函数用于比较两个字符串的大小，返回比较的结果。具体参数参见附录 3 C 语言常用库函数。本例中，标志变量 findFlag 是逻辑变量或布尔变量的一种替代表达方式，主要用于记录某种事件的状态。在程序设计中，合理使用标志变量能够起到简化程序、提高程序可读性的目的。

例 9.7 假设多个班级学生某门课程的分数组成了一个 m 行 n 列的二维数组，m 和 n 分别表示班级和学号。编写一个函数，求最高分及其所在班级和学号。

```
/* 使用指针变量 p 指向二维数组的首地址;
   使用 m 和 n 分别表示班级和学号;
   使用指针*pRow 和*pCol 分别记录所在行与列 */
int FindMaxScoreNo(int *p,int m,int n,int *pRow,int *pCol)
{
    int i,j,maxscore;
    maxscore=p[0];*pRow=0;*pCol=0;      //设置初值
    for(i=0;i<m;i++)
    {
            for(j=0;j<n;j++)
            {
                    if(p[i*n+j]>maxscore)   //将 p[i*n+j]与当前
                                            最大值 max 进行比较
                    {
                            maxscore=p[i*n+j]; //记录最高分
                            *pRow=i;           //记录对应班级
```

```
                *pCol=j;                           //记录对应学号
            }
        }
        return (maxscore);
}
```

9.3 字符串指针

9.3.1 指向字符数组的指针

字符串是一种重要的数据类型。C 语言中没有显式的字符串数据类型,通常是将字符串以字符串常量的形式存储在字符数组中,并利用指针来处理有关字符串的问题。

下面简单回顾一下字符串的基本概念。字符串由若干个字符且末尾以'\0'结尾的字符序列组成。在头文件 string.h 中包含了使用字符串函数所需的原型和声明。

C 语言允许用字符串常量直接初始化一个字符数组。例如,

```
    char str[6]={"china"};
```
或
```
    char str[6]="china";
```
定义数组时也可以省略数组长度,例如,
```
    char str[]={"china"};
```
或
```
    char str[]="china";
```

例 9.8 使用指针输出字符数组中的字符。

```
#include<stdio.h>
#include<string.h>
int main()
{
    char str[]="I like C language";
    char *p=str;
    int len=strlen(str),i;
    printf("%s\n",str);                    //直接输出 str 字符串
    for(i=0;i<len;i++){
        printf("%c",*(p+i));               //使用*(p+i)
    }
    printf("\n");

    for(i=0;i<len;i++){
        printf("%c",p[i]);                 //使用[i]
```

```
    }
    printf("\n");

    for(i=0;i<len;i++){
        printf("%c",*(str+i));          //使用*(str+i)
    }
    printf("\n");
    return 0;
}
```

运行结果如下：

```
I like C language
I like C language
I like C language
```

在本例中，首先初始化指针变量 p 指向字符数组的首地址，即 p 指向字符数组的第 1 个字符。通过 for 循环语句和自增变量 i，使得字符指针 p 逐个向后移动，从而实现对字符数组每个字符的输出。

9.3.2 指向字符串的指针

可以使用指针指向一个字符数组，也可以直接指向字符串。例如，

```
char *str="I like C language";
```

或

```
char *str;
str="I like C language";
```

字符串中的字符在内存中是连续排列的。上面 str 指向的是字符串中的第 1 个字符，也称为字符串的首地址。因为字符串中的字符是 char 类型，所以指向字符串的指针 str 数据类型是 char *。

例 9.9 使用指针输出字符串的字符。

```
#include<stdio.h>
#include<string.h>
int main()
{
    char *str="I like C language";
    int len=strlen(str),i;

    printf("%s\n",str);                 //直接输出 str 字符串

    for(i=0;i<len;i++){
```

```
            printf("%c",*(str+i));          //使用*(str+i)输出字符串
        }
        printf("\n");

        for(i=0;i<len;i++){
            printf("%c",str[i]);             //使用str[i]输出字符串
        }
        printf("\n");
        return 0;
    }
```

运行结果如下:

```
I like C language
I like C language
I like C language
```

例 9.9 与例 9.8 字符数组的输出十分相似。它们都可以使用%s 输出这一字符串,也都可以使用指针 "*" 和下标 "[]" 形式输出单个字符。那么这两种字符串的表示方式是否存在区别呢?

实际上,上述两种表示方式在内存中的存储形式是不一样的。在内存单元中,字符数组通常存储在全局数据区或栈区,而字符串存储在常量区。一般来说,程序员对全局数据区和栈区的字符串(也包括其他类型数据)有读取和写入的权限,但对常量区的字符串(也包括其他类型数据)只有读取权限,没有写入权限[3]。

读、写权限不同产生了不同的结果:字符数组在定义后仍可以读取和修改每个字符;但字符串常量一旦定义后就只能读取,不能修改,任何对它的赋值都是错误的。

针对字符串常量只能读取,不能写入的问题,请看下面的程序:

```
#include<stdio.h>
int main()
{
    char *str="Hello World!";
    str="C language!";              //正确
    str[3]='P';                     //错误
    return 0;
}
```

上述程序可以编译和链接,但在运行时将出现段错误(segment fault)或写入位置错误。其中,赋值表达式 str=" C language!"是正确的,即可以改变指针变量本身的指向;但赋值表达式 str[3]='P'是错误的,即不能修改字符串中的字符。

因此,在编程过程中,如果仅考虑读取字符串,那么字符数组和字符串常量两种方式都能够满足这个要求;如果需要写入(修改)操作,那么只能使用字符数组,不能使用字符串常量。

9.3.3 字符串指针与字符数组

如前所述，使用字符数组和字符指针变量都能实现字符串的存储和运算，但两者有以下主要区别：

（1）内存分配的区别。假设定义字符型指针变量与字符数组如下：

```
char *p,str[100];
```

系统将为字符数组 str 分配 100 个字节的内存单元；为指针变量 p 分配 4 个内存单元（4 个字节）存放一个地址。

（2）初始化赋值的区别。字符数组与字符指针变量的初始化赋值形式相似，但含义不同。例如，

```
char str[]="He is a student!";
char *p="She is a student!" ;
```

字符数组 str 的初始化赋值语句，是将字符串"He is a student !"存储到系统为数组分配的相应内存单元去；字符型指针变量 p 的初始化赋值，是先将字符串"She is a student !"存放到内存中，然后将该字符串的首地址赋值给指针变量 p。

（3）赋值方式的区别。字符数组元素可以逐个赋值，但不能将字符串赋值给字符数组名；字符串地址可直接赋值给字符指针变量。例如，

```
str="I love China!";      //字符数组名 str 不能直接赋值，该语句是错误的
p="I love China! ";       //指针变量 p 可以直接赋值字符串地址，该语句是正确的
```

（4）输入方式的区别。可以将字符串直接输入给字符数组，但不能将字符串直接输入给指针变量。然而，指针变量所指字符串可以直接输出。例如，

```
char *p,str[100];
scanf("%s",str);          //正确
scanf("%s",p);            //错误，指针变量 p 没有确定的指向地址
printf("%s",p);           //正确
```

（5）在程序执行期间，字符数组名表示的起始地址不能改变，字符指针变量的值可以改变。例如，

```
str=str+5;                //错误，字符数组首地址不能改变
p=str+5;                  //正确，指针变量的值可以改变
```

例 9.10 分析下述程序的输出内容。

```
#include<stdio.h>
int main()
{
    char *p="This is a book";    //字符串首地址赋予 p
    int n=10;
    p=p+n;                        //执行 p=p+10 后，p 指向字符 'b'
    printf("%s\n",p);             //输出"book"
```

```
    return 0;
}
```
运行结果如下：
```
book
```

例 9.11 分析下述程序的输出内容。
```
#include<stdio.h>
int main()
{
    char str[20],*p;
    int i;
    printf("Input a string:\n");
    p=str;
    scanf("%s",p);              //输入一个字符串到 p 指向的字符数组
    for(i=0;p[i]!='\0';i++)
    if(p[i]=='v'){              //查找输入的字符串中是否存在"v"字符
      printf("There is a 'v' in the string.\n");
      break;
    }
    if(p[i]=='\0') printf("There is no 'v' in the string.\n");
    return 0;
}
```
本例的功能是在输入的字符串中查找有无"v"字符。

例 9.12 使用字符数组和字符串指针分别实现字符串拷贝。

方法 1 用字符数组实现
```
/*字符串拷贝：字符型数组 srcStr 存储源字符串；字符型数组 dstStr 存储目的字
符串。无函数返回值*/
void MyStrcpy(char dstStr[], char srcStr[])
{
    int i=0;
    while (srcStr[i]!='\0')
    {
        dstStr[i]=srcStr[i];
        i++;
    }
    dstStr[i]='\0';
}
```

方法 2 用字符指针实现

```c
/*字符串拷贝：字符串指针 srcStr 指向源字符串；字符串指针 dstStr 指向目的字符串。无函数返回值*/
void MyStrcpy(char *dstStr,const char *srcStr)
{
    while(*srcStr!='\0')
    {
        *dstStr=*srcStr;
        srcStr++;
        dstStr++;
    }
    *dstStr='\0';
}
```

例 9.13 使用字符数组和字符串指针分别编程计算字符串长度。

方法 1 用字符数组实现

```c
/*计算字符串的长度：字符型数组 str 存储字符串。函数返回值：字符串的长度*/
unsigned int MyStrlen(char str[])
{
    int i;
    unsigned int len=0;
    for(i=0;str[i]!='\0';i++)
    {
        len++;
    }
    return(len);
}
```

方法 2 用字符指针实现

```c
/*计算字符串的长度：字符型指针变量 pStr 指向字符串。函数返回值：字符串的长度*/
unsigned int MyStrlen(char *pStr)
{
    unsigned int len=0;
    for(;*pStr!='\0';pStr++)
    {
        len++;
    }
    return(len);
}
```

9.4 指针数组和数组指针

1. 指针数组

如果一个数组中的所有元素都是指针，就称之为指针数组。指针数组定义的一般形式如下：

数据类型　*数组名[常量N]

其中，N指定了指针数组的长度；数据类型代表指针数组元素指向的数据类型。

例如，定义指针数组：

```
Char *str[10];
```

其中，"[]"的优先级高于"*"。因此，先结合"[]"，再结合"*"。该定义形式等价于

```
Char *(str[10]);
```

请看下面的例子：

```
#include<stdio.h>
int main()
{
    int a=16,b=932,c=100;
    /*定义一个指针数组*/
    int *arr[3]={&a,&b,&c};
                        //也可以不指定长度，直接写为int *arr[]
    /*定义一个指向指针数组的指针*/
    int **p_arr=arr;
    printf("%d,%d,%d\n",*arr[0],*arr[1],*arr[2]);
    printf("%d,%d,%d\n",**(p_arr+0),**(p_arr+1),**(p_arr+2));
    return 0;
}
```

运行结果如下：

```
16,932,100
16,932,100
```

从上例可看出，除了元素的数据类型存在差异外，指针数组和普通数组使用方法相似。

arr是一个指针数组，包含了3个元素，每个元素都是一个指针。在定义arr时，使用了变量a、b、c的地址对它进行初始化，这与普通数组的初始化方式是相似的。

p_arr是一个指向数组arr的指针，更确切地说，是指向arr第1个元素的首地址，其定义形式可理解为int *(*p_arr)，括号中的"*"表示p_arr是一个指针，括号外面的"int *"表示p_arr指向数据的类型。由于arr中元素的类型为int *，所以定义p_arr时使用int **p_arr。

此外，arr[i]通过下标法获取第 i 个元素的值，由于元素 arr[i]是一个指针（地址），可通过使用*arr[i]获得指针指向的（相应地址对应的）数据值。同理，p_arr+i 表示第 i 个元素的地址，*(p_arr+i)表示获取第 i 个元素的值（该元素是一个指针），该值等于 arr[i]。所以，**(p_arr+i)表示获取第 i 个元素指向的数据值，该值等于*arr[i]。

在很多情况下，指针数组可以与字符串数组结合使用。请看下面的例子：

```c
#include<stdio.h>
int main()
{
    char *str[3]={
     "I like C language",
     "C Language",
     "C"
    };
    printf("%s\n%s\n%s\n",str[0],str[1],str[2]);
    return 0;
}
```

在本例中，str 表示一个包含 3 个元素的字符指针数组，数组中每一个元素都可视为一个指向字符串的指针。本例中指针分别指向 3 个字符串的首地址。

2. 数组指针

数组指针通常是指一个指向数组名的指针，或指向数组首元素地址的指针，其本质为指针。指针数组指数组元素为指针的数组，其本质是数组。例如，定义：

```c
int a[4][5];
int (*p)[5]=a;
```

在这个定义中，a 是一个二维数组的数组名，是一个指针常量；p 是一个指针变量，它指向包含 5 个 int 类型元素的一维数组。因此，p 的增减以所指向的一维数组为单位（本例中即 5 个整型数据长度）。所以，数组指针也称为行指针，即指向一维数组的指针。例如，*(p+i)指向二维数组 a[i]的首地址。又如，

```c
p=a;
p++;
```

这两条语句执行后，p=p+1，p 将跨过行 a[0]，指向行 a[1]的首地址。再如，*(p+2)+3 表示 a[2][3]的地址，*(*(p+2)+3)表示 a[2][3]的值。

请看以下分别用数组指针和指针数组实现二维数组元素输出的例子。

方法 1 用数组指针实现

```c
#include<stdio.h>
int main()
{
    int a[3][4]={1,2,3,4,5,6,7,8,9,10,11,12};
```

```
    int (*p)[4];
    p=(int(*)[4])a;
     for(int i=0;i<3;i++)
     {
        for(int j=0;j<4;j++)
         printf("%d ",p[i][j]);
         //或者*(*(p+i)+j),*(p[i]+j)
        printf("\n");
     }
     return 0;
}
```

方法 2　用指针数组实现

```
#include<stdio.h>
int main(){
  int a[3][4]={1,2,3,4,5,6,7,8,9,10,11,12};
  int *p[3];
  for(int i=0;i<3;i++)
    p[i]=a[i];
  for(int i=0;i<3;i++)
  {
     for(int j=0;j<4;j++)
       printf("%d ",p[i][j]);
       //或者*(*(p+i)+j),*(p[i]+j)
     printf("\n");
  }
  return 0;
}
```

这两个例子都可以实现二维数组元素的输出。其中，方法 1 中 int (*p)[4]定义了一个指向一维数组的指针，这个一维数组各元素的地址分别为(*p)[0]、(*p)[1]、(*p)[2]和(*p)[3]。p 的类型是 int (*)[4]，因此通过 p=(int(*)[4])a 语句，可以将 p 指向数组 a 的首地址。方法 2 中，*p[3]是数组指针，即一个数组中的元素都是指针变量。通过循环赋值语句 p[i]=a[i]，将 p[0]、p[1]、p[2]分别指向一维数组 a[0]、a[1]、a[2]的首地址，即行指针的用法。

3. 指向指针的指针变量

一个指针可以指向整型、实型和字符型变量，也可以指向指针类型变量。当指针变量用于指向指针类型变量时，称之为指向指针的指针变量，也称为"双重指针"。通过指向指针的指针变量也可以实现数组的输出。

指向指针的指针变量定义如下：
　　类型标识符 **指针变量名；
例如，定义：
　　int a=5,*p,**pt;
　　p=&a;
　　pt=&p;

其中，a 为整型变量；p 为指针变量；pt 为指向指针的指针变量。整型变量 a 的地址是 &a，将这个地址传递给指针变量 p，则 p 指向了变量 a；将 p 的地址 &p 传递给 pt，则 pt 指向了指针变量 p。这里的 pt 就是指向指针的指针变量，简称为指针的指针。三者间的指向关系如图 9.10 所示。

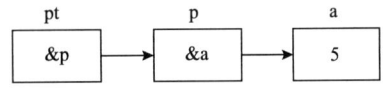

图 9.10　指向指针的指针变量的指向关系

上述定义相当于
　　int a=5;
　　int *p=&a;
　　int **pt=&p;

由于"*"操作符结合性为自右至左，表达式 **pt 相当于 *(*pt)。通过指针的间接访问，可得到等价表达式如表 9.4 所示。

表 9.4　等价表达式

表达式形式	等价表达式形式
a	5
p	&a
*p	a, 5
pt	&p
*pt	p, &a
**pt	*p, a, 5

例 9.14　使用指向指针的指针变量输出整型变量 a 的值：

```
#include<stdio.h>
#include<stdlib.h>
int main()
{
    int a=5,*p,**pt;
    p=&a;
    pt=&p;
```

```
        printf("a=%d,*p=%d,**pt=%d\n",a,*p,**pt);
        **pt=10;
        printf("a=%d,*p=%d,**pt=%d\n",a,*p,**pt);
        return 0;
}
```

运行结果如下:

```
a=5,*p=5,**pt=5
a=10,*p=10,**pt=10
```

例 9.15 使用指向指针的指针变量输出一维和二维数组。

```
/* 使用指向指针的指针变量访问一维和二维数组 */
# include<stdio.h>
# include<stdlib.h>
int main()
{
    int a_array[10],b_array[3][4];
        // 定义一个有10个变量的一维整型数组 a_array; 定义一个3行4列的
           二维整型数组 b_array
    int *p_onefold_1,*p_onefold_2,**p_twofold;
        // p_onefold_1 和 p_onefold_2 是指针变量; p_twofold 是指向指针
           的指针变量
    int i,j;
    printf("请输入一维数组(10个元素): \n");
    for(i=0;i<10;i++)
        scanf("%d",&a_array[i]);             // 一维数组的输入
    printf("请输入二维数组(3行4列): \n");
    for(i=0;i<3;i++)
        for(j=0;j<4;j++)
            scanf("%d",&b_array[i][j]);      // 二维数组的输入
    printf("\n");

    for(p_onefold_1=a_array,p_twofold=&p_onefold_1,i=0;i<10;i++)
        printf("%4d",*(*p_twofold+i));
        // 用指向指针的指针变量输出一维数组
    printf("\n");
    for(p_onefold_1=a_array;p_onefold_1-a_array<10;p_onefold_1++)
        // 用指向指针的指针变量输出一维数组
    {
        p_twofold=&p_onefold_1;
```

```c
        printf("%4d",**p_twofold);
    }
    printf("\n");
    for(i=0;i<3;i++)      // 用指向指针的指针变量输出二维数组
    {
        p_onefold_2=b_array[i];
        p_twofold=&p_onefold_2;
        for(j=0;j<4;j++)
            printf("%4d",*(*p_twofold+j));
        printf("\n");
    }
    for(i=0;i<3;i++)      // 用指向指针的指针变量输出二维数组
    {
        p_onefold_2=b_array[i];
        for(p_onefold_2=b_array[i];p_onefold_2-b_array[i]<4;
            p_onefold_2++)
        {
            p_twofold=&p_onefold_2;
            printf("%4d",**p_twofold);
        }
        printf("\n");
    }
    return 0;
}
```

输入：

```
10 23 234 343 454 565 34 454 234 567
12 32 34 45 56 34 89 43 23 434 657 743
```

输出结如下：

```
  10  23 234 343 454 565  34 454 234 567
  10  23 234 343 454 565  34 454 234 567
  12  32  34  45
  56  34  89  43
  23 434 657 743
  12  32  34  45
  56  34  89  43
  23 434 657 743
```

9.5 函数指针和指针函数

如前所述，每一个变量在内存中有具体的地址，因此可用一个指针变量来表示。函数代码是程序的算法指令部分。在程序运行过程中，每一个函数也占用一段存储空间[17]，可以使用一个指针变量指向这一段函数代码的入口地址，这个指向函数代码入口地址的指针变量就称为函数指针。

9.5.1 函数指针的定义

函数指针的指针变量定义如下：

函数类型 (*指针变量名)(形参列表);

"函数类型"说明函数的返回类型，由于"()"的优先级高于"*"，所以指针变量名外的括号不能省略，后面的"形参列表"表示指针变量指向的函数所带的参数列表。

例如，

```
int (*func)(int x);
double (*ptr)(double x);
```

在定义函数指针时需要注意：函数指针和它指向的函数的参数个数和类型都应该一致；函数指针的类型和函数的返回值类型也必须一致。

9.5.2 函数指针的赋值

数组名可以表示数组的首地址。与此类似，函数名也可以表示函数代码的首地址。因此，在函数指针赋值时，直接将函数指针指向函数名即可。例如，

```
int func(int x);          // 声明一个函数
int (*fp)(int x);         // 声明一个函数指针变量
fp=func;                  // 将 func 函数的首地址赋给指针变量 fp
```

赋值时函数 func 不带括号，也不带参数。由于函数名 func 代表函数 func() 的首地址，经过赋值语句 fp=func 后，指针变量 fp 就指向函数 func() 代码的首地址。

9.5.3 通过函数指针调用函数

函数指针可以通过函数名以及相关参数对函数进行调用。如上所述，如果 fp 是指向函数 func() 的指针变量，那么*fp 就代表它所指向的函数 func。因此，在执行 fp=func 语句后，(*p)和 func 就表示同一个函数。使用函数指针调用函数，通常包含下面三个步骤：

（1）说明函数指针变量。例如，

```
int (*f)(int x);
```

（2）对函数指针变量赋值。例如，

```
fp=func;            //func()使用前必须先定义
```

（3）使用

```
(*指针变量)(参数表);
```

形式调用函数。例如，

```
(*fp)(x);    //x 必须先赋值
```

例 9.16 任意输入 n 个数，找出其中的最大数并输出。

```c
#include<stdio.h>
int main()
{
    int max();
    int i,a,b;
    int (*fp)();         //定义函数指针
    scanf("%d",&a);
    fp=max;              // 给函数指针 fp 赋值，使它指向函数 max
    for(i=1;i<9;i++){
        scanf("%d ",&b);
        a=(*fp)(a,b);    // 通过指针 fp 调用函数 max
    }
    printf("The Max Number is:%d",a);
    return 0;
}

int max(int x,int y){
    int z;
    z=(x>y)?x:y;
    return(z);
}
```

运行结果如下：

```
343 -45 4389 4235 1 -534 988 555 789↵
The Max Number is:4389
```

函数指针变量最常见的用途之一是，作为函数的参数，将函数名传递给其他函数的形参[3]，这样就可以在调用一个函数的过程中，根据所给出的不同实参，实现不同函数的调用。

例 9.17 利用函数指针方法求解函数 $y_1=(x+1)$，$y_2=(2x+3)^2$，$y_3=(x^2+1)^3$。

分析 编写三个函数 fun1()、fun2()、fun3()，分别用来求上面三个函数 y_1、y_2、y_3 的值。设计一个通用函数 funcom()，分别调用上述三个函数 fun1()、fun2()、fun3()。

```c
#include<stdio.h>
#include<math.h>
double fun1(double n)
```

```c
{
    double r;
    r=n+1;
    return r;
}
double fun2(double n)
{
    double r;
    r=2*n+3;
    return r;
}

double fun3(double n)
{
    double r;
    r=pow(n,2)+1;
    return r;
}

double funcom(int a,double x,double(*p)(double))
{
    double r,z;
    z=(*p)(x);      //通过函数指针来调用函数 fun1()、fun2()、fun3()
    r=pow(z,a);     //调用函数 pow 计算 z 的 a 次幂
    return r;
}

int main()
{
    double fun1(double n);
    double fun2(double n);
    double fun3(double n);
    double funcom(int a,double x,double(*p)(double));
                    // 以函数指针为函数的参数
    double x;
    printf("Please input x:");
    scanf("%lf",&x);
    printf("(x+1)^1=%lf\n",funcom(1,x,fun1));
```

```
    /* 以函数fun1()作为参数,在函数funcom()中通过函数指针调用函数fun1(),
       下同 */
    printf("(2x+3)^2=%lf\n",funcom(2,x,fun2));
    printf("(x^2+1)^3=%lf\n",funcom(3,x,fun3));
    return 0;
}
```

在这个例子中,以函数指针double(*p)(double)作为函数的参数,实现对函数fun1()、fun2()、fun3()的调用,从而分别实现对函数 y_1、y_2、y_3 值的计算。

9.5.4 指针函数的定义

指针函数是一个函数,指针函数的返回类型是某一类型的指针。返回类型可以是任何基本类型和复合类型,如整型、字符型、实型,以及指针类型等。函数的返回值指向某个地址。

返回指针的函数,一般定义格式如下:

```
类型标识符 *函数名(函数参数列表)
```

例如,

```
int *pfun(x,y);
```

其中,x、y是形式参数;pfun是函数名。pfun(x,y)是一个函数,调用后返回一个指向整型数据的指针。

又如,

```
char *ch();
```

表示一个返回字符型指针的函数。

例9.18 将字符串str1复制到字符串str2,并输出字符串str2。

```c
#include "stdio.h"
#include "stdlib.h"
int main()
{
    char *strcpy(char *,char *);
    char str1[]="I am glad to meet you!";
    char str2[]="Welcom to study C!";
    printf("%s",strcpy(str1,str2));
                        // 调用一个返回字符型指针的函数strcpy()
    return 0;
}
char *strcpy(char *str1,char *str2){
    int i;
    char *p;
```

```
        p=str2;                      // 定义字符型指针 p 并指向 str2
        if(*str2==NULL) exit(0);     // exit(0)调用终止处理程序
        do{
            *str2=*str1;
            str1++;
            str2++;
        }while(*str1!=NULL);         // 将 str1 中的字符逐个复制到 str2 中
        return(p);                   // 返回字符型指针 p
    }
```

通过上例可知，指针函数是一个返回值为指针的函数，其本质是一个函数。对比来看，函数指针是指向函数的指针变量，其本质是一个指针变量。

9.5.5 函数指针作为函数参数

指向函数的指针变量作为函数参数，将指针指向的入口地址传递给一个函数，在这个函数中即可以利用参数传递来的指针变量调用相应的函数。

例 9.19 编写程序，从键盘中输入两个整数，输出其中最大值或最小值。要求利用指向函数的指针变量作为函数参数。

```
#include<stdio.h>
#include<stdlib.h>
int max(int x,int y)
{
    if(x>y)
        return x;
    else
        return y;
}
int min(int x,int y)
{
    if(x>y)
        return y;
    else
        return x;
}
int fun(int (*pt)(int,int),int a,int b)
{ /*pt 是指向 int 型函数的指针 */
    printf("%d\n",(*pt)(a,b));
}
```

```
int main()
{
    int a1,a2;
    int type;
    int (*p)(int *,int,int);    // int *是指向int 数据的函数
    p=fun;
    printf("请输入两个整数:\n");
    scanf("%d %d",&a1,&a2);
    printf("选择输出类型(1.输入 1 表示输出最大值;2.输入 0 表示输出最小值)
        \n");
    scanf("%d",&type);
    if(type==1)  (*p)(max,a1,a2);
    if(type==0)  (*p)(min,a1,a2);
}
```

在这个例子中，表达式 p=fun 将函数 fun 的地址赋给函数指针变量 p，然后根据 type 取值不同，分别将 max 和 min 函数名以参数的形式传递给 fun()函数，实现了函数入口地址的传递。在函数 fun()中，根据不同的输入参数，利用 pt 指针完成不同函数的调用。

9.5.6 指针变量作为函数参数

在 C 语言中，函数的参数不仅可以是整数、小数、字符等，也可以是指向它们的指针。用指针变量作为函数参数可以将函数外部的地址传递到函数内部，从而在函数内部操作函数外部的数据，并且这些数据不会随着函数的结束而被销毁。

数组、字符串、动态分配的内存等都可以表示为一系列数据的集合，通过传递这些数据集合的指针，可以在函数内部使用指针来影响这些数据集合。

此外，对于整数、小数、字符等基本类型数据的操作也经常需要使用指针。一个典型的例子就是交换两个变量的值。

有些初学者可能会使用下面的方法来交换两个变量的值。

```
#include<stdio.h>
void swap(int a,int b)
{
    int temp;                              //临时变量
    temp=a;
    a=b;
    b=temp;
}
int main() {
    int a=66,b=99;
```

```
        swap(a,b);
        printf("a=%d,b=%d\n",a,b);
        return 0;
    }
```

运行结果如下：

```
a=66,b=99
```

从以上结果可以看出，a、b 的值没有发生改变。这是因为 swap()函数内部的 a、b 和 main()函数内部的 a、b 分别表示不同的变量，占用不同的内存。尽管它们的变量名一样，但不表示同一个变量。swap()交换的是局部变量 a、b 的值，不会影响 main()函数中 a、b 的值。

使用指针变量作为参数可以解决这一问题。

```
#include<stdio.h>
void swap(int *p1,int *p2)
{
    int temp;              //临时变量
    temp=*p1;
    *p1=*p2;
    *p2=temp;
}

int main(){
    int a=66,b=99;
    swap(&a,&b);
    printf("a=%d,b=%d\n",a,b);
    return 0;
}
```

运行结果如下：

```
a=99,b=66
```

如上所述，调用 swap()函数时，将变量 a、b 的地址分别赋值给指针 p1、p2，此时 *p1、*p2 代表的是变量 a、b 本身。交换*p1、*p2 的值，也就是交换 a、b 的值。在 main()函数中，指针变量 p1、p2 对外部 a、b 造成的影响是持久性的，直至 main()函数运行结束。

9.5.7 数组作为函数参数

数组是一系列数据的集合，不能通过参数将它们一次性传递到函数内部。如果需要在函数内部操作这个数组，可以传递数组指针。下面的例子定义了一个函数 max()，用于查找数组中最大的元素。

```c
#include<stdio.h>
int max(int *intArr,int len)
{
    int i,maxValue=intArr[0];  //假设第 0 个元素是最大值
    for(i=1;i<len;i++) {
        if(maxValue<intArr[i]) {
            maxValue=intArr[i];
        }
    }
    return maxValue;
}

int main()
{
    int nums[6],i;
    int len=sizeof(nums)/sizeof(int);
    /*读取用户输入的数据并赋值给数组元素*/
    for(i=0;i<len;i++) {
        scanf("%d",nums+i);
    }
    printf("Max value is %d!\n",max(nums,len));

    return 0;
}
```

运行结果如下：

```
12 55 30 8 93 27↵
Max value is 93!
```

如上所述，max()函数中的参数 intArr 是一个数组指针，在 max()函数内部不能通过这个指针直接获得数组长度，但可以将数组长度作为函数参数传递到 max()函数内部。数组 nums 中每个元素都是整数，scanf()在读取用户输入的整数时，需要给出存储它的内存地址。例如，nums+i 就是其中第 i 个数组元素的地址。

用数组作为函数参数时，参数也可以采用数组形式。例如，对于上面的 max()函数，它的参数也可以写成下面的形式。

```c
int max(int intArr[6],int len)
{
    int i,maxValue=intArr[0];  //假设第 0 个元素是最大值
    for(i=1;i<len;i++) {
        if(maxValue<intArr[i]) {
```

```
            maxValue=intArr[i];
        }
    }
    return maxValue;
}
```

在 max()函数中，int intArr[6]定义了一个包含 6 个整型变量的数组，调用 max()可以将数组的所有元素一次性传递进来。

max()函数中可以省略数组长度，形参简写为如下形式。

```
int max(int intArr[],int len)
{
    int i,maxValue=intArr[0];  //假设第 0 个元素是最大值
    for(i=1;i<len;i++) {
        if(maxValue<intArr[i]) {
            maxValue=intArr[i];
        }
    }
    return maxValue;
}
```

在这个例子中，int intArr[]定义了一个数组，但没有指定数组长度。

以上两种形式的数组定义，包括 int intArr[6]形式和 int intArr[]形式，都不会实际创建出一个数组。max()函数运行过程中，编译器没有为它们分配内存，而是转换为 int *intArr 形式的指针。其中，int intArr[6]这种参数形式说明函数期望用户传递的数组包含 6 个整型变量，但实际传递的数组元素可以少于或多于 6 个整型变量。

需要强调的是，不管使用哪种方式传递数组，都不能在函数内部直接求得数组长度。这是因为 intArr 仅仅是一个指针，而不是真正的数组，通常都需要额外增加一个参数来传递数组长度。

9.6 S-DES 算 法

1996 年，沙佛（Schaefer）提出了 S-DES（Simplified DES）密码（或 S-DES 方案），它具有与 DES 密码相似的性质和结构，但是参数要小得多[10]。虽然 S-DES 密码的结构较简单，安全强度较低，但它从一定程度上体现了现代分组密码设计的混淆与扩散原则。S-DES 的密钥长度为 10 bit，其对应的密钥空间为 $2^{10}=1024$。

S-DES 算法包括如下 5 个函数：初始置换 IP、复合函数 f_{K_1}、置换函数 SW、复合函数 f_{K_2}、IP 逆置换 IP^{-1}。其中，f_{K_1} 和 f_{K_2} 是由密钥 K 确定的具有置换和代换的运算[10]。

（1）S-DES 加密算法的数学描述为

$$IP^{-1} \cdot f_{K_2} \cdot SW \cdot f_{K_1} \cdot IP$$

相应解密算法的数学描述为

$$IP^{-1} \cdot f_{K_1} \cdot SW \cdot f_{K_2} \cdot IP$$

其中，$K_1=P_8($移位$(P_{10}($密钥 $K)))$；$K_2=P_8($移位$($移位$(P_{10}($密钥 $K))))$。

（2）S-DES 的密钥生成过程如下：

设 10 bit 的密钥为 $(k_1, k_2, \cdots, k_{10})$，置换 P_{10} 和 P_8 的定义为

$$P_{10} = \begin{bmatrix} 1 & 2 & 3 & 4 & 5 & 6 & 7 & 8 & 9 & 10 \\ 3 & 5 & 2 & 7 & 4 & 10 & 1 & 9 & 8 & 6 \end{bmatrix}$$

$$P_8 = \begin{bmatrix} 1 & 2 & 3 & 4 & 5 & 6 & 7 & 8 \\ 6 & 3 & 7 & 4 & 8 & 5 & 10 & 9 \end{bmatrix}$$

（3）LS_1 为循环左移 1 位，LS_2 为循环左移 2 位。

（4）置换 IP 和逆置换 IP^{-1} 函数为

$$IP^{-1}(IP(X))=X$$

其中，

$$IP = \begin{bmatrix} 1 & 2 & 3 & 4 & 5 & 6 & 7 & 8 \\ 2 & 6 & 3 & 1 & 4 & 8 & 5 & 7 \end{bmatrix}$$

$$IP^{-1} = \begin{bmatrix} 1 & 2 & 3 & 4 & 5 & 6 & 7 & 8 \\ 4 & 1 & 3 & 5 & 7 & 2 & 8 & 6 \end{bmatrix}$$

（5）两个 S 盒 S_0 和 S_1 如下（本文采用文献[10]中 S 盒设计方案）：

$$S_0 = \begin{bmatrix} 1 & 0 & 3 & 2 \\ 3 & 2 & 1 & 0 \\ 0 & 2 & 1 & 3 \\ 3 & 1 & 3 & 2 \end{bmatrix}, \quad S_1 = \begin{bmatrix} 0 & 1 & 2 & 3 \\ 2 & 0 & 1 & 3 \\ 3 & 0 & 1 & 0 \\ 2 & 1 & 0 & 3 \end{bmatrix}$$

（6）函数 f_K 可表示为

$$f_K(L,R)=(L\oplus F(R,SK),R)$$

其中，L、R 分别是输入字节 8 位的左 4 位和右 4 位；SK 为子密钥。

（7）E/P 是一个 4 到 8 位的扩展变换，变换矩阵如下：

$$E/P = \begin{bmatrix} 0 & 1 & 0 & 0 & 0 & 0 & 0 & 1 \\ 0 & 0 & 1 & 0 & 1 & 0 & 0 & 0 \\ 0 & 0 & 0 & 1 & 0 & 1 & 0 & 0 \\ 1 & 0 & 0 & 0 & 0 & 0 & 1 & 0 \end{bmatrix}, \quad P_4 = \begin{bmatrix} 0 & 0 & 0 & 1 \\ 1 & 0 & 0 & 0 \\ 0 & 0 & 1 & 0 \\ 0 & 1 & 0 & 0 \end{bmatrix}$$

其中，P_4 是一个 4 位的置换。

S-DES 算法源代码如下：

```c
#include"stdio.h"
#include"stdlib.h"
#include"string.h"

char* K_Gen(char* key) {
/* 生成2个子密钥K1、K2，分别用在函数mapping()和fk()中*/
    char k_shift1[]={key[4],key[1],key[6],key[3],key[2],key[0],
                    key[8],key[7],key[5],key[9],'\0'};
    char k_shift2[]={key[6],key[3],key[2],key[4],key[1],key[7],
                    key[5],key[9],key[0],key[8],'\0'};
    char k1[]={key[0],key[6],key[8],key[3],key[7],key[2],
              key[5],'\0'};
    char k2[]={key[7],key[2],key[5],key[4],key[9],key[1],
              key[8],key[0],'\0'};
    char K[] ={key[0],key[6],key[8],key[3],key[7],key[2],
              key[9],key[5],key[7],key[2],key[5],key[4],
              key[9],key[1],key[8],key[0],'\0'};
    char* temp=K;
    return temp;
}
char* IP(char* t){
/* 初始排列*/
    char t_ip[]={t[1],t[5],t[2],t[0],t[3],t[7],t[4],t[6],'\0'};
    char* temp=t_ip;
    return temp;
}
char* inverse_IP(char* t){
/* 逆排列 */
    char inverse_ip[]={t[3],t[0],t[2],t[4],t[6],t[1],t[7],
                       t[5],'\0'};
    char* temp=inverse_ip;
    return temp;
}
/* S盒 */
int sbox0[][4]={1,0,3,2,3,2,1,0,0,2,1,3,3,1,3,2};
int sbox1[][4]={0,1,2,3,2,0,1,3,3,0,1,0,2,1,0,3};
```

/* 函数mapping(),用子密钥K1映射右边的4位,生成一个4位输出,该4位
输出被用于另一个函数fk()*/

```c
char* mapping(char* text,char* subkey){
    int t[8],SK[8],i;
    for(i=0;i<8;i++){
        char temp1[2]={text[i+4],'\0'};
        char temp2[2]={subkey[i],'\0'};
        t[i]=atoi(temp1);
        SK[i]=atoi(temp2);
    }
    int result[8];
    result[0]=t[3]^SK[0];
    result[1]=t[0]^SK[1];
    result[2]=t[1]^SK[2];
    result[3]=t[2]^SK[3];
    result[4]=t[1]^SK[4];
    result[5]=t[2]^SK[5];
    result[6]=t[3]^SK[6];
    result[7]=t[0]^SK[7];
    int row1=2*result[0]+1*result[3];
    int col1=2*result[1]+1*result[2];
    int output1=sbox0[row1][col1];
    int row2=2*result[4]+1*result[7];
    int col2=2*result[5]+1*result[6];
    int output2=sbox1[row2][col2];
    char a,b,c,d;
    switch(output1){
    case 0:
        a='0';b='0';
        break;
    case 1:
        a='0';b='1';
        break;
    case 2:
        a='1';b='0';
        break;
    case 3:
        a='1';b='1';
```

```c
            break;
        default:
            break;
    }
    switch(output2){
        case 0:
            c='0';d='0';
            break;
        case 1:
            c='0';d='1';
            break;
        case 2:
            c='1';d='0';
            break;
        case 3:
            c='1';d='1';
            break;
        default:break;
    }
    char P4[]={b,d,c,a,'\0'};
    char* P=P4;
    return P;
}
/*函数fk(),函数中用到函数f()的输出,以及另一个子密钥K2,并生成一个
  8位输出 */
char* fk(char* t,char* subkey){
    char left[]={t[0],t[1],t[2],t[3],'\0'};
    char right[]={t[4],t[5],t[6],t[7],'\0'};
    char* r=mapping(t,subkey);
    char temp_r[]={r[0],r[1],r[2],r[3],'\0'};
    int i[4],j[4],n,k[4];
    for(n=0;n<4;n++){
        char temp1[2]={left[n],'\0'};
        char temp2[2]={temp_r[n],'\0'};
        i[n]=atoi(temp1);
        j[n]=atoi(temp2);
    }
    k[0]=i[0]^j[0];
```

```c
        k[1]=i[1]^j[1];
        k[2]=i[2]^j[2];
        k[3]=i[3]^j[3];
        char new_left[4];
        for(n=0;n<4;n++){
            switch(k[n]){
            case 0:
                new_left[n]='0';break;
            case 1:
                new_left[n]='1';break;
            default:break;
            }
        }
        char result[]={
            new_left[0],new_left[1],new_left[2],new_left[3],
            right[0],right[1],right[2],right[3],'\0'
        };
        char* temp=result;
        return temp;
}
/* 交换函数，右边的4位与左边的4位相互交换 */
char* SW(char* a){
    char c[]={a[4],a[5],a[6],a[7],a[0],a[1],a[2],a[3]};
    char* temp=c;
    return temp;
}
void encrypt(char* plaintext,char*key){
/* 加密函数 */
    char* K=K_Gen(key);
    char SK1[]={K[0],K[1],K[2],K[3],K[4],K[5],K[6],K[7],'\0'};
    char SK2[]={K[8],K[9],K[10],K[11],K[12],K[13],K[14],K[15],
                '\0'};
    /*调用Simplified DES算法的5个步骤*/
    char* c=inverse_IP(fk(SW(fk(IP(plaintext),SK1)),SK2));
    char ciphertext[]={c[0],c[1],c[2],c[3],c[4],c[5],c[6],c[7],
                    '\0'};
    printf("Ciphertext:%s\n",ciphertext);
}
```

```c
char* decrypt(char* ciphertext,char* key){
/* 解密函数 */
    char* K=K_Gen(key);
    char SK1[]={K[0],K[1],K[2],K[3],K[4],K[5],K[6],K[7],'\0'};
    char SK2[]={K[8],K[9],K[10],K[11],K[12],K[13],K[14],K[15],
            '\0'};
    /*调用S-DES算法的5个步骤*/
    char* p=inverse_IP(fk(SW(fk(IP(ciphertext),SK2)),SK1));
    char plaintext[]={p[0],p[1],p[2],p[3],p[4],p[5],p[6],p[7],
            '\0'};
    printf("Plaintext:%s\n",plaintext);
}
int main(){
    int Choose=0;
    /*判断主函数中是否继续执行循环*/
    printf("Input the value of Choose,If choose==0,the app will
            exit\n");
    scanf("%d",&Choose);
    while(Choose!=0){
        char input[9];     //密文或者明文参数
        char key[11];      //密钥参数
        char Algorithmmodel[10];
        /*输入算法执行的模式：加密或者解密*/
        printf("Algorithm model (d or e):");
        scanf("%s",Algorithmmodel);
        printf("Key (10-bit):");
        scanf("%s",key);
        switch (Algorithmmodel[0]){
        case 'e':
            /*加密模式*/
            printf("Plaintext (8-bit):");
            scanf("%s",input);
            encrypt(input,key);
            break;
        case 'd':
            /*解密模式*/
            printf("Ciphertext (8-bit):");
            scanf("%s",input);
```

```
            decrypt(input,key);
            break;
        default:
            printf("Something wrong with the inputs");
            return 0;
        }
        printf("Input the value of Choose,If choose==0,
            the app will exit\n");
        scanf("%d",&Choose);
    }
}
```

请读者对上述 S-DES 算法源代码进行分析讨论，并尝试对其进行简化。

9.7 本章小结

本章主要介绍了地址和指针的基本概念、通过指针引用数组、字符串指针、指针数组和数组指针、函数指针和指针函数等教学内容。本章需要重点理解并掌握以下内容：

（1）掌握地址和指针的基本概念。
（2）掌握指针变量的定义和运算规则。
（3）掌握通过指针引用一维数组和二维数组的方法。
（4）掌握指向字符数组和指向字符串的指针及其使用方法。
（5）掌握指针数组和数组指针的基本使用方法。
（6）理解函数指针和指针函数的使用方法和特点。

习 题 9

1. 指针和指针变量分别指什么？
2. 指针作为函数参数有什么优势？
3. 什么是直接访问地址和间接访问地址？
4. 指针函数和函数指针分别是什么？有什么区别？
5. char *p[5]和 char (*p)[5]有什么区别？在定义时怎么初始化？
6. 输入三个数 a、b、c，按降序输出。要求使用指针。
7. 采用指针编程实现：八进制转换为十进制。
8. 采用指针编程实现：输入一个字符串，求其长度。
9. 函数 test_cmp()的功能是比较字符串 s 和 t 的大小。当 s 等于 t 时返回 0；否则返回 s 和 t 的第一个不同字符的 ASCII 码差值。即当 s>t 时返回正值；s<t 时返回负值。请编程实现该函数。

10. 采用指针编程实现：有 n 个整数，使其前面各数顺序向后移 m 个位置，最后 m 个数变成最前面的 m 个数。

11. 有 n 个人围成一圈，顺序排号。从第 1 个人开始报数（从 1 到 3 报数），凡报到 3 的人退出圈子，问最后留下的是原来的第几号。

12. 采用指针编程实现：写一个函数，求一个字符串的长度。要求在 main()函数中输入字符串，输出这个字符串的长度。

第10章 结 构 体

在实际应用中，某些数据之间是存在联系的，往往需要一种结构对多种类型数据同时进行存储和处理。例如，一个学生的学号（num）、姓名（name）、年龄（age）、性别（sex）、成绩（score）、地址（addr）等项，是同属于一个学生的。若将 num、name、age、sex、score、addr 分别定义为相互独立的简单变量，则难以反映它们之间的内在联系。因此，人们希望将这些数据组成一个组合数据，例如，定义一个名为 student1 的变量，在这个变量中包括学生 1 的学号、姓名、年龄、性别、成绩、地址等数据项，方便信息的综合处理。

C 语言允许用户建立由不同类型数据组成的组合型数据结构——结构体。

借助结构体，可以对上述数据进行处理。

10.1 结构体类型

10.1.1 结构体变量的声明

声明一个结构体类型变量的一般形式如下：

```
struct 结构体名{
    类型名 成员名;
    类型名 成员名;
    ……
    类型名 成员名;
};
```

其中，struct 为结构体关键字，结构体名由用户指定，又称"结构体标记"，以区别于其他结构体类型。结构体花括号中所有子项组成"成员列表"，也称"域表"，每个成员是结构体的一个域。成员名命名规则与变量名相同。

以上述学生类型为例，结构体变量声明示例如下：

```
struct Student {                    //声明一个结构体类型 struct Student
    int num;
    char name[20];
    int age;
    char sex;
    float score;
    char addr[30];
};
```

上面代码中，由用户指定了一个结构体类型 struct Student。Student 结构体中包含多个成员变量：num、name、age、sex、score、addr。

10.1.2 结构体变量的定义

上一小节中声明了一个结构体类型，并没有定义变量，没有产生具体数据，系统对其也不分配内存单元，相当于一个模型[2]。为了能在程序中使用结构体类型的数据，需要定义相应的变量，定义结构体类型变量的方法有三种。

1. 先声明结构体类型，后定义结构体变量

上一小节例子中声明了结构体类型 struct Student，可以用它来定义变量。其定义方式与定义其他类型的变量（如 char a,b;）形式相似。例如，

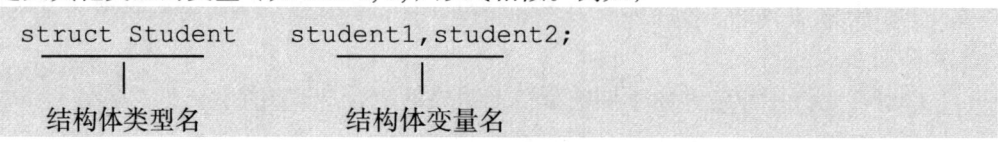

上面定义了两个 struct Student 结构体类型的变量：student1 和 student2。student1 和 student2 具有和 struct Student 类型相同的结构。在定义了结构体变量后，系统会为之分配内存单元，根据成员类型的不同占据相应的字节，如图 10.1 所示。

student1：

1001	Zhang San	18	F	99	Wuhan

图 10.1 结构体类型存储方式

该定义方式将结构体的声明和变量的定义分离，在声明类型后可以随时定义变量，比较灵活。

2. 声明类型的同时定义变量

定义的一般形式如下：

```
Struct 结构体名{
    成员列表
} 变量名列表;
```

例如，

```
struct Book{
    int number;
    char name[20];
    char author[20];
} book1,book2;
```

在声明 sturct Book 结构体类型的同时，定义 book1 和 book2 两个变量。声明类型和定义变量同步进行，这种形式比较直观，在小程序中使用方便；但当程序结构复杂时，一般要求类型声明和变量定义在程序的不同位置实现，更便于程序维护和代码复用。

3. 不指定类型名，直接定义结构体变量

定义的一般形式如下：
```
struct{
    成员列表
}变量名列表;
```
例如，
```
struct{
    int number;
    char name[20];
    char author[20];
}book1,book2;
```
指定一个没有名字的结构体类型，同时直接定义两个结构体变量。这种定义方式形式简单，但由于没有结构体名，因而不能以该结构体类型去定义其他的变量。

上述三种结构体定义变量的方法中，第一种方法采用先声明结构体类型，后定义结构体变量的方式，将声明和定义分开，比较灵活，较常使用。

10.1.3 结构体变量的初始化和引用

结构体初始化的语法与数组的初始化相似，仅区别在引用结构体成员时，使用成员运算符"."连接具体成员名。

```
#include<stdio.h>
struct Student{                          //声明一个结构体类型
    int age;                             //年龄
    float score;                         //分数
    char sex;                            //性别
};
    int main(){
    struct Student a={20,79,'f'};        //定义并初始化一个结构体变量
    printf("年龄:%d 分数:%.2f 性别:%c\n",a.age,a.score,a.sex);
    return 0;
}
```

程序中声明了结构体类型 struct Student，包含三个成员。在 main()函数中，定义了结构体变量 a，并对其进行了初始化，即对变量 a 中的三个成员 age、score、sex 进行赋值。最后使用 printf()函数输出变量 a 中各成员的值。注意不能使用输出结构体变量名的方式，来达到输出结构体变量所有成员值的目的，例如，a.age 可以分别输 a 变量的成员，但不能直接输出 a。

C99 标准允许只对结构体变量的某一成员进行初始化，例如，
```
struct Student b={.age=16};
```

其中,".age"代表结构体变量 b 中 b.age 成员;其他未被指定的成员均被赋为默认值,数值成员被系统初始化为 0,字符型成员被系统初始化为'\0',指针型成员被系统初始化为 NULL。

在程序中可以引用结构体变量中的成员,并对成员进行赋值等操作。引用方式如下:
结构体变量名.成员名

例如,a.age 表示 a 变量中 age 成员,即 Student 的 age 成员。在程序中可以通过引用对变量的成员进行赋值操作:

```
a.age=18;
```

其中,"."是成员运算符,它在所有运算符中的优先级最高。若成员本身是结构体类型,则要使用多个成员运算符,逐级寻找。例如,结构体 Student 类型的成员中,包含另一个结构体 struct class 类型的成员 english,则引用成员的方式如下:

```
a.class.english          //结构体变量 a 中的成员 class 的成员 english
```

不能用 a.english 来访问 a 变量中的成员 class 中的 english 成员。

结构体变量的成员的运算同普通变量相同。例如,

```
a.socre=100;
sum=a.score+b.score;
a.age++;
```

10.1.4 结构体数组

为了方便处理多个同类型的结构体,可以使用结构体数组。与数组引用方法相似,运用下标对结构体数组成员进行引用。

声明一个结构体数组和声明其他类型数据一样。

```
struct Student class_101[55];
```

这条语句声明 class_101 为一个具有 55 个元素的数组,每个元素均是 Student 类型的结构体。因此,class_101[0]是第 1 个 Student 结构变量,class_101[1]是第 2 个 Student 结构变量,依次类推。

结构体数组成员的引用同数组成员的引用一样,采用数组下标紧跟结构体数组名。对结构体数组成员的变量进行引用,使用"."连接成员名。例如,

```
class_101[15].age;
```

10.1.5 结构体指针

指针也可以指向一个结构体,一般的定义形式如下:
struct 结构体名 *指针变量名;
下面例子定义了一个结构体指针:

```
struct Stu{
    char *name;              //姓名
    int num;                 //学号
    int age;                 //年龄
```

```
        char group;                    //所在小组
        float score;                   //成绩
    }
    stu1={ "Tom",12,18,'A',136.5};
    struct Stu *pstu=&stu1;            //指向结构体 Stu 的指针变量 pstu
```
注意，结构体变量名和数组名不同，数组名在表达式中会被转换为数组指针，而结构体变量名不会，无论在任何表达式中它表示的都是整个集合本身，要想取得结构体变量的地址，必须在前面加"&"，所以给 pstu 赋值只能写为

```
    struct Stu *pstu=&stu1;
```
而不能写为

```
    struct Stu *pstu=stu1;
```
通过结构体指针可以获取结构体成员，一般形式如下：

```
    (*pointer).成员名
```
或

```
    pointer->成员名
```

第一种写法中，"."的优先级高于"*"，所以（*pointer）的括号不能少。如果去掉括号写为*pointer.成员名，这就等效于*（pointer.成员名），这样意义就完全不对了。

第二种写法中，"–>"是一个新的运算符，习惯称之为"箭头"。可以通过结构体指针直接取得结构体成员。这也是"–>"在 C 语言中的唯一用途[2]。

上面的两种写法是等效的，通常采用后一种写法，这样更加直观。

10.1.6 结构体指针作为函数参数

将一个结构体变量的值传递给另一个函数有三种方法：

（1）用结构体变量的成员作为参数。用法和普通变量一样，应当注意实参与形参的类型应保持一致。

（2）用结构体变量作为实参。结构体变量名代表的是整个集合本身，作为函数参数时传递的是整个集合，也就是所有成员，而不是像数组一样被编译器转换成一个指针。如果结构体成员较多，尤其是成员为数组时，传递的时间和空间开销会很大，这会影响程序的运行效率。

（3）用指向结构体变量的指针作为实参。将结构体变量的地址传递给形参。

考虑到程序运行的实际效率，结构体变量的值传递最好使用结构体指针。

10.2　链　　表

在定义数组时，实际上需要的数组的大小是不确定的，只能通过定义足够大的数组空间来保存数据，这样会造成储存空间的浪费。链表是一种动态生成的数据结构，能有效解决这个问题。

10.2.1 什么是链表

链表是一种物理存储单元上非连续、非顺序的存储结构，数据元素的逻辑顺序是通过链表中的指针链接次序实现的。链表由一系列节点（链表中每一个元素称为节点）组成，节点可以在运行时动态生成。每个节点包括两个部分：一个是存储数据元素的数据域，另一个是存储下一个节点地址的指针域。指针的逻辑结构如图 10.2 所示。

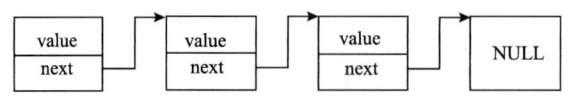

图 10.2 指针的逻辑结构

其中，第一个节点称为头节点；value 是数据域；next 是指向下一个节点的指针；倒数第二个节点称为表尾，指向一个 NULL。由此可知，使用结构体能有效实现链表。

链表的定义示例如下：

```
struct Student{
    int num;                    //学号
    float score;                //分数
    struct Student *next;       //指向下一节点的指针
};
```

其中，"struct Student *next;"表示结构体 struct Student 中包含一个指向自身类型的指针，用来指向下一个节点。

链表允许插入和移除任意位置上的节点，但是不允许随机存取。链表有很多种不同的类型：单向链表、双向链表以及循环链表。链表可以在多种编程语言中实现。

10.2.2 链表节点的创建

链表是一种动态改变长度的数据结构，在需要时通过申请一个节点的空间，然后加入到已有节点指向下一个节点的指针域中。

链表构建过程中所涉及的动态内存分配操作，将使用到以下标准函数。

（1）malloc(size)。在内存的动态存储区申请一个长度为 size 字节的连续空间。

（2）calloc(n, size)。在内存的动态存储区申请 n 个长度为 size 字节的连续空间，函数返回值为分配空间的首地址；若此函数未被成功执行，函数返回值为 0。

（3）free(p)。释放由指针 p 所指向的存储单元，而存储单元的大小是最近一次调用 malloc()或 calloc()函数时所申请的存储空间。

在头文件 stdlib.h 中包含了这些函数的信息。

创建一个新节点的语句如下：

```
struct Student *stu=(struct Student *)malloc(sizeof(struct
                    Student));
```

10.2.3 链表的基本操作

链表的基本操作包括链表的建立、插入节点、删除节点和输出链表。例如，

```
typedef struct node {
    int data;
    struct node* pNext;
}
Node;
```

以上定义了一个链表节点的结构体，typedef 表示将 struct node 重命名为 Node。

1. 创建链表

创建一个新的链表首先需要创建个链表的头节点，代码如下：

```
void createNodeList(Node **head){
    *head=(Node*) malloc(sizeof(Node));
    head->data=0;
    head->pNext=NULL;
}
```

请读者分析函数的参数列表为什么是 Node **head？为什么不能创建一个节点，然后返回它？

2. 插入节点

插入节点是指在任意一个节点 p1 后插入一个节点 p2，首先将 p2 指向 p1 的下一个节点 p1->next，然后将 p1 的下一个节点更改为 p2。这个节点可以是中间节点，也可以是尾节点。如果是中间节点，p2->next 将指向一个存在的节点；如果是尾节点，p2->next 将指向 NULL。代码如下：

```
bool addNode(Node* node1,Node* node2){
    if(node1==NULL||node2==NULL) return false;
    node2->next=node1->next;
    node1->next=node2;
    return true;
}
```

3. 删除节点

删除节点则首先在链表里找到要删除的节点，然后将它的上一个节点，连接到它的下一个节点上。代码如下：

```
bool deleteNode(Node* head,Node* node){
    Node* tempnode1;
    if(head==NULL||node==NULL) return false;
    if(head==node){
        head=NULL;
```

```
            return true;
        }
        tempnode1=head;
        while(tempnode1->next!=NULL&&tempnode1->next!=node)
            tempnode1=tempnode1->next;
        if(tempnode1->next==NULL) return false;
        else{
            tempnode1->next=node->next;
            free(node);
            return true;
        }
    }
```

4. 输出链表

输出链表只需从头到尾按顺序输出节点的值。代码如下：

```
bool printNodeList(Node *head){
    if(head==NULL) return false;
    while(head!=NULL){
        printf("%d\n",head->data);
        head=head->next;
    }
    return true;
}
```

10.3 枚举类型

当一个变量只能有几种可能的取值时，可以定义为枚举类型。枚举类型就是将可能的值一一列举出来，该"枚举"类型的变量取值不能超过定义的范围。

这种变量能赋值为已经定义的一组值之中的一个，可有效防止用户使用无效值[2]。

枚举类型的声明用 enum 开头，格式如下：

```
enum 枚举名 {枚举元素列表};
```

例如，

```
enum Weekday{mon,tue,wed,thr,fri,sat,sun};
```

以上声明了一个枚举类型 Weekday，"{ }"内的元素称为枚举元素或枚举常量，可以用此类型定义变量，格式如下：

```
enum 枚举名 变量列表;
```

例如，

```
enum Weekday workday,weekend;
```

其中，workday 和 weekend 是枚举变量，只能使用枚举元素列表中的值。

与结构体相同，枚举类型也可以不声明枚举类型的名字而直接定义枚举变量，例如，
```
enum{mon,tue,wed,thr,fri,sat,sun} workday,weekend;
```
C 编译对枚举元素按常量处理，用户在定义枚举类型时可以对枚举元素的值进行初始化，此后则不能再修改枚举元素。

例如，
```
enum Weekday {mon=1,tue,wed,thr,fri,sat,sun}
```
是合法的，mon 的值为整型量 1，tue 之后各元素的值会依次初始化为 2~7，printf("%d", tue) 会输出 2。

又如，
```
mon=0;tue=1;
```
是不合法的，在声明之外不能再对枚举元素进行赋值。

因为枚举元素的数值是整型，所以枚举元素可以参与数值运算。

10.4 共 用 体

共用体也称为联合体，是一种特殊的数据类型，允许程序在相同的内存位置存储不同的数据类型。共用体与结构体有一些相似之处，但也存在本质的不同：在结构体中，各成员有各自的内存空间，一个结构体变量的总长度是各成员长度之和；而在共用体中，各成员共享一段内存空间，一个共用体变量的长度等于成员中最长的长度。

10.4.1 共用体变量的定义

共用体类型定义形式如下：
```
union 共用体名{
    类型名 1 成员名 1;
    类型名 2 成员名 2;
    ……
    类型名 n 成员名 n;
};
```
共用体的成员可以是基本类型也可以是构造类型，所有的成员共同占用一段内存，内存大小等于占用内存最多的那个成员，且起始地址是相同的。

共用体变量的定义类似于结构体定义，可以用已有的共用体类型来定义共用体变量；也可以在定义共用体类型的同时定义共用体变量；还可以不定义共用体类型，直接定义变量。如下定义都是合法的：
```
1. union Un {
    int i;
    float f;
```

```
};
2. union Un un1;
union Un {
    int i;
    float f;
}un1;
3. union {
    int i;
    float f;
}un1;
```

10.4.2 共用体变量的引用

在程序设计中，只能引用共用体变量的成员，而不能引用整个共用体变量。共用体变量在一段时间内只能存放其中一个成员变量的值，因此需要指明引用的是共用体的哪一个成员。例如，

```
#include<stdio.h>
union Un {
    int i;
    float f;
};
int main(){
    union Un un1;
    un1.i=1;              //此时un1存放的值为整型1
    un1.f=0.0;            //此时un1存放的值为浮点型0.0
    printf("%d",un1.i);
    return 0;
}
```

输出的结果为 0，因为此时 i 的值已经被 f 覆盖。对于共用体变量而言，只有最近一次赋值是有效的。

共用体变量同样可以通过指针进行引用，方式如下：

```
union Un{
    int i;
    float f;
};
union Un *un1;
un1->i=1;
```

10.4.3 共用体变量的初始化

因为共用体变量任何时候只能存放一个成员的值,所以变量初始化也只能对一个成员进行。例如,

```
union Un{
    int i;
    float f;
};
union Un un1={1};
union Un un2={.f=0.1};
```

10.5 用 typedef 声明新类型名

在 10.2.3 小节中使用了 typedef 对链表节点类型进行重命名。在实际应用中,除了可以直接使用 int、float 等标准类型名,和用户自己声明的结构体、枚举类型、共用体类型外,还可以用 typedef 指定新的类型名来代替已有的类型名。

typedef 可以用一个新的类型名代替原有的类型名,也可以用简单的类型名代替复杂的类型名。例如,

```
typedef int Integer;      //指定 Integer 为类型名,作用与 int 相同
typedef float Real;       //指定 Real 为类型名,作用与 float 相同
typedef struct Student{
    int age;
    int sex;
}Stu;                     //指定 Stu 为类型名,作用与 struct Student 相同
typedef int Num[100]      //声明 Num 为整型数组类型名
Num a;                    //定义 a 为整型数组,大小为 100
```

typedef 与#define 不同,它不是在预编译阶段进行简单的字符串替换,而是在编译阶段进行的。

以上述数组类型的定义为例,声明一个新的类型名的步骤如下:
(1)先按定义变量的方法写出定义体,例如,

```
int a[100];
```

(2)将变量名换成新类型名,例如,

```
int Num[100];
```

(3)在最前面加上 typedef,例如,

```
typedef int Num[100];
```

(4)用新类型名定义变量,例如,

```
Num a;
```

10.6 本章小结

本章主要介绍了结构体类型、枚举类型、共同体以及链表的基本概念，通过众多的实例简单地说明了多种结构的定义及其使用。本章需要重点理解并掌握以下内容：

（1）掌握结构体类型、链表、枚举类型和共用体的基本概念。
（2）掌握结构体和共用体的区别。
（3）掌握结构体的引用方法。
（4）掌握链表的基本操作。
（5）掌握 typedef 关键字的使用方法。

习 题 10

1. 什么是结构体类型？它的用法是怎样的？
2. 一个结构体变量占多大的内存空间？
3. 结构体类型与前面学过的基本类型有哪些区别？
4. C 语言的结构体、枚举类型，在程序中的作用是什么？
5. 谈谈共用体和结构体的区别。
6. 利用结构体类型编写程序，实现输入一个学生的数学期中和期末成绩，计算并输出其平均成绩。
7. 结构体形式如下：

```
struct man {
char name[20];
int age;
}
```

找到年龄最大的人，并输出。

8. 编写 input() 和 output() 函数，输入和输出 5 个学生的数据记录。
9. 编写程序：从键盘输入 n 个学生的 6 门课程考试成绩，计算每个学生的平均成绩，并按平均成绩从高到低输出每个学生的信息（包括学号、姓名和 6 门课程考试成绩），要求使用到结构体数据类型。
10. （1）编写一函数，计算两个日期之间的时间差，并将其值返回。
（2）编写一程序，在主函数中输入两个日期，调用上述函数计算两个日期之间的时间差，并将结果输出。为了计算简便，假设用户输入的日期 1 总是早于日期 2。
11. 有 N 个同学，编号分别为 1, 2, …, N，围成一圈，随便选定一个整数 m，让大家按顺时针依次报数，报到 m 的同学便会从圈子中退出，直到最后剩下一个人。编写函数实现上述循环淘汰的功能，要求用户能够任意输入 N 与 m；程序输出最后一个人的编号。

第11章 文 件

在前面的章节中，数据的输入都是通过键盘或程序预设进行的，而数据的输出都是输出到屏幕上。但在实际的操作中，很多数据都是十分庞大的，如一个班级所有学生的学号、姓名、成绩等信息，这个时候，需要使用文件进行批量的读取、删减等操作。本章将介绍文件的概念和使用方法。

11.1 文件概述

11.1.1 文件的概念

文件是存储在外部介质上数据的集合，是操作系统数据管理的单位。"文件"一般是指存储在外部介质上数据的集合。在前面各章中，已经多次使用了文件，如源程序文件、目标文件、可执行文件、库文件（头文件)等。文件通常是驻留、存储在外部介质（如磁盘等)上的，数据的读、写、存储都离不开文件的概念[2]。从不同的角度可以对文件进行不同的分类。从用户的角度看，文件可分为普通文件和设备文件两种。

普通文件是指驻留在磁盘或其他外部介质上的一个有序数据集，可以是源文件、目标文件、可执行程序；也可以是一组待输入处理的原始数据，或一组输出的结果。源文件、目标文件、可执行程序称为程序文件；输入/输出的数据称为数据文件。

设备文件是指与主机相联的各种外部设备，如显示器、打印机、键盘等。在操作系统中，将外部设备也视为一个文件来进行管理，将它们的输入/输出等同于对磁盘文件的读/写。通常将显示器定义为标准输出文件，一般情况下，在屏幕上显示有关信息就是向标准输出文件输出，如前面经常使用的 printf()、putchar()函数就属于这类输出。键盘通常被指定为标准输入文件，从键盘上输入就意味着从标准输入文件上输入数据，如scanf()、getchar()函数就属于这类输入。

11.1.2 文件操作的基本流程

在 C 语言中，文件的基本操作包括文件的打开，文件指针的定位，文件的读/写、出错检测和文件关闭。文件操作的基本流程如图 11.1 所示。

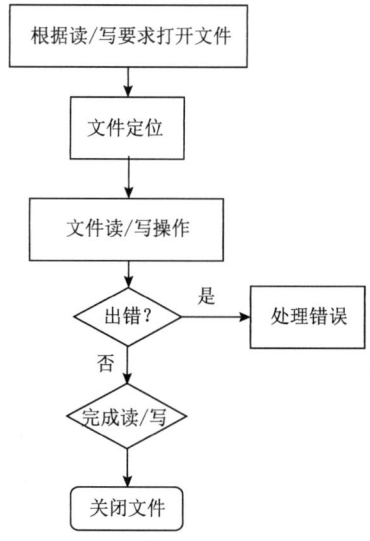

图 11.1 文件操作的基本流程

11.1.3 文件分类

根据数据的组织形式,数据文件可分为文本文件和二进制文件。

1. 文本文件

文本文件是一种典型的计算机顺序文件,其文件的逻辑结构属于流式文件,例如,C 语言中源程序文件就是 ASCII 文件。文本文件在外部介质中保存时,每个字符对应一个字节,用于存放对应的 ASCII 码。因此文本文件也称为 ASCII 文件,其文件内容在计算机屏幕上按字符显示。文本文件中除了存储文件中的有效字符信息(包括 ASCII 码字符表示的回车、换行等信息)外,不能存储其他任何信息。

例如,字符串 "TC01" 按照文本文件存储的形式如表 11.1 所示。

表 11.1 字符串文本文件形式存储

字符	T	C	0	1
ASCII 码	84	67	48	49

2. 二进制文件

二进制文件是将数据按二进制编码方式存放在外部介质中,它有节省外部存储空间的优点。二进制文件也可以在屏幕上显示,但其内容无法阅读。在 C 语言中处理这些文件时,不区分类型,统一视为字符流,按字节进行处理。程序在控制输入/输出字符流的开始和结束时不受物理符号(如回车符)控制。因此,二进制文件又称为 "流式文件"。

例如,数字 20176 若用 ASCII 码形式输出到磁盘,则在磁盘中占 5 个字节(每一个字符占 1 个字节),如表 11.2 所示。

表 11.2　数字以 ASCII 码形式保存

数字	2	0	1	7	6
ASCII 码	50	48	49	55	54
二进制数	00110010	00110000	00110001	00110110	00110101

二进制文件的特点是：存储量小、速度快、便于存放中间结果。

那么同样的内容有文本文件和二进制文件，哪种文件体积大？

例如，数字 88 存放在二进制文件中，01011000，很明显，一个字节空间足够；但是存放在文本文件中，88 是两个字符，需要 2 个字节存储，字符 8 的 ASCII 值是 56，即 00111000，88 表示为 00111000 00111000。

文本文件在存储时需要将 ASCII 值先转换为二进制格式，再存储；二进制文件则直接以二进制格式存储，不需要进行转换。后者的优点在于提高了执行效率，还能节省存储空间。所以从硬盘中读取二进制文件时不需要进行数据的转换。

11.1.4　文件类型指针

缓冲文件系统为每个正在使用的文件在内存开辟文件信息区，文件信息系统定义名为 FILE 的结构体描述，用来存放文件的有关信息。

FILE 定义在 stdio.h 头文件中，例如，

```
typedef struct {
    int _fd;              //文件号
    int _cleft;           //缓冲区中剩下的字符数
    int _mode;            //文件操作方式
    int * _next;          //文件当前读写位置
    int * _buff;          //文件缓冲区位置
}FILE;
```

文件指针变量说明：

```
FILE *fp;
```

用法：文件打开时，系统自动建立文件结构体，并将指向它的指针返回，程序通过这个指针获得文件信息，访问文件；文件关闭后，它的结构体被释放。

11.2　文件的打开和关闭

对文件读/写之前应该先打开文件，在文件操作结束之后关闭文件，文件的打开和关闭都是通过函数来实现的。

11.2.1　文件的打开

在 C 语言中，将内部文件指针变量与特定的外部文件名称相关联的过程称为文件的

打开。要对文件进行读/写操作,调用标准的库函数 fopen()即可完成对文件的打开操作,该函数返回特定外部文件的文件指针。fopen()函数在 stdio.h 中定义。

打开文件的 fopen()函数原型如下:

```
FILE *fopen(char *name,char *mode);
```

其中,name 指打开文件的名称;mode 指打开文件的类型及操作要求,如表 11.3 所示。

表 11.3 文件打开模式

文件使用方式	含义	如果指定的文件不存在
r/rb(只读)	为输入打开一个文本/二进制文件	出错
w/wb(只写)	为输出打开/建立一个文本/二进制文件	建立新文件
a/ab(追加)	向文本/二进制文件追加数据	出错
r+/rb+(读写)	为读/写打开一个文本/二进制文件	出错
w+/wb+(读写)	为读/写建立一个文本/二进制文件	建立新文件
a+/ab+(读写)	为读/写打开一个文本/二进制文件	出错

函数中文件名可以是字符串常量或字符串数组,也可以在文件名称前面加路径。文件的打开方式是指对该文件实施的具体步骤。例如,

```
FILE *fp;
fp=fopen("C:\\file\\test.txt","r");
```

文件顺利打开后,指向该流的文件指针就会被返回。若文件打开失败,则返回 NULL,并将错误代码存在 errno 中。

11.2.2 文件的关闭

当对文件操作完成后,可以使用 fclose()函数关闭文件,其作用是使文件指针变量与文件"脱钩",释放文件结构体和文件指针。

关闭文件的 fclose()函数原型如下:

```
int fclose(FILE *fp);
```

其功能是关闭 fp 指向的文件。

fclose(fp)正常关闭时返回值为 0;出错时返回值为 EOF。

11.3 文件的读和写

在 C 语言中,经常需要进行数据的存储和读/写操作,C 语言在标准库头文件 stdio.h 中提供了一系列读/写外部设备函数,这些处理文件的库函数可应用于任何外部存储设备。

11.3.1 字符读/写函数

1. fputc()字符写函数

fputc()字符写函数原型如下:

```
int fputc(char c,FILE *fp);
```
功能：将字符 c 写入 fp 指向的文件中。其中，c 是要输出的字符，它可以是一个字符常量，也可以是一个字符变量；fp 是文件指针变量，它指向的文件已经打开，可以直接写入。

若输出成功，则 fputc()函数返回输出的字符；若输出失败，则返回 EOF(–1)。

2. fgetc()字符读函数

fgetc()字符读函数原型如下：
```
int fgetc(FILE *fp);
```
功能：从 fp 指向的文件中读取一个字符，该文件必须是以可读或读/写的方式打开。其中，fp 为文件指针变量。

fgetc()函数返回一个字符。若执行 fgetc()函数读字符遇到文件结束符，则函数返回文件结束标识 EOF(–1)。

3. feof()函数

feof()函数原型如下：
```
int feof(FILE *fp);
```
功能：检测流上的文件结束符。

若文件未结束，则返回零；若文件结束，则返回真（非零）。

例 11.1 从键盘输入字符，逐个存到一个二进制文件中，直到输入"#"为止。然后读取这个二进制文件的内容，并在屏幕上显示出来。

```
#include<stdio.h>
#include<stdlib.h>
int main(){
    char ch;
    FILE *fp1=fopen("d:\\a.dat","wb");
                                        //以写的方式打开二进制文件
    FILE *fp2;
    if(NULL==fp1){
        printf("Can not open this file!\n");
        exit(0);
    }
    printf("please input a string:");
    ch=getchar();
    while(ch!='#'){                     //输入"#"结束
        fputc(ch,fp1);                  //依次向文件中写
        ch=getchar();
    }
    fflush(stdin);                      //清空输入缓冲区
```

```
        fclose(fp1);                          //关闭文件
        fp2=fopen("d:\\a.dat","rb");          //以读的方式打开二进制文件
        if(NULL==fp2){
           printf("Can not open this file!\n");
           exit(0);
        }
        while(!feof(fp2)){                    //判断是否到达文件末尾
           ch=fgetc(fp2);                     //从文件中依次读取
           putchar(ch);
        }
        putchar('\n');
        fflush(stdout);                       //清空输出缓冲区
        fclose(fp2);                          //关闭文件
        return 0;
    }
```

11.3.2 数据块读/写函数

将数据写到文件里效率最高的方法是用二进制形式写入，下面介绍二进制输入/输出的函数原型。fread()函数用于读取二进制数据；fwrite()函数用于写入二进制数据。它们的原型如下：

```
    size_t fread(void* buffer,size_t size,size_t count,FILE* fp);
    size_t fwrite(void* buffer,size_t size,size_t count,FILE* fp);
```

功能：读/写数据块。fread()与fwrite()一般用于二进制文件的输入/输出。

fread()函数从fp所指向的文件中读取count个块，每个块的长度为size个字节，存放到以buffer为首地址的内存中。其中，buffer必须有内存空间。

fwrite()函数从以buffer为首地址的内存中读取count个块，每个块的长度为size个字节，写入到fp所指向的文件中。

若成功，则返回读/写的块数；若出错或到达文件尾，则返回0。

说明：buffer为指向要输入/输出数据块的首地址的指针；size为读/写的数据块的大小（字节数）；count为要读/写的数据块的个数；fp为要读/写的文件指针。

例如，

```
    #include<stdio.h>
    #include<stdlib.h>
    typedef struct STUDENT{
       char sNo[5];
       char sName[20];
       double score;
```

```c
}Student;
int main(){
    /*一次取一个元素*/
    int x=19;
    int y=0;
    FILE* fp=fopen("d:\\a.dat","wb");
    if(NULL==fp){
        printf("Can not open this file!\n");
        exit(0);
    }
    fwrite(&x,sizeof(x),1,fp);
    fclose(fp);

    fp=fopen("d:\\a.dat","rb");
    if(NULL==fp){
        printf("Can not open this file!\n");
        exit(0);
    }
    fread(&y,sizeof(y),1,fp);
    printf("%d\n",y);
    fclose(fp);

    /*一次取多个元素*/
    int x[]={1,2,3,4,5,6,7,8,9};
    int y[9]={0};
    int i;
    FILE* fp=fopen("d:\\a.txt","wb");
    if(NULL==fp){
        printf("Can not open this file!\n");
        exit(0);
    }
    fwrite(x,sizeof(int),sizeof(x)/sizeof(int),fp);
    fclose(fp);

    fp=fopen("d:\\a.txt","rb");
    if(NULL==fp){
        printf("Can not open this file!\n");
        exit(0);
```

```c
        }
        fread(y,sizeof(int),sizeof(y)/sizeof(int),fp);
        for(i=0;i<9;i++){
            printf("%d ",y[i]);
        }
        printf("\n");
        fclose(fp);

        /*一次取一块元素*/
        Student stu[3]={
         "0001","赵军",89,
         "0002","李千",90,
         "0003","张芳",100
        };
        Student stu2;
        FILE* fp=fopen("d:\\b.txt","wb+");
        if(NULL==fp){
            printf("Can not open this file!\n");
            exit(0);
        }
fwrite(stu,sizeof(Student),sizeof(stu)/sizeof(Student),fp);
        rewind(fp);                              //文件指针重新回到头
        fread(&stu2,sizeof(Student),1,fp);   //从文件中读取指定大小的块
        printf("%s-->%s-->%lf\n",stu2.sNo,stu2.sName,stu2.score);
        fclose(fp);
        return 0;
    }
```

11.3.3 格式化读/写函数

函数原型如下:
```
    int fprintf (FILE *fp,const char *format,[argument,…]);
    int fscanf (FILE *fp,const char *format,[address,…]);
```
fprintf()函数将列表中的各项数据按指定的格式输出到 fp 指向的文件中。

fscanf()函数从 fp 所指向的文件中按指定的格式读取数据,依次存放到输出列表中的各项。

例如,

```
fprintf (fp,"%d,%5.3f",a,b);
//将a和b按照%d和%5.3f格式输出到fp文件中
fscanf (fp,"%d, %f",&a,&b);
//若文件中有字符"1,2.3"，则将1赋值给a，2.3赋值给b
```
例如，
```
#include<stdio.h>
#include<stdlib.h>
int main(){
    int a=5,b;
    double x=3.5,y;
    char szText[20]="HelloWorld!",szNewText[20];
    FILE* fp=fopen("d:\\c.txt","w+");
    if(fp==NULL){
        printf("Can not open this file!\n");
        exit(0);
    }
    fprintf(fp,"%d  %lf  %s\n",a,x,szText);
    rewind(fp);
    fscanf(fp,"%d  %lf  %s\n",&b,&y,szNewText);
    printf("%d---%lf---%s\n",b,y,szNewText);
    fclose(fp);
    return 0;
}
```

11.4 文件的定位

前面介绍的对文件的读/写都是顺序读/写，即从文件的开头逐个读/写数据。文件中有一个"读/写位置指针"，指向当前读/写的位置。在顺序读/写时，每读/写一个数据后，位置指针就自动向后移一个位置。若读/写的数据项包含多个字节，则对该数据项读/写完后位置指针移到该数据项之末。

在实际读/写文件中，常常希望能直接读/写某一数据项，而不是按物理顺序逐个地读/写下来。这种可以任意指定读/写位置的操作称为文件的随机读/写[2]。可以得出，如果能移动位置指针到任意位置，就能实现随机读/写。

11.4.1 fseek()函数

fseek()函数的功能是使位置指针移动到所需的位置。

函数原型如下：

```
    int fseek(FILE *fp,long offset,int origin);
```
其中,起始点是指用数字代表以什么地方作为基准进行移动。0(SEEK_SET)、1(SEEK_CUR)、2(SEEK_END)分别代表文件开头位置、当前位置和文件末尾位置。若位移量为正数则表示以起始点为基点向前移动的字节数;否则表示以起始点为基点向后移动的字节数。位移量应该为 long 型数据,这样当文件长度很长时,位移量仍在 long 型数据的表示范围。例如,

```
    fseek(fp,20,SEEK_SET);
```
将 fp 文件读写位置指针移动到离文件开始 20 字节处。

11.4.2 rewind()函数

rewind()函数的功能是使位置指针置于文件开头位置,此函数无返回值。
函数原型如下:

```
    rewind(fp);
```

11.4.3 ftell()函数

ftell()函数的功能是得到流式文件当前的读/写位置,其返回值是当前读/写位置偏离文件头部的字节数。

函数原型如下:

```
    long ftell(FILE *fp);
```
例如,
```
    ban=ftell(fp);
```
获取 fp 指定的文件的当前读/写位置,并将其值传给变量 ban。

下面介绍一个位置指针的综合应用实例。可以用 fseek()函数将位置指针移到文件尾,再用 ftell()函数获得这时位置指针距文件头的字节数,这个字节数就是文件的长度。例如,

```
    #include<stdio.h>
    int main(){
        FILE* fp1=fopen("c:\\a.txt","w");
        if(NULL==fp1){
            printf( "Can not open this file!\n") ;
            exit(0);
        }
        char c='\0';
        while((c=getchar())!='#'){
            fputc(c,fp1);
        }
        fseek(fp1,0L,2);              //定位到文件末尾
        printf("%d",ftell(fp1));      //告诉当前文件指针的位置
```

```
    fclose(fp1);
    return 0;
}
```

11.5　文件操作中的错误检测

在文件操作过程中，为了发现文件读/写时出现的错误或文件是否结束，提供了下面的检测函数。

11.5.1　ferror()函数

在调用各种输入/输出函数时，可以调用 ferror()函数进行错误检测。ferror()函数的一般调用形式如下：

```
ferror(fp);
```

若 ferror()返回值为 0，则表示对文件操作没有出错；若返回一个非零值，则表示出错。

说明：同一个文件每次调用输入/输出函数时，都会产生一个新的 ferror()函数值；在执行 fopen()函数打开文件时，ferror()函数的初始值自动置为 0。

11.5.2　feof()函数

在对文件进行操作时，可以调用 feof()函数判断文件是否处于结束位置。feof()函数的一般调用形式如下：

```
feof(fp);
```

其中，fp 为文件指针。

若 feof()函数返回值为 1，则表示文件处于结束位置；否则返回 0。

说明：若未遇到文件结束，feof(fp)的值为 0，!feof(fp)的值为 1，因此，可以通过在 while(!feof(fp))循环体里调用 fgets()函数，逐个读取文件的一个字节，并进行所需的处理，直到文件结束位置。

11.5.3　clearerr()函数

在对文件进行操作时，可以调用 clearerr()函数清除出错标志和文件结束标志。clearerr()函数的一般调用形式如下：

```
clearerr(fp);
```

当文件操作过程中出现错误时，系统会一直保留其错误标志，调用 clearerr()函数可以清除错误标志。

11.6　本 章 小 结

本章主要介绍了文件的基本概念、文件的打开和关闭、文件的读写、文件的定位、文件操作中的错误检测等教学内容。本章需要重点理解并掌握以下内容：

（1）掌握文件基本概念。
（2）掌握文本文件和二进制文件的定义及优缺点。
（3）掌握通过相关函数对文件进行打开、读、写、关闭等操作的方法。
（4）掌握文件的定位及其使用方法。
（5）熟悉文件操作中错误的检测方法。

习 题 11

1. 什么是文件？如何定义一个文件指针？
2. 文件主要分成哪几类？
3. 如何实现文件的打开和关闭？
4. 文件使用方式由"r""w""a""t""b""+"6个字符拼成，说说各字符的含义是什么。
5. 如何将从键盘上输入的信息保存到文件中？如何将文件中的数据导入到程序中？用'#'作为结束输入的标志。
6. 模拟DOS命令下的COPY命令，在DOS状态下输入命令行，以实现将一个已存在的文本文件中的内容全部复制到新文本文件中，利用文本编辑软件查看文件内容，验证程序执行结果。
7. 编写一个程序，统计指定的文本文件中某个单词出现的次数。
8. 用C语言实现： a.txt和b.txt的各行相连接或合并，生成c.txt。
9. 编写下面的程序：
（1）编写一个名称为readBytes()的C语言函数，读取并显示从一个文件中的任意位置开始的n个字符。这个函数应该包括三个参数：文件的指针、第一个被读取字符的偏移量和要被读取的字符数。
（2）修改上面编写的readBytes()函数，将读取的字符保存到一个字符串或一个数组中。这个函数将以内存地址作为第四个参数。
10. 有一个内容为英文的文本文件 file.txt，文件中单词用空格分开，且两个单词之间只有一个空格。假定文件中单词数小于50个。试编写一个程序，将文件file1.txt的内容转存到一个新的文本文件file2.txt中。要求file2.txt里所有的单词按英文词典中的排序方法进行排序（字母大小排序），且单词之间使用一个空格符进行分隔。
11. 编程实现从一个文件中的指定位置起，复制指定长度的字符，粘贴到另一个文件中的指定位置，文件的名称、位置、字符的长度要从键盘输入获取。

参 考 文 献

[1] 张焕国, 韩文报, 来学嘉, 等. 网络空间安全综述[J]. 中国科学: 信息科学, 2016, 46(2): 125-164.
[2] 谭浩强. C 语言程序设计[M]. 4 版. 北京: 清华大学出版社, 2010.
[3] 苏小红, 孙志岗, 陈惠鹏. C 语言大学实用教程[M]. 4 版. 北京: 电子工业出版社, 2017.
[4] Sutter H, Alexandrescu A. C++编程规范: 101 条规则、准则与最佳实践[M]. 刘基诚, 译. 北京: 人民邮电出版社, 2016.
[5] 张基温. 新概念 C 语言程序设计大学教程[M]. 北京: 清华大学出版社, 2012.
[6] 周百顺. C 语言程序设计思想与实践[M]. 北京: 清华大学出版社, 2016.
[7] Dongarra J, Sullivan F. Guest Editors' Introduction: The Top 10 Algorithms[J]. Computing in Science & Engineering, 2002, 2(1): 22-23.
[8] 裴定一, 祝跃飞. 算法数论[M]. 北京: 科学出版社, 2015.
[9] 薛非. 品悟 C: 抛弃 C 语言程序设计中的谬误与恶习[M]. 北京: 清华大学出版社, 2012.
[10] Stallings W. 密码编码学与网络安全: 原理与实践[M]. 6 版. 唐明, 李莉, 杜瑞颖, 等译. 北京: 电子工业出版社, 2015.
[11] Deitel H M, Deitel P J. C 语言程序设计经典教程[M]. 4 版. 聂雪军, 贺军, 译. 北京: 清华大学出版社, 2006.
[12] Kernighan B W, Ritchie D M. C 语言程序设计语言[M]. 徐宝文, 李志, 译. 北京: 机械工业出版社, 2010.
[13] Koenig A. C 陷阱与缺陷[M]. 高巍, 译. 北京: 人民邮电出版社, 2003.
[14] Deitel P J, Deitel H M. C How to Program[M]. 5th ed. Upper Saddle River: Prentice Hall, 2012.
[15] 尹宝林. C 语言程序设计思想与方法[M]. 北京: 机械工业出版社, 2009.
[16] Roberts E S. C 语言的科学和艺术[M]. 翁惠玉, 张冬茉, 等译. 北京: 机械工业出版社, 2011.
[17] Reek K A. C 和指针[M]. 2 版. 徐波, 译. 北京: 人民邮电出版社, 2008.

附录1 ASCII 码对照表

附表 1.1 ASCII 码对照表（32~126）

ASCII 值	控制字符	ASCII 值	控制字符	ASCII 值	控制字符
32	（空格）	64	@	96	`
33	!	65	A	97	a
34	"	66	B	98	b
35	#	67	C	99	c
36	$	68	D	100	d
37	%	69	E	101	e
38	&	70	F	102	f
39	'	71	G	103	g
40	(	72	H	104	h
41	)	73	I	105	i
42	*	74	J	106	j
43	+	75	K	107	k
44	,	76	L	108	l
45	-	77	M	109	m
46	.	78	N	110	n
47	/	79	O	111	o
48	0	80	P	112	p
49	1	81	Q	113	q
50	2	82	R	114	r
51	3	83	S	115	s
52	4	84	T	116	t
53	5	85	U	117	u
54	6	86	V	118	v
55	7	87	W	119	w
56	8	88	X	120	x
57	9	89	Y	121	y
58	:	90	Z	122	z
59	;	91	[	123	{
60	<	92	\	124	|
61	=	93	]	125	}
62	>	94	^	126	~
63	?	95	_		

附表 1.2　ASCII 码控制字符表（0~31、127）

ASCII 值	控制字符	意义
0	NUL	空字符
1	SOH	标题开始
2	STX	本文开始
3	ETX	本文结束
4	EOT	传输结束
5	ENQ	请求
6	ACK	确认回应
7	BEL	响铃
8	BS	退格
9	HT	水平制表符
10	LF	换行键
11	VT	垂直制表符
12	FF	换页键
13	CR	回车键
14	SO	取消切换（shift out）
15	SI	启用切换（shift in）
16	DLE	数据链路转义
17	DC1	设备控制一（XON）
18	DC2	设备控制二
19	DC3	设备控制三（XOFF）
20	DC4	设备控制四
21	NAK	确认失败回应
22	SYN	同步空闲
23	ETB	区块传输结束
24	CAN	取消
25	EM	连接介质中断
26	SUB	替换
27	ESC	跳出
28	FS	文件分割符
29	GS	组群分隔符
30	RS	记录分隔符
31	US	单元分隔符
127	DEL	删除

附录 2 运算符优先级表

附表 2.1 运算符优先级表

优先级	运算符	名称或含义	使用形式	结合方向	说明
1	[]	数组下标	数组名[常量表达式]	自左至右	
	()	圆括号	（表达式）/函数名（形参表）		
	.	成员选择	对象.成员名		
	->	成员选择（指针）	对象指针->成员名		
2	-	负号运算符	-表达式	自右至左	单目运算符（（类型）和 sizeof()除外）
	（类型）	强制类型转换	（数据类型）表达式		
	++	自增运算符	++变量名/变量名++		
	--	自减运算符	--变量名/变量名--		
	*	取值运算符	*指针变量		
	&	取地址运算符	&变量名		
	!	逻辑非运算符	!表达式		
	~	按位取反运算符	~表达式		
	sizeof()	长度运算符	sizeof（表达式）		
3	/	除	表达式/表达式	自左至右	双目运算符
	*	乘	表达式*表达式		
	%	余数（取模）	整型表达式/整型表达式		
4	+	加	表达式+表达式	自左至右	双目运算符
	-	减	表达式-表达式		
5	<<	左移	变量<<表达式	自左至右	
	>>	右移	变量>>表达式		
6	>	大于	表达式>表达式	自左至右	双目运算符
	>=	大于等于	表达式>=表达式		
	<	小于	表达式<表达式		
	<=	小于等于	表达式<=表达式		
7	==	等于	表达式==表达式	自左至右	双目运算符
	!=	不等于	表达式!=表达式		
8	&	按位与	表达式&表达式	自左至右	双目运算符
9	^	按位异或	表达式^表达式	自左至右	双目运算符

续表

优先级	运算符	名称或含义	使用形式	结合方向	说明
10	|	按位或	表达式|表达式	自左至右	双目运算符
11	&&	逻辑与	表达式&&表达式	自左至右	双目运算符
12	||	逻辑或	表达式||表达式	自左至右	双目运算符
13	?:	条件运算符	表达式1? 表达式2: 表达式3	自右至左	三目运算符
14	=	赋值运算符	变量=表达式	自右至左	
	/=	除后赋值	变量/=表达式		
	*=	乘后赋值	变量*=表达式		
	%=	取模后赋值	变量%=表达式		
	+=	加后赋值	变量+=表达式		
	-=	减后赋值	变量-=表达式		
	<<=	左移后赋值	变量<<=表达式		
	>>=	右移后赋值	变量>>=表达式		
	&=	按位与后赋值	变量&=表达式		
15	,	逗号运算符	表达式,表达式,…	自左至右	

注：同一优先级的运算符，运算次序由结合方向所决定。

附录 3　C 语言常用库文件

C 语言提供了丰富的系统文件，称为库文件。C 语言的库文件分为两类，一类是扩展名为".h"的文件，称为头文件。一般来说，C 语言程序中头文件（header files）和定义文件（definition files）通常是分别存放的。头文件作为一种包含功能函数、数据接口声明的载体文件，其主要用于保存程序的声明（declaration）；而定义文件主要用于保存程序的实现（implementation）。在".h"文件中包含了常量定义、类型定义、宏定义、函数原型以及各种编译选择设置等信息。头文件是用户应用程序和函数库之间的桥梁和纽带。在程序设计过程中，用户只需要按照头文件中的接口声明来调用相关函数或变量，编译器和链接器将通过头文件找到对应的函数库并进行语法分析，从函数库中寻找相应的实际定义代码，并导出实际定义代码代替被调用函数。另一类是函数库，包括各种函数的目标代码，供用户在程序中调用。在程序中调用一个库函数时，通常要在调用之前包含该函数原型所在的".h"文件。附表 3.1 是 Turbo C 包含的全部".h"文件。

附表 3.1　Turbo C 的".h"文件

头文件	说明
alloc.h	说明内存管理函数（分配、释放等）
assert.h	定义 assert 调试宏
bios.h	说明调用 IBM-PC ROM BIOS 子程序的各个函数
conio.h	说明调用 DOS 控制台 I/O 子程序的各个函数
ctype.h	包含有关字符分类及转换的名类信息（如 isalpha 和 toascii 等）
dir.h	包含有关目录和路径的结构、宏定义和函数
dos.h	定义和说明 MSDOS 和 8086 调用的一些常量和函数
error.h	定义错误代码的助记符
fcntl.h	定义在与 open 库子程序连接时的符号常量
float.h	包含有关浮点运算的一些参数和函数
graphics.h	说明有关图形功能的各个函数，图形错代码的常量定义，正对不同驱动程序的各种颜色值，及函数用到的一些特殊结构
io.h	包含低级 I/O 子程序的结构和说明
limit.h	包含各环境参数、编译时间限制、数的范围等信息
math.h	说明数学运算函数，还定义了 HUGE VAL 宏，说明了 matherr 及其子程序用到的特殊结构
mem.h	说明一些内存操作函数(其中大多数也在 string.h 中说明)
process.h	说明进程管理的各个函数，spawn()和 exec()函数的结构说明
setjmp.h	定义 longjmp()和 setjmp()函数用到的 jmp buf 类型，说明这两个函数

续表

头文件	说明
share.h	定义文件共享函数的参数
signal.h	定义 SIG[ZZ(Z) [ZZ]]IGN 和 SIG[ZZ(Z) [ZZ]]DFL 常量，说明 rajse 和 signal 两个函数
stddef.h	定义读函数参数表的宏（如 vprintf()、vscarf()函数）
stddef.h	定义一些公共数据类型和宏
stdio.h	定义 Kernighan 和 Ritchie 在 Unix System V 中定义的标准和扩展的类型和宏；还定义标准 I/O 预定义流：stdin、stdout 和 stderr，说明 I/O 流子程序
stdlib.h	说明一些常用的子程序（如转换子程序、搜索/排序子程序等）
string.h	说明一些串操作和内存操作函数
sys\stat.h	定义在打开和创建文件时用到的一些符号常量
sys\types.h	说明 ftime()函数和 timeb 结构
sys\time.h	定义时间的类型 time[ZZ(Z) [ZZ)]t
time.h	定义时间转换子程序 asctime、localtime 和 gmtime 的结构，ctime、difftime、gmtime、localtime 和 stime 用到的类型，并提供这些函数的原型
value.h	定义一些重要常量，包括依赖于机器硬件的以及为与 Unix System V 相兼容而说明的一些常量，包括浮点和双精度值的范围

附录 4 C 语言常用库函数

1. 数学函数

调用数学函数时，要求在源文件中包括以下命令行：

```
#include <math.h>
```

常用数学函数原型及功能如附表 4.1 所示。

附表 4.1 常用数学函数原型及功能

函数原型说明	功能	返回值	说明
int abs(int x)	求整数 x 的绝对值	计算结果	
double fabs(double x)	求双精度实数 x 的绝对值	计算结果	
double acos(double x)	计算 arccos(x)的值	计算结果	$-1 \leqslant x \leqslant 1$
double asin(double x)	计算 arcsin(x)的值	计算结果	$-1 \leqslant x \leqslant 1$
double atan(double x)	计算 arctan(x)的值	计算结果	
double atan2(double y, double x)	计算 arctan(x/y)的值	计算结果	
double cos(double x)	计算 cos(x)的值	计算结果	x 的单位为弧度
double cosh(double x)	计算双曲余弦 cosh(x)的值	计算结果	
double exp(double x)	求 e^x 的值	计算结果	
double fabs(double x)	求双精度实数 x 的绝对值	计算结果	
double floor(double x)	求不大于双精度实数 x 的最大整数		
double fmod(double x,double y)	求 x/y 整除后的双精度余数		
double frexp(double val,int *exp)	将双精度 val 分解尾数和以 2 为底的指数 n	返回位数 x	$0.5 \leqslant x \leqslant 1$
double log(double x)	计算 ln x	计算结果	x>0
double log10(double x)	计算 log10x	计算结果	x>0
double modf(double val,double *ip)	将双精度 val 分解成整数部分和小数部分，整数部分存放在 ip 所指的变量中	返回小数部分	
double pow(double x,double y)	计算 x^y 的值	计算结果	
double sin(double x)	计算 sin(x)的值	计算结果	x 的单位为弧度
double sinh(double x)	计算 x 的双曲正弦函数 sinh(x)的值	计算结果	
double sqrt(double x)	计算 x 的开方	计算结果	$x \geqslant 0$
double tan(double x)	计算 tan(x)	计算结果	
double tanh(double x)	计算 x 的双曲正切函数 tanh(x)的值	计算结果	

2. 字符函数

调用字符函数时，要求在源文件中包下以下命令行：

    #include<ctype.h>

常用字符函数原型及功能如附表 4.2 所示。

附表 4.2　常用字符函数原型及功能

函数原型说明	功能	返回值
intisalnum(intch)	检查 ch 是否为字母或数字	是则返回 1；否则返回 0
intisalpha(intch)	检查 ch 是否为字母	是则返回 1；否则返回 0
intiscntrl(intch)	检查 ch 是否为控制字符	是则返回 1；否则返回 0
intisdigit(intch)	检查 ch 是否为数字	是则返回 1；否则返回 0
intisgraph(intch)	检查 ch 是否为 ASCII 值在 ox21 到 ox7e 的可打印字符（即不包含空格字符）	是则返回 1；否则返回 0
intislower(intch)	检查 ch 是否为小写字母	是则返回 1；否则返回 0
intisprint(intch)	检查 ch 是否为包含空格符在内的可打印字符	是则返回 1；否则返回 0
intispunct(intch)	检查 ch 是否为除了空格、字母、数字之外的可打印字符	是则返回 1；否则返回 0
intisspace(intch)	检查 ch 是否为空格、制表或换行符	是则返回 1；否则返回 0
intissupper(intch)	检查 ch 是否为大写字母	是则返回 1；否则返回 0
intisxdigit(intch)	检查 ch 是否为十六进制数	是则返回 1；否则返回 0
inttolower(intch)	将 ch 中的字母转换成小写字母	返回对应的小写字母
inttoupper(intch)	将 ch 中的字母转换成大写字母	返回对应的大写字母

3. 字符串函数

调用字符串函数时，要求在源文件中包下以下命令行：

    #include<string.h>

常用字符串函数原型及功能如附表 4.3 所示。

附表 4.3　常用字符串函数原型及功能

函数原型说明	功能	返回值
char *strcat(char *s1,char *s2)	将字符串 s2 接到 s1 后面	返回 s1 所指地址
char *strchr(char *s,intch)	在 s 所指字符串中，找出第一次出现字符 ch 的位置	返回找到的字符的地址；若找不到则返回 NULL
intstrcmp(char *s1,char *s2)	对 s1 和 s2 所指字符串进行比较	若 s1<s2,则返回负数；若 s1==s2,则返回 0；若 s1>s2,则返回正数
char *strcpy(char *s1,char *s2)	将 s2 指向的串复制到 s1 指向的空间	返回 s1 所指地址
unsigned strlen(char *s)	求字符串 s 的长度	返回串中字符（不计最后的'\0'）个数
char *strstr(char *s1,char *s2)	在 s1 所指字符串中，找出字符串 s2 第一次出现的位置	返回找到的字符串的地址；若找不到则返回 NULL

4. 输入/输出函数

调用输入/输出函数时，要求在源文件中包下以下命令行：

```
#include <stdio.h>
```

常用输入/输出函数原型及功能如附表 4.4 所示。

附表 4.4 常用输入/输出函数原型及功能

函数原型说明	功能	返回值
void clearer(FILE *fp)	清除与文件指针 fp 有关的所有出错信息	无
intfclose(FILE *fp)	关闭 fp 所指的文件，释放文件缓冲区	若出错则返回非零；否则返回零
intfeof (FILE *fp)	检查文件是否结束	若遇文件结束返回非零；否则返回零
intfgetc (FILE *fp)	从 fp 所指的文件中取得下一个字符	若出错则返回 EOF；否则返回所读字符
char *fgets(char *buf,int n, FILE *fp)	从 fp 所指的文件中读取一个长度为 n−1 的字符串，将其存入 buf 所指存储区	返回 buf 所指地址；若遇文件结束或出错则返回 NULL
FILE *fopen(char *filename,char *mode)	以 mode 指定的方式打开名为 filename 的文件	成功则返回文件指针（文件信息区的起始地址）；否则返回 NULL
intfprintf(FILE *fp, char *format, args,…)	将 args,…的值以 format 指定的格式输出到 fp 指定的文件中	返回实际输出的字符数
intfputc(char ch, FILE *fp)	将 ch 中的字符输出到 fp 指定的文件中	成功则返回该字符；否则返回 EOF
intfputs(char *str, FILE *fp)	将 str 所指字符串输出到 fp 所指文件	成功则返回非负整数；否则返回−1（EOF）
intfread(char *pt,unsignedsize,unsigned n, FILE *fp)	从 fp 所指文件中读取长度 size 为 n 个数据项存到 pt 所指文件	返回读取的数据项个数
intfscanf (FILE *fp, char *format,args,…)	从 fp 所指的文件中按 format 指定的格式将输入数据存入到 args,…所指的内存中	返回已输入的数据个数；若遇文件结束或出错则返回 0
intfseek (FILE *fp,longoffer,int base)	移动 fp 所指文件的位置指针	成功则返回当前位置；否则返回非零
long ftell (FILE *fp)	求出 fp 所指文件当前的读写位置	返回读/写位置；若出错则返回−1L
intfwrite(char *pt,unsignedsize,unsigned n, FILE *fp)	将 pt 所指向的 n*size 个字节输入到 fp 所指文件	输出的数据项个数
intgetc (FILE *fp)	从 fp 所指文件中读取一个字符	返回所读字符；若出错或文件结束则返回 EOF
intgetchar(void)	从标准输入设备读取下一个字符	返回所读字符；若出错或文件结束则返回−1
char *gets(char *s)	标准设备读取一行字符串放入 s 所指储区，用'\0'替换读入的换行符	返回 s；若出错则返回 NULL
intprintf(char *format,args,…)	将 args,…的值以 format 指定的格式输出到标准输出设备	输出字符的个数
intputc (intch, FILE *fp)	同 fputc	同 fputc
intputchar(char ch)	将 ch 输出到标准输出设备	返回输出的字符；若出错则返回 EOF

续表

函数原型说明	功能	返回值
int puts(char *str)	将 str 所指字符串输出到标准设备，将'\0'转成回车换行符	返回换行符；若出错则返回 EOF
int rename(char *oldname,char *newname)	将 oldname 所指文件名改为 newname 所指文件名	成功则返回 0；若出错则返回 -1
void rewind(FILE *fp)	将文件位置指针置于文件开头	无
intscanf(char *format,args,…)	从标准输入设备按 format 指定的格式将输入数据存入到 args,…所指的内存中	返回已输入的数据的个数

5. 动态分配函数和随机函数

调用动态分配函数和随机函数时，要求在源文件中包以下命令行：

```
#include<stdlib.h>
```

常用动态分配函数和随机函数原型及功能如附表 4.5 所示。

附表 4.5　动态分配函数和随机函数原型及功能

函数原型说明	功能	返回值
void *calloc(unsigned n,unsigned size)	分配 n 个数据项的内存空间，每个数据项的大小为 size 个字节	返回分配内存单元的起始地址；若不成功则返回 0
void *free(void *p)	释放 p 所指的内存区	无
void *malloc(unsigned size)	分配 size 个字节的存储空间	返回分配内存空间的地址；若不成功则返回 0
void *realloc(void *p,unsigned size)	将 p 所指内存区的大小改为 size 个字节	返回新分配内存空间的地址；若不成功则返回 0
int rand(void)	产生 0~32767 的随机整数	返回一个随机整数
void exit(int state)	程序终止执行，返回调用过程，state 为零正常终止；若非零则非正常终止	无

附录5 C语言常见错误对照表

1. fatal error C1003: error count exceeds number; stopping compilation

中文对照：（编译错误）错误太多，停止编译

分析：修改之前的错误，再次编译

2. fatal error C1004: unexpected end of file found

中文对照：（编译错误）文件未结束

分析：一个函数或者一个结构定义缺少"}"，或者在一个函数调用或表达式中括号没有配对出现，或者注释符"/*…*/"不完整等

3. fatal error C1083: Cannot open include file: 'xxx': No such file or directory

中文对照：（编译错误）无法打开头文件xxx：没有这个文件或路径

分析：头文件不存在，或者头文件拼写错误，或者文件为只读

4. fatal error C1903: unable to recover from previous error(s); stopping compilation

中文对照：（编译错误）无法从之前的错误中恢复，停止编译

分析：引起错误的原因很多，建议先修改之前的错误

5. error C2001: newline in constant

中文对照：（编译错误）常量中创建新行

分析：字符串常量多行书写

6. error C2006: #include expected a filename, found 'identifier'

中文对照：（编译错误）#include 命令中需要文件名

分析：一般是头文件未用一对双引号或尖括号括起来，例如，

```
#include stdio.h
```

7. error C2007: #define syntax

中文对照：（编译错误）#define 语法错误

分析：#define 后缺少宏名

8. error C2008: 'xxx' : unexpected in macro definition

中文对照：（编译错误）宏定义时出现了意外的 xxx

分析：宏定义时宏名与替换串之间应有空格，例如，

```
#define TRUE"1"
```

9. error C2009: reuse of macro formal 'identifier'

中文对照：（编译错误）带参宏的形式参数重复使用

分析：宏定义如有参数不能重名，例如，如下定义中参数 a 重复：

```
#define s(a,a) (a*a)
```

10. error C2010: 'character' : unexpected in macro formal parameter list

中文对照：（编译错误）带参宏的形式参数表中出现未知字符

分析：如下参数表中参数多了一个字符"|"

```
#define s(r|) r*r
```

11. error C2014: preprocessor command must start as first nonwhite space

中文对照：（编译错误）预处理命令前面只允许空格

分析：每一条预处理命令都应独占一行，不应出现其他非空格字符

12. error C2015: too many characters in constant

中文对照：（编译错误）常量中包含多个字符

分析：字符型常量的单引号中只能有一个字符，或是以"\"开头的一个转义字符，例如，

```
char error='error';
```

13. error C2017: illegal escape sequence

中文对照：（编译错误）转义字符非法

分析：一般是转义字符位于 '' 或 "" 之外，例如，

```
char error=' '\n;
```

14. error C2018: unknown character '0xhh'

中文对照：（编译错误）未知的字符 0xhh

分析：一般是输入了中文标点符号，如下语句中"；"为中文标点符号：

```
char error='E'；
```

15. error C2019: expected preprocessor directive, found 'character'

中文对照：（编译错误）期待预处理命令，但有无效字符

分析：一般是预处理命令的"#"后误输入其他无效字符，例如，

```
#!define TRUE 1
```

16. error C2021: expected exponent value, not 'character'

中文对照：（编译错误）期待指数值，不能是字符

分析：一般是浮点数的指数表示形式有误，如 123.456E

17. error C2039: 'identifier1' : is not a member of 'identifier2'

中文对照：（编译错误）标识符 1 不是标识符 2 的成员

分析：程序错误地调用或引用结构体、共用体、类的成员

18. error C2041: illegal digit 'x' for base 'n'

中文对照：（编译错误）对于 n 进制来说数字 x 非法

分析：一般是八进制或十六进制数表示错误，如下语句中数字"8"不是八进制的基数：

```
int i=081;
```

19. error C2048: more than one default

中文对照：（编译错误）default 语句多于一个

分析：switch 语句中只能有一个 default，删去多余的 default

20. error C2050: switch expression not integral

中文对照：（编译错误）switch 表达式不是整型

分析：switch 表达式必须是整型（或字符型），例如，switch ("a")中表达式为字符串，这是非法的

21. error C2051: case expression not constant

中文对照：（编译错误）case 表达式不是常量

分析：case 表达式应为常量表达式，例如，case "a"中"a"为字符串，这是非法的

22. error C2052: 'type' : illegal type for case expression

中文对照：（编译错误）case 表达式类型非法

分析：case 表达式必须是一个整型常量（包括字符型）

23. error C2057: expected constant expression

中文对照：（编译错误）期待常量表达式

分析：一般是定义数组时数组长度为变量，例如，如下语句中 n 为变量：

    int n=10;int a[n];

24. error C2058: constant expression is not integral

中文对照：（编译错误）常量表达式不是整数

分析：一般是定义数组时数组长度不是整型常量

25. error C2059: syntax error : 'xxx'

中文对照：（编译错误）'xxx'语法错误

分析：引起错误的原因很多，可能多加或少加了符号 xxx

26. error C2064: term docs not cvaluatc to a function

中文对照：（编译错误）无法识别函数语言

分析：（1）函数参数有误，表达式可能不正确，例如，如下表达式不正确：

    sqrt(s(s-a)(s-b)(s-c));

（2）变量与函数重名或该标识符不是函数，例如，如下语句中 i 不是函数：

    int i,j;j=i();

27. error C2065: 'xxx' : undeclared identifier

中文对照：（编译错误）未定义的标识符 xxx

分析：（1）若 xxx 为 cout、cin、scanf、printf、sqrt 等，则程序中包含头文件有误

（2）未定义变量、数组、函数原型等，注意拼写错误或区分大小写

28. error C2078: too many initializers

中文对照：（编译错误）初始值过多

分析：一般是数组初始化时初始值的个数大于数组长度，例如，

    int b[2]={1,2,3};

29. error C2082: redefinition of formal parameter 'xxx'

中文对照：（编译错误）重复定义形参 xxx

分析：函数首部中的形参不能在函数体中再次被定义

30. error C2084: function 'xxx' already has a body

中文对照：（编译错误）已定义函数 xxx

分析：在 VC++ 早期版本中函数不能重名，6.0 版本中支持函数的重载，函数名可以相同但参数不一样

31. error C2086: 'xxx' : redefinition

中文对照：（编译错误）标识符 xxx 重定义

   分析：变量名、数组名重名

32. error C2087: '<Unknown>' : missing subscript

中文对照：（编译错误）下标未知

分析：一般是定义二维数组时未指定第二维的长度，例如，

```
int a[3][];
```

33. error C2100: illegal indirection

中文对照：（编译错误）非法的间接访问运算符"*"

分析：对非指针变量使用"*"运算

34. error C2105: 'operator' needs l-value

中文对照：（编译错误）操作符需要左值

分析：如下语句中"++"运算符无效：

```
(a+b)++;
```

35. error C2106: 'operator': left operand must be l-value

中文对照：（编译错误）操作符的左操作数必须是左值

分析：如下语句中"="运算符左值必须为变量，不能是表达式：

```
a+b=1;
```

36. error C2110: cannot add two pointers

中文对照：（编译错误）两个指针变量不能相加

分析：如下语句中两个指针变量不能进行"+"运算：

```
int *pa,*pb,*a;
a=pa+pb;
```

37. error C2117: 'xxx' : array bounds overflow

中文对照：（编译错误）数组 xxx 边界溢出

分析：一般是字符数组初始化时字符串长度大于字符数组长度，

```
char str[4]="abcd";
```

38. error C2118: negative subscript or subscript is too large

中文对照：（编译错误）下标为负或下标太大

分析：一般是定义数组或引用数组元素时下标不正确

39. error C2124: divide or mod by zero

中文对照：（编译错误）被零除或对零求余

分析：如下语句除数为 0：

```
int i=1/0;
```

40. error C2133: 'xxx' : unknown size

中文对照：（编译错误）数组 xxx 长度未知

分析：一般是定义数组时未初始化也未指定数组长度，例如

```
    int a[];
```

41. error C2137: empty character constant

中文对照：（编译错误）字符型常量为空

分析：一对单引号中不能没有任何字符

42. error C2143: syntax error : missing 'token1' before 'token2'

  error C2146: syntax error : missing 'token1' before identifier 'identifier'

中文对照：（编译错误）在标识符或语言符号 2 前漏写语言符号 1

分析：可能缺少"{""}"或";"等语言符号

43. error C2144: syntax error : missing ')' before type 'xxx'

中文对照：（编译错误）在 xxx 类型前缺少")"

分析：一般是函数调用时定义了实参的类型

44. error C2181: illegal else without matching if

中文对照：（编译错误）非法的没有与 if 相匹配的 else

分析：可能多加了";"或复合语句没有使用"{}"

45. error C2196: case value '0' already used

中文对照：（编译错误）case 值 0 已使用

分析：case 后常量表达式的值不能重复出现

46. error C2296: '%' : illegal, left operand has type 'float'

  error C2297: '%' : illegal, right operand has typc 'float'

中文对照：（编译错误）%运算的左(右)操作数类型为 float，这是非法的

分析：求余运算的对象必须均为 int 类型，应正确定义变量类型或使用强制类型转换

47. error C2371: 'xxx' : redefinition; different basic types

中文对照：（编译错误）标识符 xxx 重定义；基类型不同

分析：定义变量、数组等时重名

48. error C2440: '=' : cannot convert from 'char [2]' to 'char'

中文对照：（编译错误）赋值运算，无法从字符数组转换为字符

分析：不能用字符串或字符数组对字符型数据赋值，类型无法转换

49. error C2447: missing function header (old-style formal list?)

  error C2448: '<Unknown>' : function-style initializer appears to be a function definition

中文对照：（编译错误）缺少函数标题（是否旧式的形参表？）

分析：函数定义不正确，函数首部的"( )"后多了分号或者采用了旧式 C 语言的形参表

50. error C2450: switch expression of type 'xxx' is illegal

中文对照：（编译错误）switch 表达式为非法的 xxx 类型

分析：switch 表达式类型应为 int 或 char

51. error C2466: cannot allocate an array of constant size 0

中文对照：（编译错误）不能分配长度为 0 的数组

分析：一般是定义数组时数组长度为 0

52. error C2601: 'xxx' : local function definitions are illegal

中文对照：（编译错误）函数 xxx 定义非法

分析：一般是在一个函数的函数体中定义另一个函数

53. error C2632: 'type1' followed by 'type2' is illegal

中文对照：（编译错误）类型 1 后紧接着类型 2，这是非法的

分析：例如，

```
int float i;
```

54. error C2660: 'xxx' : function does not take n parameters

中文对照：（编译错误）函数 xxx 不能带 n 个参数

分析：调用函数时实参个数不对，例如，

```
sin(x,y);
```

55. error C2664: 'xxx' : cannot convert parameter n from 'type1' to 'type2'

中文对照：（编译错误）函数 xxx 不能将第 n 个参数从类型 1 转换为类型 2

分析：一般是函数调用时实参与形参类型不一致

56. error C2676: binary '<<' : 'class istream_withassign' does not define this operator or a conversion to a type acceptable to the predefined operator

error C2676: binary '>>' : 'class ostream_withassign' does not define this operator or a conversion to a type acceptable to the predefined operator

分析：">>" "<<" 运算符使用错误，例如，

```
cin<<x;cout>>y;
```

57. error C4716: 'xxx' : must return a value

中文对照：（编译错误）函数 xxx 必须返回一个值

分析：仅当函数类型为 void 时，才能使用没有返回值的返回命令

58. fatal error LNK1104: cannot open file "Debug/Cpp1.exe"

中文对照：（链接错误）无法打开文件 Debug/Cpp1.exe

分析：重新编译链接

59. fatal error LNK1168: cannot open Debug/Cpp1.exe for writing

中文对照：（链接错误）不能打开 Debug/Cpp1.exe 文件，以改写内容

分析：一般是 Cpp1.exe 还在运行，未关闭

60. fatal error LNK1169: one or more multiply defined symbols found

中文对照：（链接错误）出现一个或更多的多重定义符号

分析：一般与 error LNK2005 一同出现

61. error LNK2001: unresolved external symbol _main

中文对照：（链接错误）未处理的外部标识 main

分析：一般是 main 拼写错误，如 "void mian()"

62. error LNK2005: _main already defined in Cpp1.obj

中文对照：（链接错误）main（）函数已经在 Cpp1.obj 文件中定义

分析：未关闭上一程序的工作空间，导致出现多个 main（）函数

63. warning C4003: not enough actual parameters for macro 'xxx'

中文对照：（编译警告）宏 xxx 没有足够的实参

分析：一般是带参宏展开时未传入参数

64. warning C4067: unexpected tokens following preprocessor directive - expected a newline

中文对照：（编译警告）预处理命令后出现意外的符号-期待新行

分析：如下命令后的";"为多余的字符：

```
#include<iostream.h>;
```

65. warning C4091: '' : ignored on left of 'type' when no variable is declared

中文对照：（编译警告）当没有声明变量时忽略类型标识

分析：如下语句未定义任何变量，不影响程序执行：

```
int;
```

66. warning C4101: 'xxx' : unreferenced local variable

中文对照：（编译警告）变量 xxx 定义了但未使用

分析：可去掉该变量的定义，不影响程序执行

67. warning C4244: '=' : conversion from 'type1' to 'type2', possible loss of data

中文对照：（编译警告）赋值运算，从数据类型 1 转换为数据类型 2，可能丢失数据

分析：需正确定义变量类型，数据类型 1 为 float 或 doublc，数据类型 2 为 int 时，结果有可能不正确；数据类型 1 为 double，数据类型 2 为 float 时，不影响程序结果，可忽略该警告

68. warning C4305: 'initializing' : truncation from 'const double' to 'float'

中文对照：（编译警告）初始化，截取双精度常量为 float 类型

分析：出现在对 float 类型变量赋值时，一般不影响最终结果

69. warning C4390: ';' : empty controlled statement found; is this the intent?

中文对照：（编译警告）';'控制语句为空语句，是否程序的意图？

分析：if 语句的分支或循环控制语句的循环体为空语句，一般是多加了";"

70. warning C4508: 'xxx' : function should return a value; 'void' return type assumed

中文对照：（编译警告）函数 xxx 应有返回值，假定返回类型为 void

分析：一般是未定义 main（）函数的类型为 void，不影响程序执行

71. warning C4552: 'operator' : operator has no effect; expected operator with side-effect

中文对照：（编译警告）运算符无效果；期待副作用的操作符

分析：如下语句，"+"运算无意义：

```
i+j;
```

72. warning C4553: '==' : operator has no effect; did you intend '='?

中文对照：（编译警告）"=="运算符无效；是否为"="？

分析：如下语句中"=="运算无意义：

```
    i==j;
```

73. warning C4700: local variable 'xxx' used without having been initialized

中文对照：（编译警告）变量 xxx 在使用前未初始化

分析：变量未赋值，结果有可能不正确，若变量通过 scanf（ ）函数赋值，则有可能漏写"&"运算符，或变量通过 cin 赋值，语句有误

74. warning C4715: 'xxx' : not all control paths return a value

中文对照：（编译警告）函数 xxx 不是所有的控制路径都有返回值

分析：一般是在函数的 if 语句中包含 return 语句，当 if 语句的条件不成立时没有返回值

75. warning C4723: potential divide by 0

中文对照：（编译警告）有可能被 0 除

分析：表达式值为 0 时不能作为除数

76. warning C4804: '<' : unsafe use of type 'bool' in operation

中文对照：（编译警告）'<'：不安全的布尔类型的使用

分析：例如，关系表达式"0<=x<10"有可能引起逻辑错误

附录 6 Visual Studio 2017 的使用和调试方法

1. Visual Studio 2017 的安装与使用

（1）操作系统可以为 windows 7、windows 8 或 windows10 系统。Visual Studio 2017 安装版本是 Visual Studio Community，可以从微软官方网站免费下载并使用。下载链接为 https://www.visualstudio.com/zh-hans/vs/community/。Visual Studio Community 是适用于学生、开源和个人开发的功能完备的免费 IDE。从微软官方网站下载 vs2017_Community.exe 并安装（附图 6.1）。

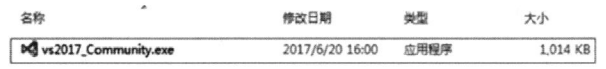

附图 6.1 vs 2017 Community

（2）双击运行 vs2017_Community.exe，出现如下页面，点击继续。

附图 6.2 Visual Studio 安装许可

（3）进入如下页面，进行工作环境选择。此处勾选 C++的桌面开发选项，右边组件要勾选"win8.1 SDK 和 UCRT SDK"和"对 C++的 windows XP 支持"以支持 C 语言编程环境。此界面也可以选择安装单个组件和语言包。安装位置可以选择 C 盘、D 盘或 E 盘（windows 操作系统）。然后点击"安装"（附图 6.3）。

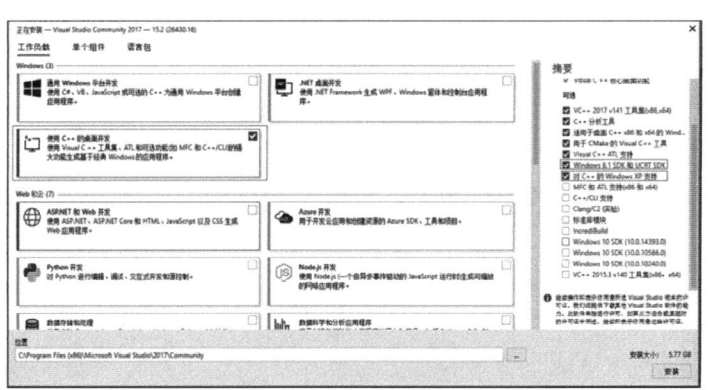

附图 6.3 工作环境选择

（4）安装所需时间主要与网络质量有关（附图 6.4）。安装完成后出现如下页面（附图 6.5）。

附图 6.4　vs2017 Community 安装过程界面

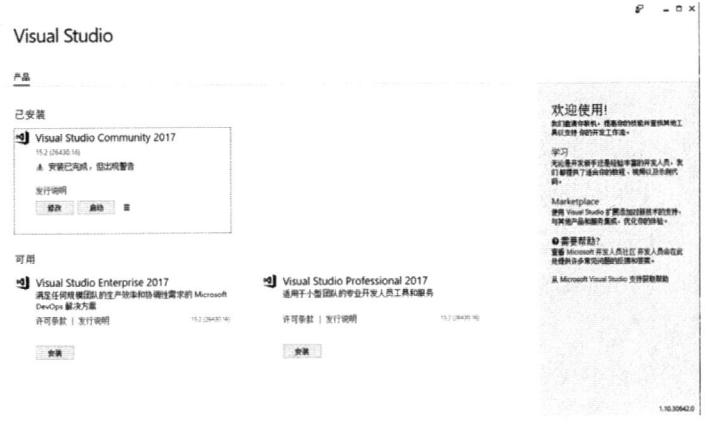

附图 6.5　vs2017_Community 安装完成界面

（5）选择"启动"，出现如下登录界面，选择"以后再说"（附图 6.6）。

附图 6.6　Visual Studio 登录界面

（6）若正常出现如下主界面，则安装结束（附图6.7）。

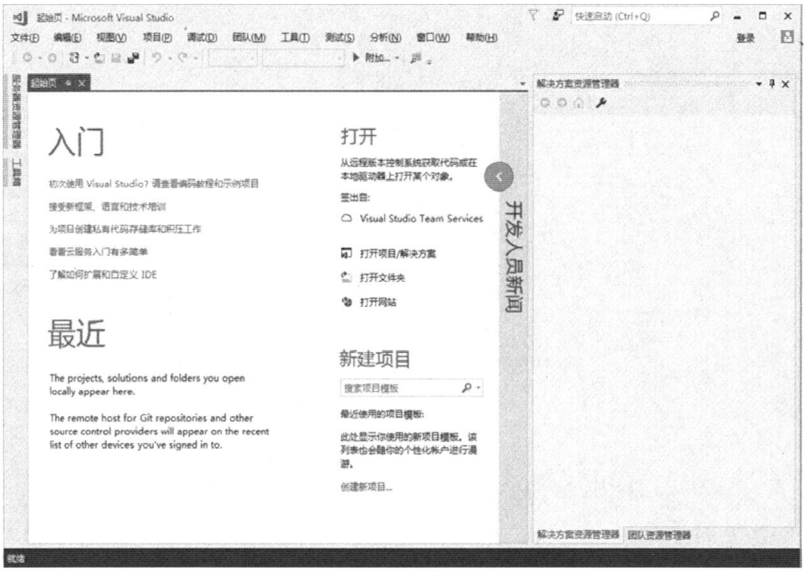

附图6.7　Visual Studio工作界面

对于不同操作系统和应用需求，如windows 7、windows 8和windows10各版本系统，右边组件或单个组件安装略有不同。若安装完成后，Visual Studio 2017不能正常使用，可以重新执行本步骤，并选择"修改"安装。针对安装过程中出现的具体问题，可以在互联网或微软官方网站查阅基于所使用操作系统的Visual Studio 2017和Visual Studio 2015安装相关资料。

2. 编写和调试简单C语言程序Hello World

（1）单击菜单栏中"文件"，选择"新建"，再选择"项目"（附图6.8）。

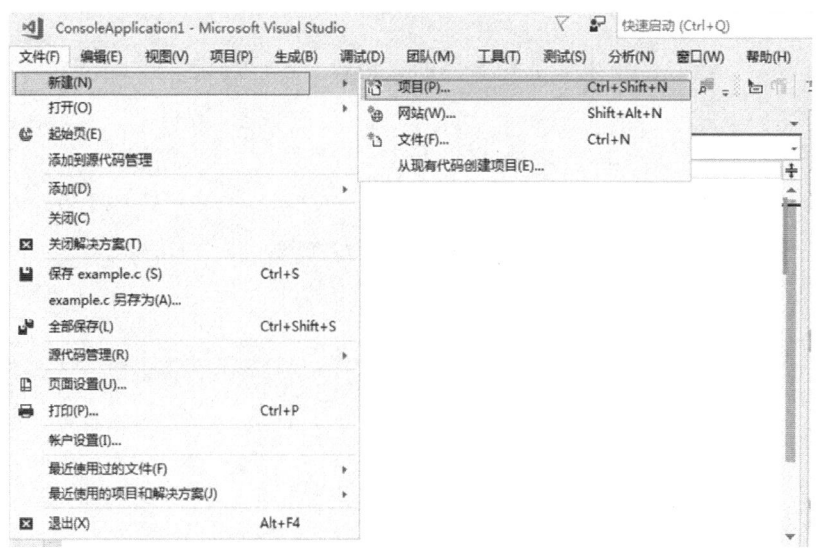

附图6.8　Visual Studio新建项目界面

（2）出现以下界面，选择"Win32 控制台应用程序"。在界面下方位置和名称处，设置一个存放 C 语言程序的位置，并对程序进行命名，完成后点击"确定"（附图 6.9）。

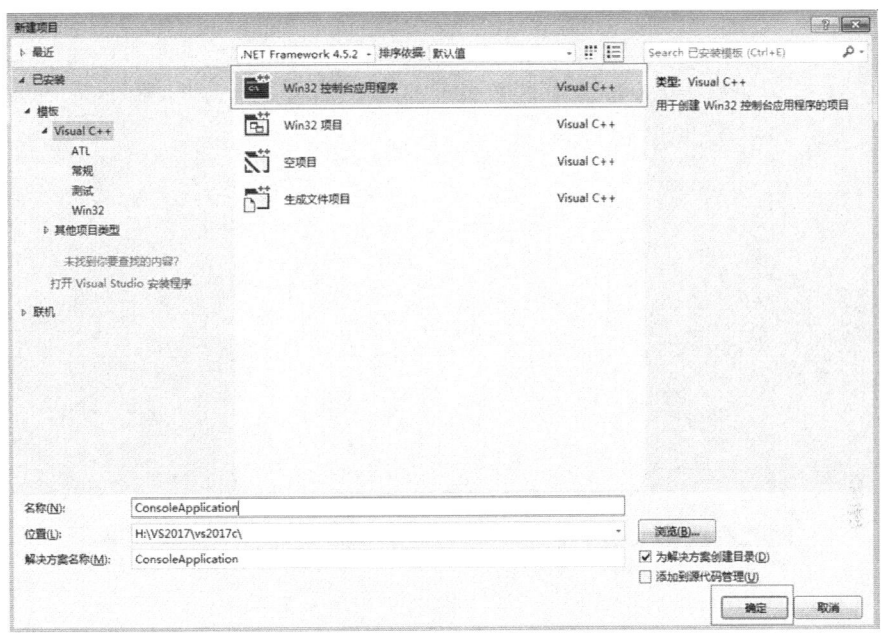

附图 6.9　新建 Win32 控制台应用程序界面

（3）出现应用程序设置，勾选"空项目"，然后点击"完成"（附图 6.10）。

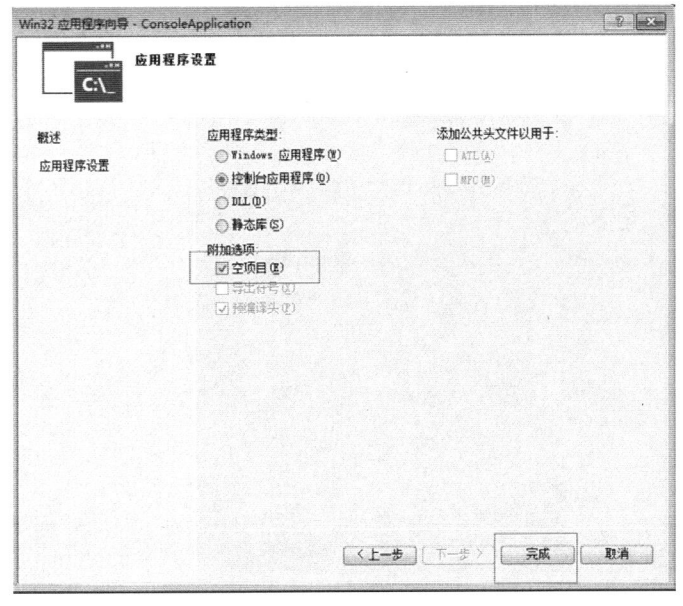

附图 6.10　应用程序设置界面

（4）上述步骤完成后，"解决方案"窗口栏将出现"头文件、源文件和资源文件"等文件夹（附图 6.11）。

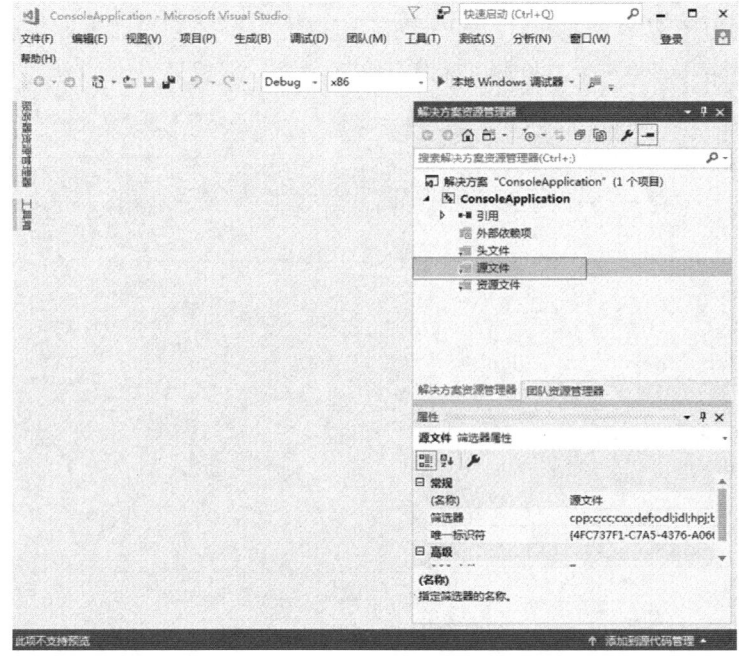

附图 6.11　解决方案窗口界面

（5）右键单击源"文件",选择"添加",之后选择"新建项"（附图 6.12）。

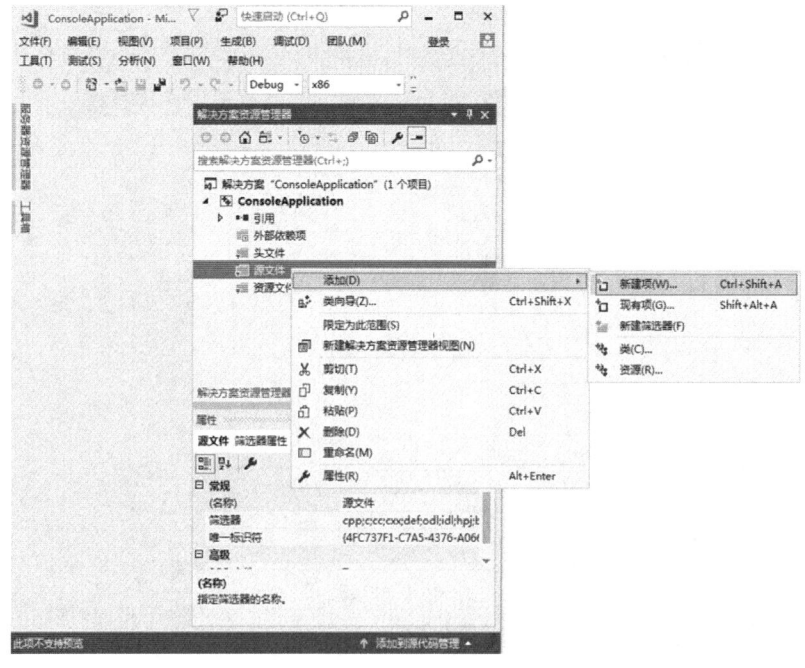

附图 6.12　源文件添加新建项界面

（6）上一步骤完成后,出现两个选项,如图所示。选择第一个"C++文件",定义程序名称为 example.c（或其他名称）,然后点击"添加"（附图 6.13）。

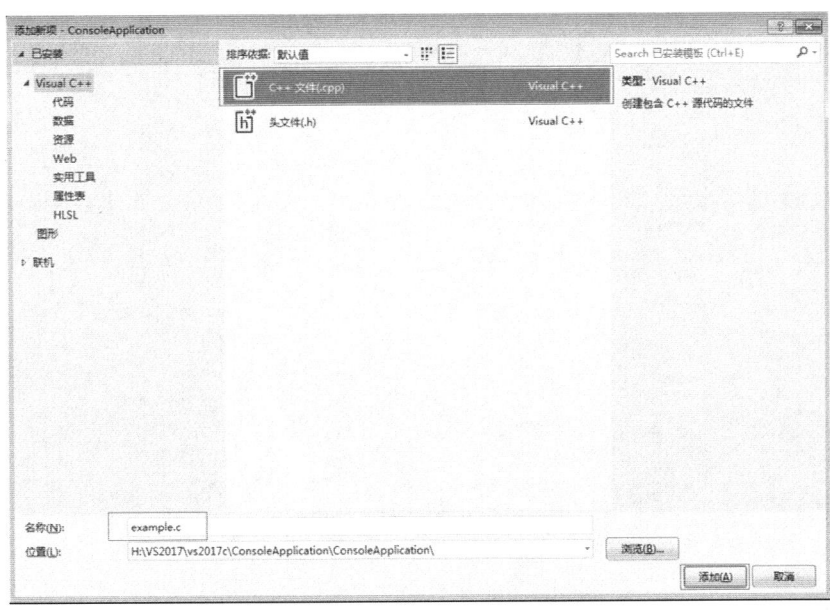

附图 6.13　添加 C++文件界面

（7）然后出现编辑界面。在代码编辑中输入代码。在工具栏中,"解决方案配置"下拉列表中选择项目配置为 Debug 调试（另一个是 Release 发布）,在"解决方案平台"下拉列表中选择项目平台为 x64（默认是 x86,32 位 Intel 兼容处理器选择 x86；64 位 Intel 兼容处理器选择 x64）（附图 6.14）。

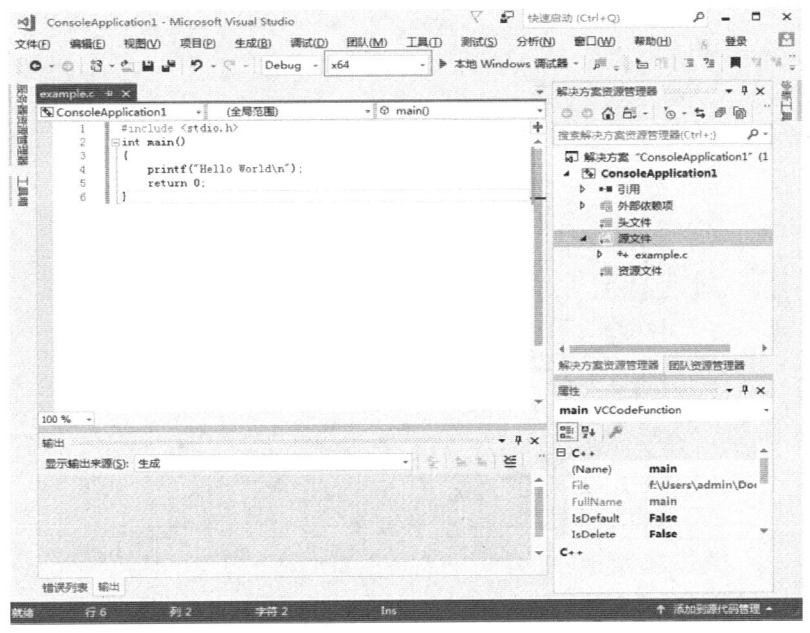

附图 6.14　编辑界面

（8）代码编辑完成后,点击运行"本地 Windows 调试器",在终端界面输出结果"Hello World"（附图 6.15）。

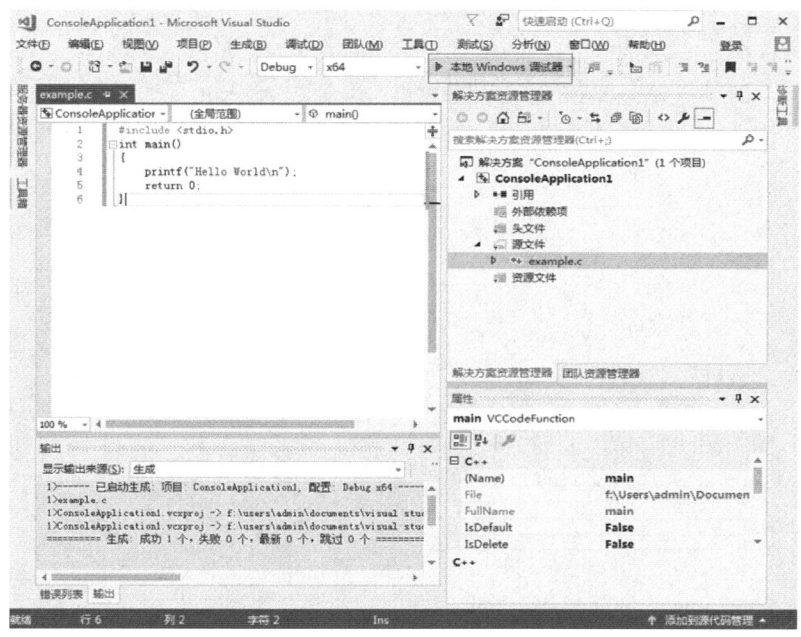

附图 6.15　运行本地 Windows 调试器界面

（9）可以使用 Ctrl+F5 键暂停终端的结果界面。使用"getchar()"替换"return 0"，或者在头文件处添加 stdlib.h 头文件，并将"return 0"替换为"system("pause")"，也可以起到暂停终端输出界面的效果（附图 6.16）。

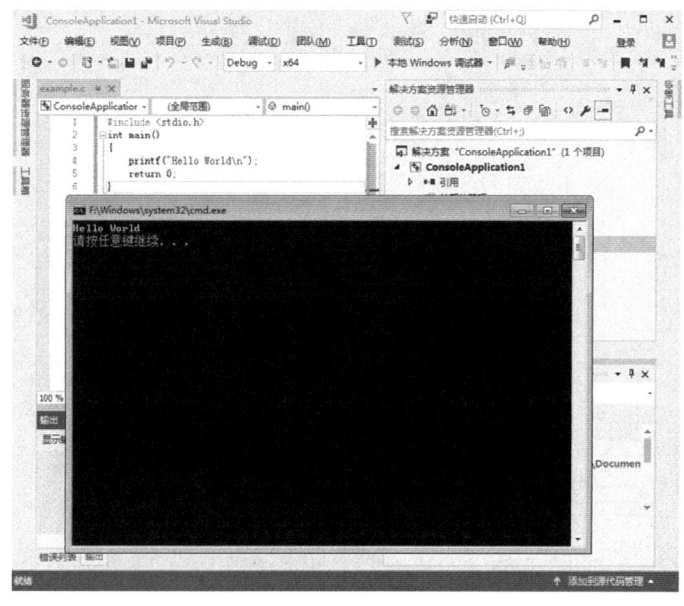

附图 6.16　暂停终端输出界面

3. C 语言程序调试方法

程序调试是将编制的程序投入实际运行前，用手工或编译程序等方法进行测试，修正语法错误和逻辑错误的过程。这是保证计算机信息系统正确性必不可少的步骤。Visual

Studio 2017 调试程序有助于程序设计人员观察程序的运行行为并发现问题。使用调试程序可以中断程序的执行以便于检查代码、检查和编辑变量、查看寄存器、查看从源代码创建的指令,以及查看应用程序占用的内存空间等。掌握调试工具可以帮助用户查看程序的执行顺序、步骤以及过程等,快速检查并定位出现问题的语句或变量,达到快速解决问题、提高开发效率的目的。为了便于理解,以下给出了一个简单 C 语言程序调试的实例。

```
#include<stdio.h>
int main()
{
    int a,b,c;
    a=2017;
    b=c;
    c=a+b;
    printf("%d\n",c);
    return 0;
}
```

(1) 断点调试。

① 输入代码,点击"本地 Windows 调试器"(F5 快捷键);也可以使用菜单命令:选择"菜单",然后选择"开始调试"(附图 6.17)。

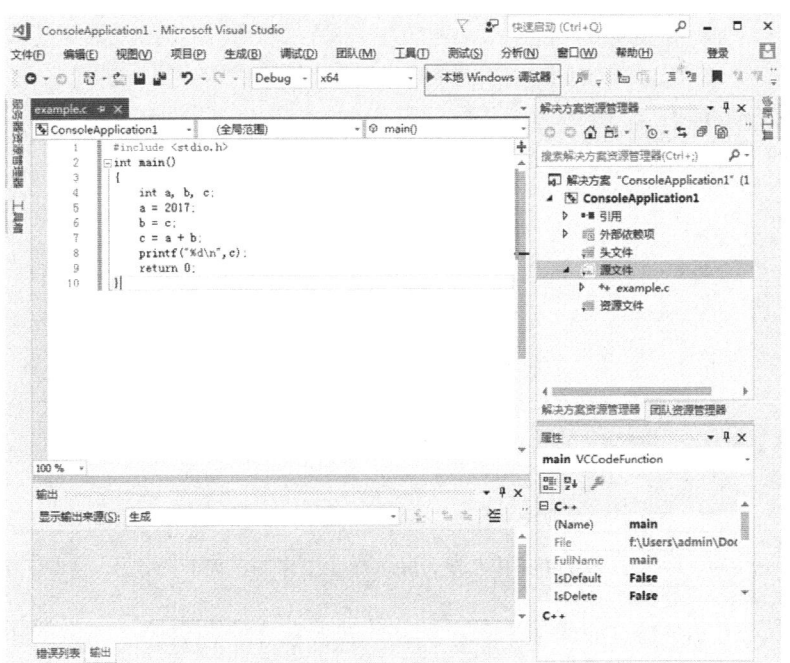

附图 6.17 调试开始界面

② 通过运行发现程序存在错误,接下来进行调试排除(附图 6.18)。

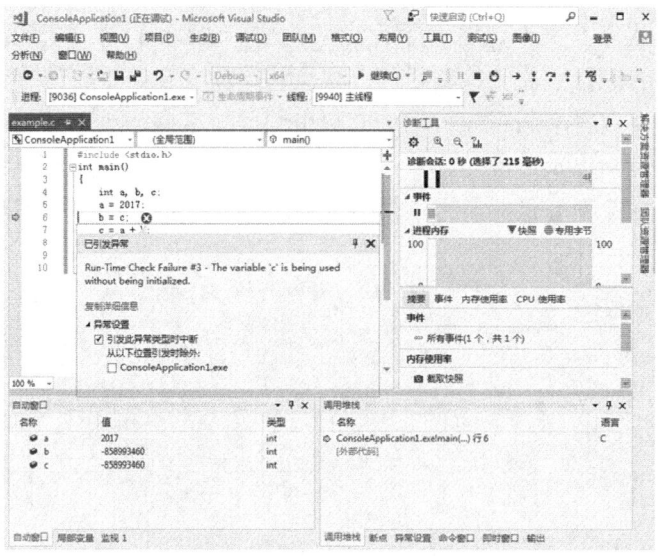

附图 6.18　程序问题显示界面

③ 一般在开始调试前需要先设置断点。设置断点是最重要的调试技术之一。可通过两种方法在源代码中设置函数断点：在源代码文件的左边距中单击；或将光标放在一行代码上，然后按 F9 键。出现下图的代码左边距中的小红点。在调试程序中运行此代码时，只要命中断点，就会在执行该行代码之前停止执行。此时可以查看应用程序的当前状态，包括变量值和调用堆栈。源代码行左边距小红点上出现黄色箭头图标（附图 6.19）。

附图 6.19　设置断点后的程序调试界面

简单来说，设置断点非常便于程序调试。若源程序中包含了大量的代码，则通过 F5 可以快速执行到下一个断点处。断点也可以禁用或删除，可选择菜单中"调试"选项，然后"禁用所有断点"或"删除所有断点"。其中，比较特殊的断点是条件断点。条件断点只有表达式的值为真或者更改的时候，语句才会被命中。

本例中假设赋值可能出现了问题,在第 8 行设置断点,然后按 F5 调试运行。

④ 此时通过局部变量窗口可以发现变量 b 和 c 都是随机值。由此得出错误的原因在于:第 6 行 b=c,在此之前局部变量 c 未初始化(附图 6.20)。

附图 6.20　设置断点后的单步执行界面

⑤ 通过给变量 c 赋初值,添加 c=a 赋值语句。再次运行至第 9 行断点处,通过局部变量窗口可以看出变量 b 和 c 已经赋值,说明上一错误已经解决(附图 6.21)。

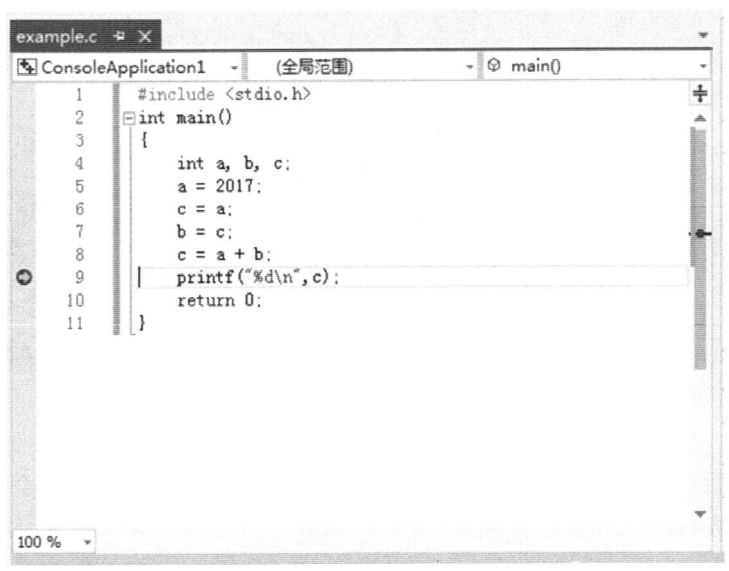

附图 6.21　问题排序后单步执行界面

(6)然后可以右键点击断点,"删除断点"或"禁用断点",点击继续,结果正常(附图 6.22)。

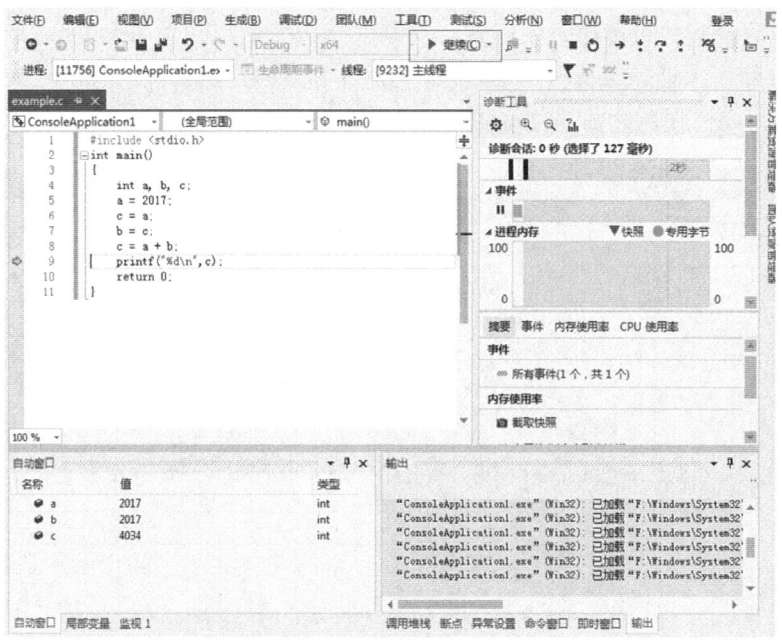

附图 6.22 禁用断点后的单步执行界面

⑦ 重新按 Ctrl+F5 运行,得到结果 4034。至此一个简单的断点调试结束(附图 6.23)。

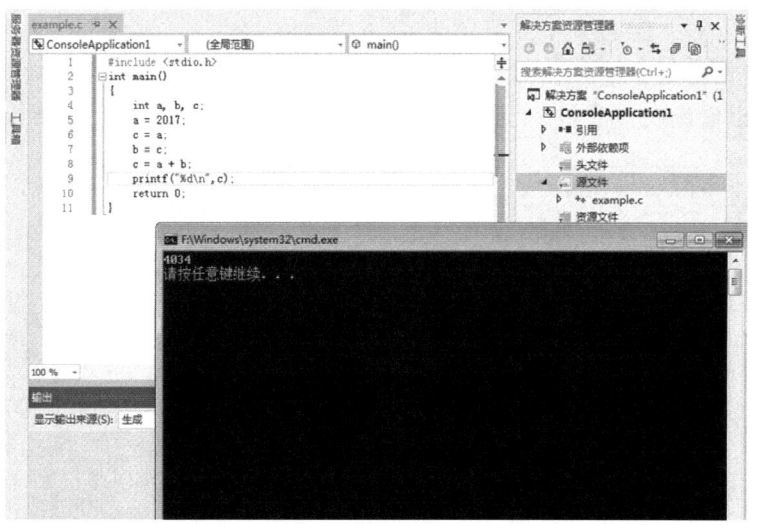

附图 6.23 结果正常输出的显示界面

(2)其他调试。

① 监视窗口（Ctrl+Alt+W+1/2/… 或 Ctrl+Shift+D+1/2/… 快捷键开启）。

在程序调试过程中,可以通过监视窗口动态查看各个变量的值,以及各个函数调用的返回结果。此外,也通过监视窗口直接更改变量的值,而不需要重新启动调试。通过选中某个变量表达式,按下快捷键 Ctrl+W 添加监视,快捷键 Shift+F9 开启快速监视。或者选中某个变量表达式,点击右键,选择"添加监视"或"快速监视"。下图打开的为监视窗口 1，快捷键为 Ctrl+Alt+W+1（附图 6.24）。

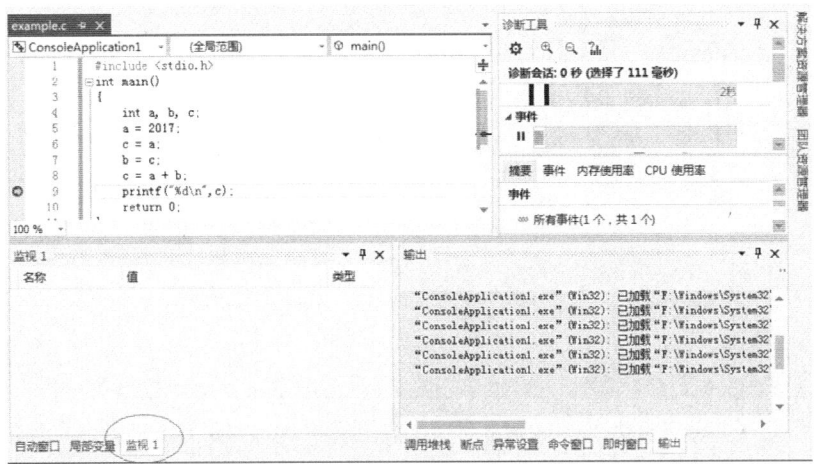

附图 6.24　监视窗口界面

② 单步执行（F11 快捷键开启）。

单步执行是最常见的调试手段之一，即每次执行一行代码。选择"菜单／调试"，选中"逐语句"（F11 快捷键开启），或者"逐过程"（F10 快捷键开启），可以一步步跟踪程序执行的流程。此时，根据变量值的变化或者函数结果的变化，可以帮助确定出错的原因。当位于函数调用内部并想返回到调用函数时，使用"跳出"，或者按 Shift+F11 跳出（附图 6.25）。

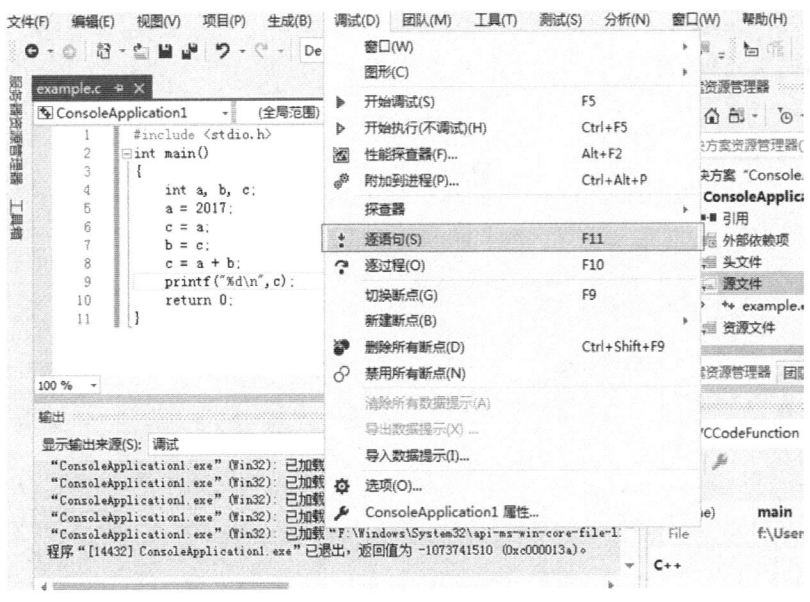

附图 6.25　单步执行界面

③调用堆栈（Ctrl+Alt+C 快捷键开启）。

选择菜单"调试／窗口"，选中"调用堆栈"，打开调用堆栈窗口。通过调用堆栈窗口，可以查看调用堆栈上的函数名、参数类型和参数值等（附图6.26）。

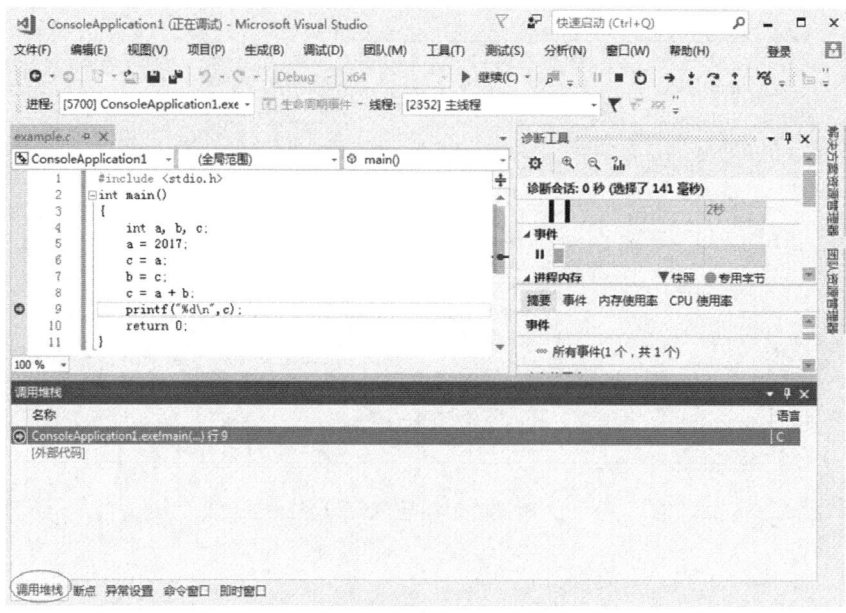

附图6.26　调用堆栈窗口界面

④ 运行到光标处。

调试光标为左侧的黄色小箭头。在调试时可以拖动光标进行上下移动。一次性使用断点功能是调试运行到该行并停在该行。运行到光标处可以从编辑器上的上下文菜单中设置，也可以使用快捷键 Ctrl +F10。"运行到光标处"可以命令调试器运行应用程序，直至到达设置光标的位置。该位置可以在源窗口或"反汇编"窗口中（附图6.27）。

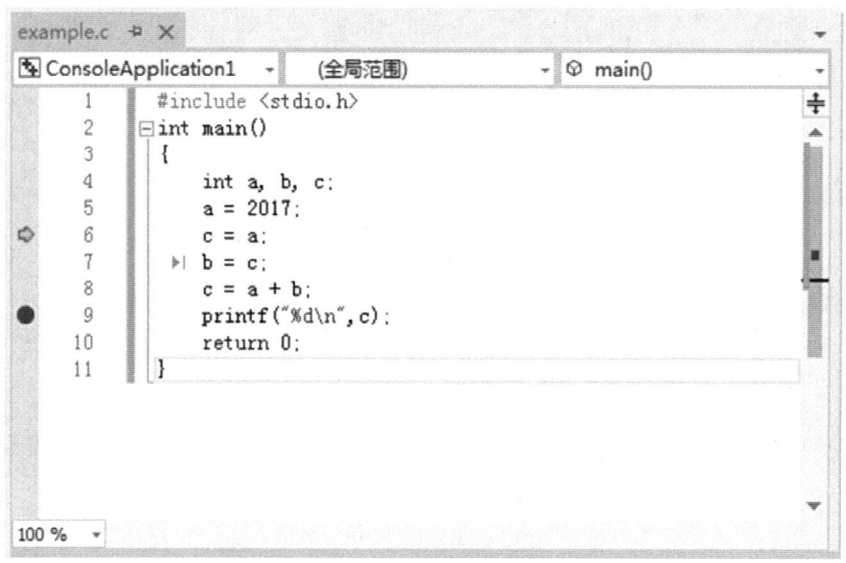

附图6.27　运行到光标处界面

⑤ 调试过程中常用的快捷键如下图（附图 6.28）。

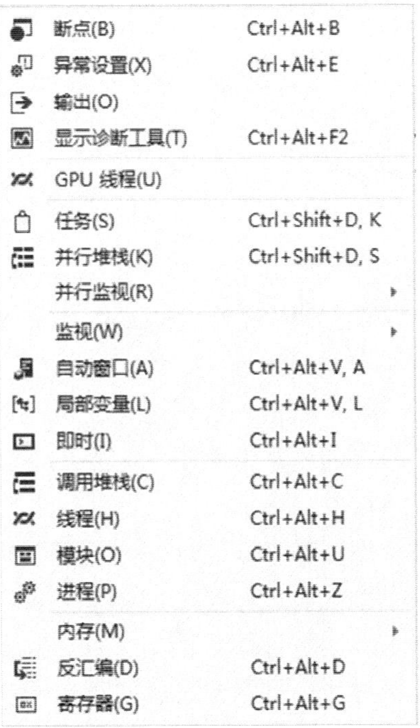

断点(B)	Ctrl+Alt+B
异常设置(X)	Ctrl+Alt+E
输出(O)	
显示诊断工具(T)	Ctrl+Alt+F2
GPU 线程(U)	
任务(S)	Ctrl+Shift+D, K
并行堆栈(K)	Ctrl+Shift+D, S
并行监视(R)	▶
监视(W)	▶
自动窗口(A)	Ctrl+Alt+V, A
局部变量(L)	Ctrl+Alt+V, L
即时(I)	Ctrl+Alt+I
调用堆栈(C)	Ctrl+Alt+C
线程(H)	Ctrl+Alt+H
模块(O)	Ctrl+Alt+U
进程(P)	Ctrl+Alt+Z
内存(M)	▶
反汇编(D)	Ctrl+Alt+D
寄存器(G)	Ctrl+Alt+G

附图 6.28　常用快捷键界面

附录 7　12306 网站预订火车票系统源代码及其分析

1. 题目描述

简单火车订票系统

基于 C 语言开发设计的一个简单火车订票系统，具体实现功能如下：

（1）录入列车班次信息，包括班次号、起点站、终点站、行车时间、额定载量、余票数量。

（2）浏览所有班次信息，除了已录入的信息外，还包括列车的出发状态。

（3）按班次号查询某一班次的列车信息。

（4）按终点站查询某一班次的列车信息。

（5）按列车的余票数量排序保存列车信息。

（6）根据用户输入的列车班次号进行售票。

（7）根据用户输入的列车班次号进行退票。

（8）根据输入的列车班次号可以删除或更新列车的班次信息。

2. 算法设计

（1）总体设计。

通过分析火车售票系统的功能需求，确定系统设计分为 8 个模块，如附图 7.1 所示，即录入班次、浏览班次、班次查询、终点查询、排序保存、售票、退票、更新信息。

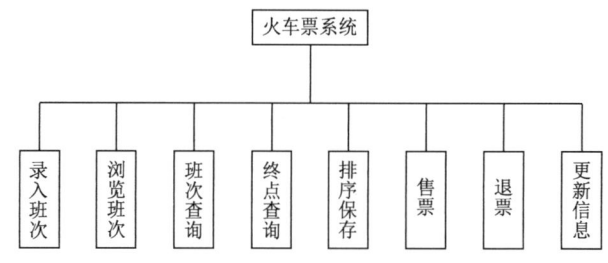

附图 7.1　系统功能模块

（2）主要流程图。

① 主菜单函数。

此函数功能提供选择菜单，调用不同函数。其流程如附图 7.2 所示。

② 录入班次函数。

该函数功能为某班次列车信息的录入和保存。流程如附图 7.3 所示。

③ 浏览班次函数。

该函数功能是浏览已经录入的所有班次列车信息。其流程如附图 7.4 所示。

④ 班次号查路线函数。

该函数功能是根据用户输入的班次号查询对应的列车信息。流程如附图 7.5 所示。

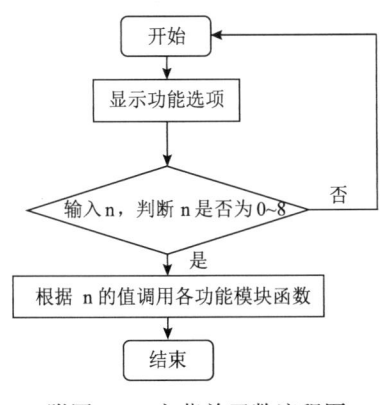

附图 7.2 主菜单函数流程图

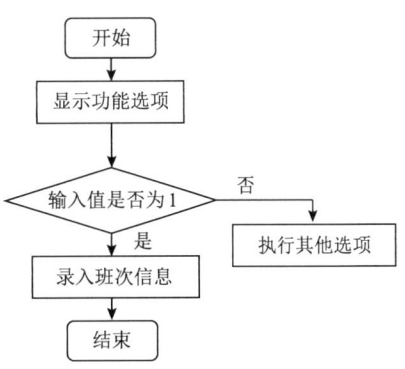

附图 7.3 录入班次信息

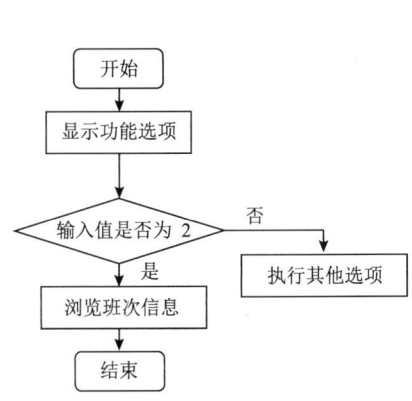

附图 7.4 浏览所有班次信息

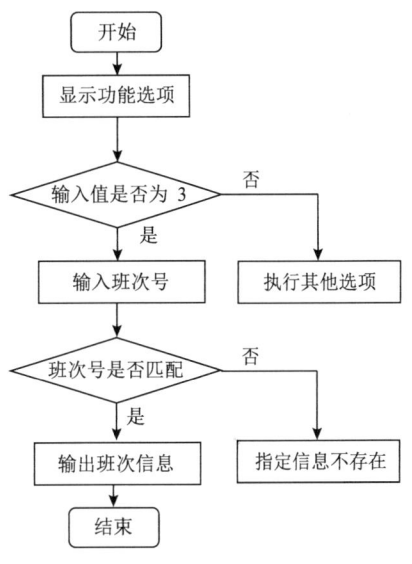

附图 7.5 班次号查路线

⑤ 终点站查路线函数。
该函数功能是根据用户输入的终点站查询对应的列车信息。流程如附图 7.6 所示。
⑥ 排序保存函数。
该函数功能是按列车的余票数量从大到小顺序保存列车信息。流程如附图 7.7 所示。
⑦ 售票函数。
该函数功能是根据用户输入的列车班次号进行售票。流程如附图 7.8 所示。
⑧ 退票函数。
该函数功能是根据用户输入的列车班次号进行退票。流程如附图 7.9 所示。
⑨ 更新车次信息函数。
该函数功能是根据输入的列车班次号删除或更新列车的班次信息。流程如附图 7.10 所示。

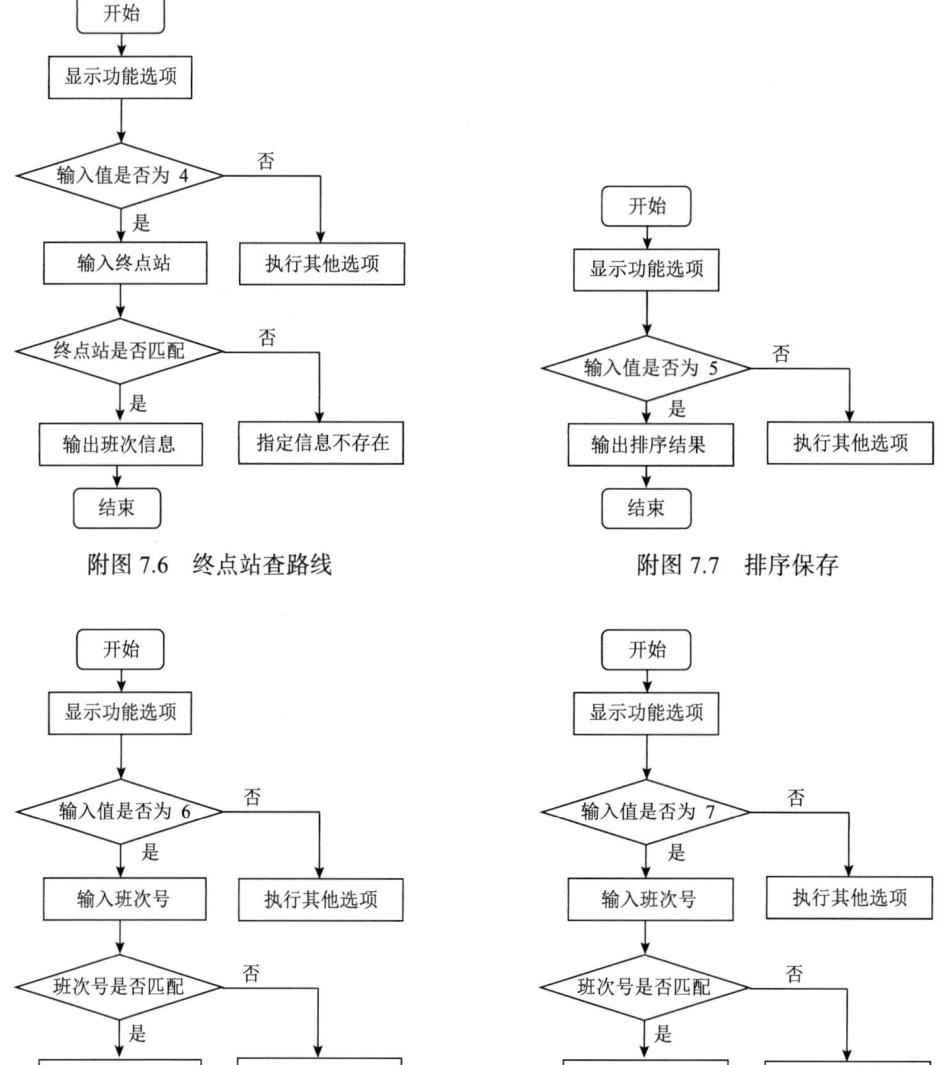

附图 7.6　终点站查路线

附图 7.7　排序保存

附图 7.8　售票

附图 7.9　退票

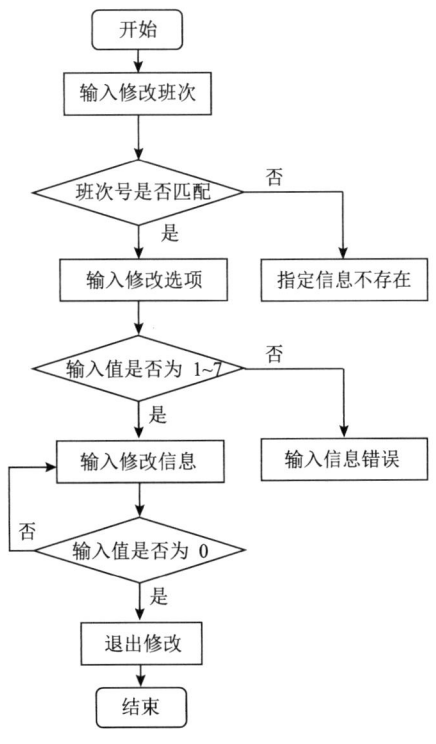

附图7.10 修改车次信息

3. 程序设计及代码分析

源程序如下：

```
/*================================================*/
/*--------------------名称：火车票售票系统------------------*/
/*原程序：http://blog.csdn.net/lcr_happy/article/decntils/
         52467918*/
/*------修改：彭艳、朱超群；创建时间：2017年7月20日----------*/
/*--------------版本号：V1.2；版权归属：公开------------------*/
/*================================================*/
/*相关头文件列表*/
#include<stdio.h>
#include<stdlib.h>
#include<conio.h>
#include<string.h>
#include<time.h>

/*1. 定义变量*/
/*班次信息表*/
#define SIZELIMIT 10   /*设定每班次信息的字符个数限制在10以内*/
```

```c
#define MAXNUM 000        /*设定最多只能录入1000个车次信息*/
typedef struct TrainScheduleInfo
//定义关于班次信息的结构体TrainScheduleInfo
{
    char Train_Schedule[SIZELIMIT];         //班次
    char Train_DepTime[SIZELIMIT];          //发车时间
    char Train_StartSta[SIZELIMIT];         //始发站
    char Train_TermSta[SIZELIMIT];          //终点站
    char Train_TravTime[SIZELIMIT];         //行车时间
    char Train_PassCap[SIZELIMIT];          //额定载量
    char Train_RmnTckt[SIZELIMIT];          //余票数量
}TrainScheduleInfo;

int TrainNums=0;                            //记录班次数
TrainScheduleInfo TrainSchdLst[MAXNUM];     //班次列表
/*2.读取班次信息*/
void ReadTrainScheduleInfo()
{
    FILE *fp;                               //打开文件失败则创建文件

    if((fp=fopen("./TrainSchdInfo.dat","r"))==NULL)
    {
        /*初次运行创建文件*/
        if((fp=fopen("./TrainSchdInfo.dat","w"))==NULL)
        {
            exit(0);                        //返回
        }
        else
        {
            fclose(fp);
        }
        return;
    }
    /*文件位置指针移动到文件末尾*/
    fseek(fp,0,2);                          //重定位文件内部位置指针
if (ftell(fp)>0)
//ftell函数用于得到文件当前位置相对于文件首的偏移字节数
    {
```

```c
        /*文件位置指针移动到文件开始*/
        rewind(fp);
        char buff[10]={0};
        for (TrainNums=0;!feof(fp)&&
fread(&TrainSchdLst[TrainNums],
        sizeof(TrainScheduleInfo),1,fp);TrainNums++)
            //feof()函数:在遇到文件结束符情况下,文件结束,!feof(fp)
                为0,跳出循环
            //fread()函数:从文件流中读取数据,若调用成功则返回实际读取
                到的数据项数;若不成功或读到文件末尾则返回0

            fgets(buff,10,fp);
            //fgets()函数:从文件结构体指针stream中读取数据,每次读取一行。
        fclose(fp);
    }
    else
    {
        fclose(fp);
    }
    return;
}

/*3.保存班次信息*/
void WriteTrainScheduleInfo()
{
    int i;
    FILE *fp;
    if((fp=fopen("./TrainSchdInfo.dat","w"))==NULL)
        //fopen()函数:用于打开文件,调用格式为FILE *fopen(char *file
            TermSta,*type)
    {
        printf("系统错误");
    }
    char buff[10]={ 0 };
    strcpy(buff,"\r\n");
    for(i=0;i<TrainNums;i++)
    {
        if(fwrite(&TrainSchdLst[i],sizeof(TrainScheduleInfo),
```

```c
            1,fp)!=1)
            {
                printf("系统错误");
            }
            if(fwrite(buff,2,1,fp)!=1)
            {
                printf("系统错误");
            }
        }
        fclose(fp);
}

/*4.文件保存排序信息*/
void WriteSortInfo()
{
    int i;
    FILE *fp;
    if((fp=fopen("./TrainSchdSort.dat","w"))==NULL)
    {
        printf("系统错误");
    }
    char buff[10]={0};
    strcpy(buff,"\r\n");
    for(i=0;i<TrainNums;i++)
    {
        if(fwrite(&TrainSchdLst[i],sizeof(TrainScheduleInfo),
            1,fp)!=1)
        {
            printf("系统错误");
        }
        if(fwrite(buff,2,1,fp) != 1)
        {
            printf("系统错误");
        }
    }
    fclose(fp);
}
/*5.打印并输入后返回*/
```

```c
void PrintReturn(char *info)
{
    printf("\n\n\t %s",info);
    fflush(stdin);              //清空输入缓冲区，确保不影响后面的数据读取
    getchar();
}

/*6. 录入信息*/
void WriteTrainSchedInfo(char SchdInfoStr[1024],char DesSchdInfo[])
{
    printf("\n\t%s:",SchdInfoStr);
    fflush(stdin);
    scanf("%s",DesSchdInfo);
}

/*7. 系统初始化*/
void InitSystem()
{
    ReadTrainScheduleInfo();
}

/*8. 录入班次信息*/
void InputTrainSchedInfo()
{
    WriteTrainSchedInfo("班次",TrainSchdLst[TrainNums].
                    Train_Schedule);
    WriteTrainSchedInfo("发车时间(24小时制)",
                    TrainSchdLst[TrainNums].Train_DepTime);
    WriteTrainSchedInfo("起点站",
                    TrainSchdLst[TrainNums].Train_StartSta);
    WriteTrainSchedInfo("终点站",
                    TrainSchdLst[TrainNums].Train_TermSta);
    WriteTrainSchedInfo("行车时间",
                    TrainSchdLst[TrainNums].Train_TravTime);
    WriteTrainSchedInfo("额定载量",
                    TrainSchdLst[TrainNums].Train_PassCap);
    WriteTrainSchedInfo("余票数量",
                    TrainSchdLst[TrainNums].Train_RmnTckt);
```

```c
        TrainNums++;
        WriteTrainScheduleInfo();
        PrintReturn("\n\t 录入成功，回车键返回");
}

/*9. 比较发车时间与系统时间*/
int CompTrainDepTime(char DepTime[10])
{
    /*将火车时间转成整数*/
    char TmpStrA[10]={0};
    int cnt=0;
    int i;
    for (i=0;i<strlen(DepTime);i++)
        if(DepTime[i]!=':'&&DepTime[i]!='： ')
                                                //冒号的中文输入和英文输入
        {
            TmpStrA[cnt]=DepTime[i];
            cnt++;
        }

    int atime=atoi(TmpStrA);                    //将字符串变成整型
    char TmpStrB[10]={ 0 };
    time_t t=time(0);                           //获取系统时间
    strftime(TmpStrB,10,"%H%M",localtime(&t));
    // strftime()函数:根据区域设置格式化本地时间/日期
    int btime=atoi(TmpStrB);                    //将字符串变成整型

/*比较发车时间与系统时间，将代表发车时间的字符串转化为整型，再与系统时间进
    行比较。采用 if 判断各种情况，其中，atime 代表发车时间的整数，btime 代
    表系统时间的整数*/
    if(atime<=btime)                            //已经发车
        return 1;
    if(((atime-btime<=30)&&(atime-btime>5)&&
        (atime/100==btime/100))
        ||(((atime%100+(60-btime%100))<=30)
        &&(atime%100+(60-btime%100))>5&&
        (atime/100-btime/100==1)))
                                                //距发车半小时以内,停止退票
```

```
        return 2;
/* (1)((atime-btime<=30)&&(atime-btime>5)&&(atime/100==btime/100)):
```
其中,(atime/100==btime/100)判断退票时两个时间小时数是否一样;
在小时数一样的条件下,(atime-btime<=30)&&(atime-btime>5)判断退票时两个时间分钟数是否在30分钟以内,并且大于5分钟。例如:发车时间9:50,系统时间9:30。

```
(2)((atime%100+(60-btime%100))<=30)&&(atime%100+(60-btime%100))>
    5&&(atime/100-btime/100==1))
```
其中,(atime/100-btime/100==1)判断发车时间和系统时间的小时数相差是否为1;在此条件下,
```
    ((atime%100+(60-btime%100))<=30)&&(atime%100+
    (60-btime%100))>5)
```
判断退票时两个时间分钟数是否在30分钟以内,并且大于5分钟。例如,发车时间10:10,系统时间9:50。
```
    /*上述两种情况下,停止退票*/
if(((atime-btime<=5)&&(atime/100==btime/100))||((atime%100+
    (60-btime%100)&&(atime/100-btime/100==1))<=5))
    //发车前5分钟内,停止检票
        return 3;
    /*判断退票时两个时间小时数一样和相差1小时条件下,分钟数是否大于5*/
    return 0;                        //可以办理购退票
}
/*10. 浏览所有班次信息*/
void QryAllSchdInfo()
{
    printf("班次信息\n");
    printf("班次   发车时间  起点站   终点站   行车时间   额定载量
           余票数量   状态\n");
    int i;
    for (i=0;i<TrainNums;i++)
    {
        char temp[20]={0};
        strcpy(temp,"未发车");
if (1==CompTrainDepTime(TrainSchdLst[i].Train_DepTime))
    strcpy(temp,"已发车");
if (2==CompTrainDepTime(TrainSchdLst[i].Train_DepTime))
    strcpy(temp,"停止退票");
if (3==CompTrainDepTime(TrainSchdLst[i].Train_DepTime))
```

```c
        strcpy(temp,"停止检票");
    printf("%-010s%-010s%-010s%-010s%-010s%-010s%-010s%s\n",
        TrainSchdLst[i].Train_Schedule,
TrainSchdLst[i].Train_DepTime,
        TrainSchdLst[i].Train_StartSta,
TrainSchdLst[i].Train_TermSta,
        TrainSchdLst[i].Train_TravTime,
TrainSchdLst[i].Train_PassCap,
        TrainSchdLst[i].Train_RmnTckt);
    }
    PrintReturn("\n\t 回车键返回");
    getchar();
}

/*11. 按班次号查路线*/
void QryRouInfoBySchd()
{
    char TrainSchd[20]={0};
    int i;
    WriteTrainSchedInfo("输入班次号",TrainSchd);
    for(i=0;i<TrainNums;i++)
    {
      if (strcmp(TrainSchdLst[i].Train_Schedule,TrainSchd)==0)
      {
            printf("班次信息\n");
            printf("班次  发车时间 起点站  终点站  行车时间 额定载量
                余票数量\n");
          printf("%-010s%-010s%-010s%-010s%-010s%-010s%-010s\n",
            TrainSchdLst[i].Train_Schedule,
            TrainSchdLst[i].Train_DepTime,
            TrainSchdLst[i].Train_StartSta,
            TrainSchdLst[i].Train_TermSta,
            TrainSchdLst[i].Train_TravTime,
            TrainSchdLst[i].Train_PassCap,
            TrainSchdLst[i].Train_RmnTckt);
            PrintReturn("\n\t 回车键返回");
            getchar();
      }
```

```c
    }
    PrintReturn("\n\t 指定信息不存在,回车键返回");
}


/*12. 按终点站查路线*/
void QryRouInfoByDepSta()
{
    char TermSta[20]={0};
    int i;

    WriteTrainSchedInfo("输入终点站",TermSta);
    for(i=0;i<TrainNums;i++)
    {
        if(strcmp(TrainSchdLst[i].Train_TermSta,TermSta)==0)
        {
            printf("班次信息\n");
            printf("班次 发车时间 起点站 终点站 行车时间 额定载量
                    余票数量\n");
            printf("%-010s%-010s%-010s%-010s%-010s%-010s%-010s\n",
            TrainSchdLst[i].Train_Schedule,
            TrainSchdLst[i].Train_DepTime,
            TrainSchdLst[i].Train_StartSta,
            TrainSchdLst[i].Train_TermSta,
            TrainSchdLst[i].Train_TravTime,
            TrainSchdLst[i].Train_PassCap,
            TrainSchdLst[i].Train_RmnTckt);
            PrintReturn("\n\t 回车键返回");
            getchar();
            return;
        }
    }
    PrintReturn("\n\t 指定信息不存在,回车键返回");
}

/*13. 排序保存*/
void SortSave()
/*冒泡排序*/
    int i,j;
```

```
        for(i=0;i<TrainNums;i++)
            for(j=0;j<TrainNums-i-1;j++)
            {
    if (atoi(TrainSchdLst[j].Train_RmnTckt)<
        atoi(TrainSchdLst[j+1].Train_RmnTckt))
                {
                    TrainScheduleInfo temp=TrainSchdLst[j];
                    TrainSchdLst[j]=TrainSchdLst[j+1];
                    TrainSchdLst[j+1]=temp;
                }
            }
        QryAllSchdInfo();                    //查询排序结果
        WriteSortInfo();                     //保存排序结果
        getchar();
}

/*14.售票模块*/
void SellTicket()
{
    char TrainSchd[20]={0};
    WriteTrainSchedInfo("输入班次号",TrainSchd);
    int i;
    for(i=0;i<TrainNums;i++)
    {
        if(strcmp(TrainSchdLst[i].Train_Schedule,TrainSchd)==0)
        {
            if(TrainSchdLst[i].Train_RmnTckt==0)
            {
                PrintReturn("\n\t余票不足,回车返回");
                return;
            }
            int temp=atoi(TrainSchdLst[i].Train_RmnTckt)-1;
                                             //减少余票
            if(temp<0)temp=0;                //确保余票不为负数
            _itoa(temp,TrainSchdLst[i].Train_RmnTckt,10);
            WriteTrainScheduleInfo();        //保存到文件
            printf("班次信息\n");
```

```c
            printf("班次  发车时间  起点站  终点站  行车时间  额定载量
                余票数量\n");
            printf("%-010s%-010s%-010s%-010s%-010s%-010s%-010s\n",
        TrainSchdLst[i].Train_Schedule,
        TrainSchdLst[i].Train_DepTime,
        TrainSchdLst[i].Train_StartSta,
        TrainSchdLst[i].Train_TermSta,
        TrainSchdLst[i].Train_TravTime,
        TrainSchdLst[i].Train_PassCap,
        TrainSchdLst[i].Train_RmnTckt);
            PrintReturn("\n\t售票成功,回车返回");
            getchar();
        }
    }
    PrintReturn("\n\t指定班次不存在,回车键返回");
}

/*15. 退票*/
void RefundTicket()
{
    char TrainSchd[20]={ 0 };
    WriteTrainSchedInfo("输入班次号",TrainSchd);
    int i;
    for(i=0;i<TrainNums;i++)
    {
      if(strcmp(TrainSchdLst[i].Train_Schedule,TrainSchd)==0)
      {
          int temp=atoi(TrainSchdLst[i].Train_RmnTckt)+1;
                                        //增加余票
          _itoa(temp,TrainSchdLst[i].Train_RmnTckt,10);
          WriteTrainScheduleInfo();    //保存到文件
          printf("班次信息\n");
          printf("班次  发车时间  起点站  终点站  行车时间  额定载量
              余票数量\n");
          printf("%-010s%-010s%-010s%-010s%-010s%-010s%-010s\n",
        TrainSchdLst[i].Train_Schedule,
        TrainSchdLst[i].Train_DepTime,
```

```c
                TrainSchdLst[i].Train_StartSta,
                TrainSchdLst[i].Train_TermSta,
                TrainSchdLst[i].Train_TravTime,
                TrainSchdLst[i].Train_PassCap,
                TrainSchdLst[i].Train_RmnTckt);
            PrintReturn("\n\t\t 退票成功,回车返回");
            getchar();
            return;
        }
    }
    PrintReturn("\n\t 指定班次不存在,回车键返回");
}

/*16.更新车次信息*/
void UpdTrainInfo()
{
    int flag;
    char TrainSchd[20]={0};
    WriteTrainSchedInfo("请输入要删除或修改的车次(请确认车次输入正确)",
                TrainSchd);
    do
    {
        printf("\n\t 按下列提示更新车次信息(退出修改请按 0):");
        printf("\n\t1:删除车次;2:修改发车时间;3:修改起点站;
            4:修改终点站;");
        printf("\n\t5:修改行车时间;6:修改额定载量;7:修改余票数量;
            0:退出修改;");
        printf("\n\t 请选择:");
        scanf("%d",&flag);
        int i;
        TrainScheduleInfo temp;
        for(i=0;i<TrainNums;i++)
        {
            if(strcmp(TrainSchdLst[i].Train_Schedule,
                TrainSchd)==0)
            {
                if(flag==1)                          //删除车次信息
```

```c
            {
                int j;
                for(j=i;j<TrainNums;j++)
                    TrainSchdLst[j]=TrainSchdLst[j+1];
                                            //后面的数据覆盖前面的数据
                TrainNums--;                //车次数减1
                WriteTrainScheduleInfo();
                                            //保存到文件
            }
            if(flag==2)                     //修改发车时间
            {
WriteTrainSchedInfo("请输入新的发车时间",
                TrainSchdLst[i].Train_DepTime);
                temp=TrainSchdLst[i];
                WriteTrainScheduleInfo();
                                            //保存到文件
            }
            if(flag==3)                     //修改起点站
            {
WriteTrainSchedInfo("请输入新的起点站",
                TrainSchdLst[i].Train_StartSta);
                temp=TrainSchdLst[i];
                WriteTrainScheduleInfo();
                                            //保存到文件
            }
            if(flag==4)                     //修改终点站
            {
WriteTrainSchedInfo("请输入新的终点站",
                TrainSchdLst[i].Train_TermSta);
                temp=TrainSchdLst[i];
                WriteTrainScheduleInfo();
                                            //保存到文件
            }
            if(flag==5)                     //修改行车时间
            {
WriteTrainSchedInfo("请输入新的行车时间",
                TrainSchdLst[i].Train_TravTime);
```

```
                    temp=TrainSchdLst[i];
                    WriteTrainScheduleInfo();    //保存到文件
                }
                if(flag==6)                       //修改额定载量
                {
WriteTrainSchedInfo("请输入新的额定载量",
                    TrainSchdLst[i].Train_PassCap);
                    temp=TrainSchdLst[i];

                    WriteTrainScheduleInfo();    //保存到文件
                }
                if (flag==7)                      //修改余票数量
                {
WriteTrainSchedInfo("请输入新的余票数量",
                    TrainSchdLst[i].Train_RmnTckt);
                    temp=TrainSchdLst[i];
                    WriteTrainScheduleInfo();    //保存到文件
                }
            }
                //更改完成后显示更新后的班次信息,如果是删除车次则不显示,
                即flag不等于0的时候显示更新信息
            if(flag!=1&&flag!=0)
            {
                printf("更新后的班次信息\n");
                printf("班次 发车时间 起点站 终点站 行车时间 额定载量
                        余票数量\n");
                printf("%-010s%-010s%-010s%-010s%-010s%-010s%-010s\n",
                    temp.Train_Schedule,temp.Train_DepTime,
                    temp.Train_StartSta,temp.Train_TermSta,
                    temp.Train_TravTime,
                    temp.Train_PassCap,temp.Train_RmnTckt);
            }
    } while(flag);
    PrintReturn("\n\t 完成车次信息更新,回车键返回");
    getchar();
}
```

```c
/*17. 主界面*/
void MainMenu()/*主函数清单模块*/
{
    while (1)
    {
        char select;
        do {
            system("cls");//清屏
            printf("\n\t ||******************************||");
            printf("\n\t||        简单火车订票系统        ||");
            printf("\n\t ||*************************||");
            printf("\n\t |=============  ===============|");
            printf("\n\t |         [1]录入班次            |");
            printf("\n\t |         [2]浏览所有班次        |");
            printf("\n\t |         [3]通过班次号查路线    |");
            printf("\n\t |         [4]通过终点站查路线    |");
            printf("\n\t |         [5]排序保存            |");
            printf("\n\t |         [6]售票                |");
            printf("\n\t |         [7]退票                |");
            printf("\n\t |         [8]更新车次信息        |");
            printf("\n\t |         [9]撤销输入            |");
            printf("\n\t |         [0]退出登录            |");
            printf("\n\t |=========================== ==|");
            printf("\n\n\t 请选择[0-9]: ");
            fflush(stdin);
                     //清空输入缓冲区,通常是为了确保不影响后面的数据读取.
            select=getchar();         //等待用户输入数据
        } while(select<'0'||select>'9');
        switch(select)
        {
        case '0':exit(0);break;
        case '1':InputTrainSchedInfo();break;
        case '2':QryAllSchdInfo();break;
        case '3':QryRouInfoBySchd();break;
        case '4':QryRouInfoByDepSta();break;
        case '5':SortSave();break;
```

```
            case '6':SellTicket();break;
            case '7':RefundTicket();break;
            case '8':UpdTrainInfo();break;
            case '9':break;
        }
    }
}

/*18. 主函数*/
int main()
{
    InitSystem();              //系统初始化
    while(1)
    {
        MainMenu();
    }
}
```

4. 功能测试

(1)进入系统，如附图 7.11 所示。

附图 7.11 系统界面

(2)录入班次信息，如附图 7.12 所示。

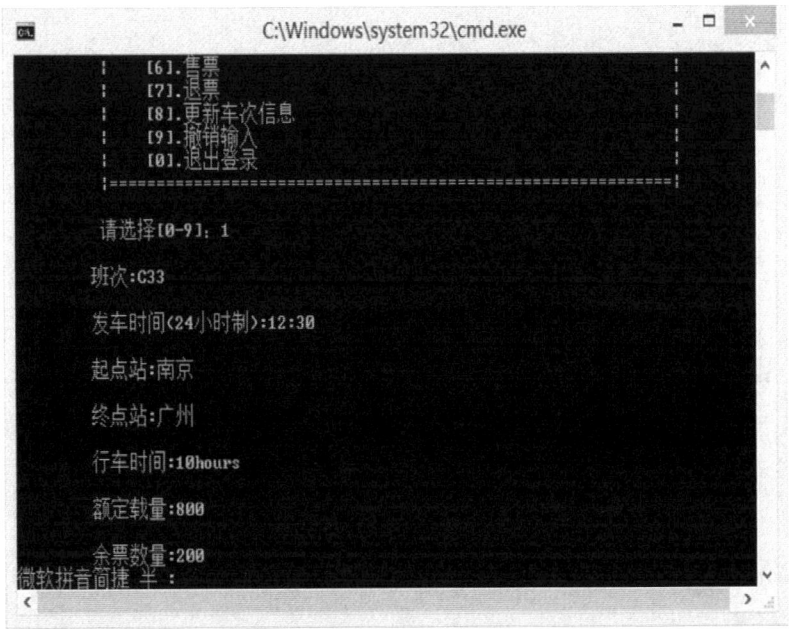

附图 7.12 录入班次信息

（3）浏览所有班次信息，如附图 7.13 所示。

附图 7.13 所有班次信息

（4）通过班次号查路线，如附图 7.14 所示。

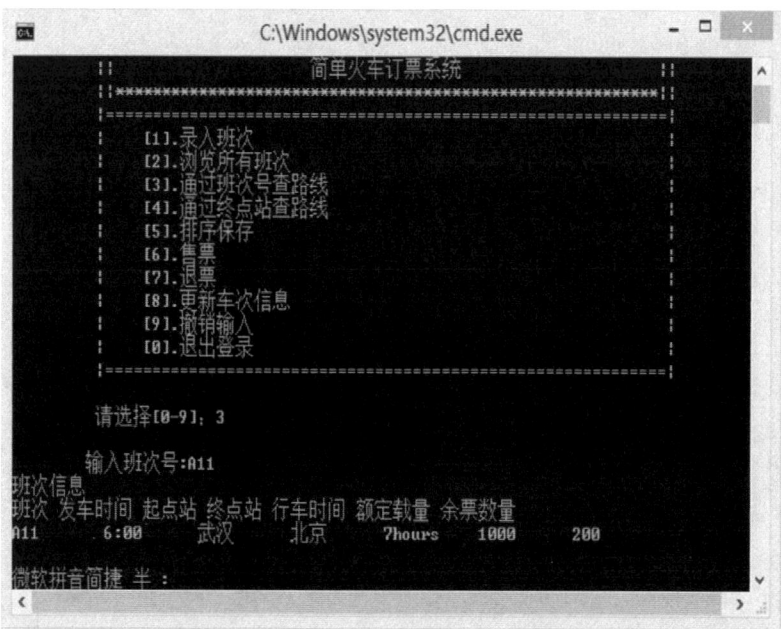

附图7.14　通过班次号查路线

（5）通过终点站查路线，如附图7.15所示。

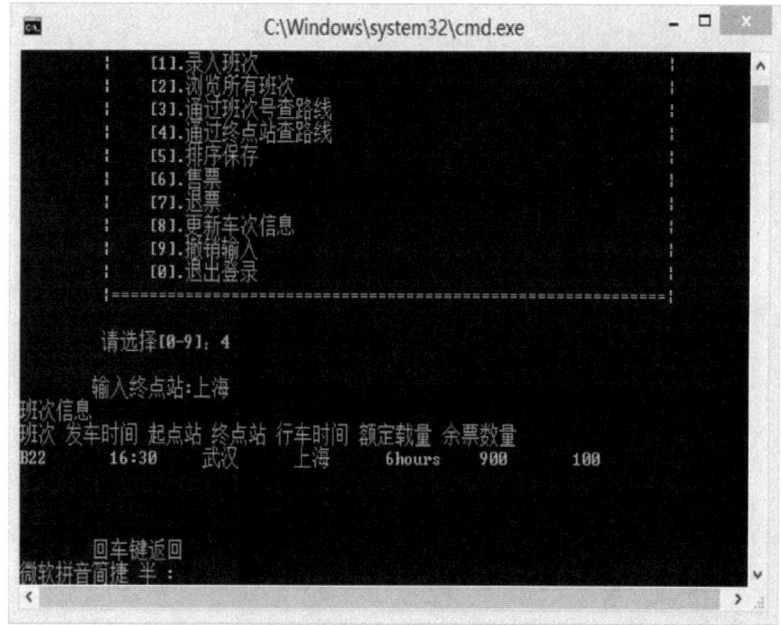

附图7.15　通过终点站查路线

（6）按照余票数量排序保存车次信息，如附图7.16所示。

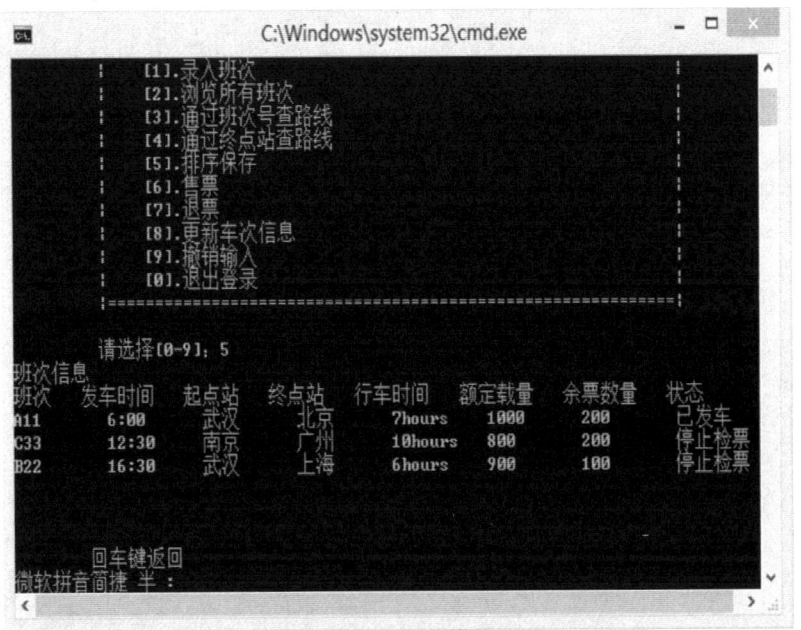

附图 7.16 排序保存

(7) 售票,如附图 7.17 所示。

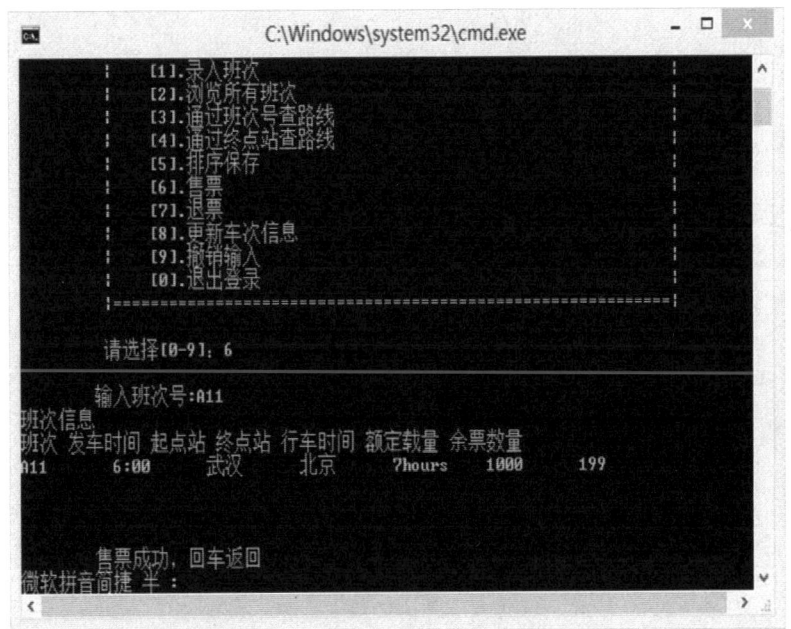

附图 7-17 售票

(8) 退票,如附图 7.18 所示。

附图 7.18 退票

（9）更新车次信息，如附图 7.19 和附图 7.20 所示。

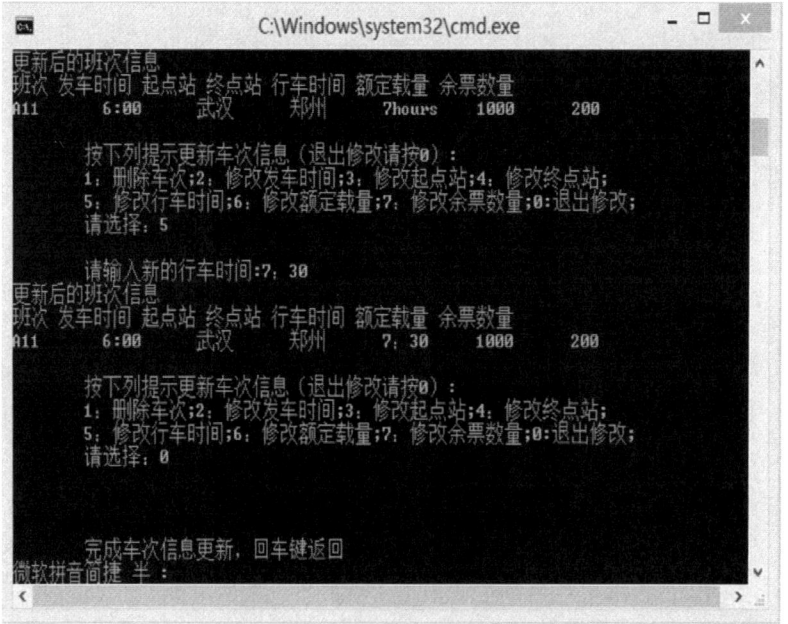

附图 7.19 更新行车时间

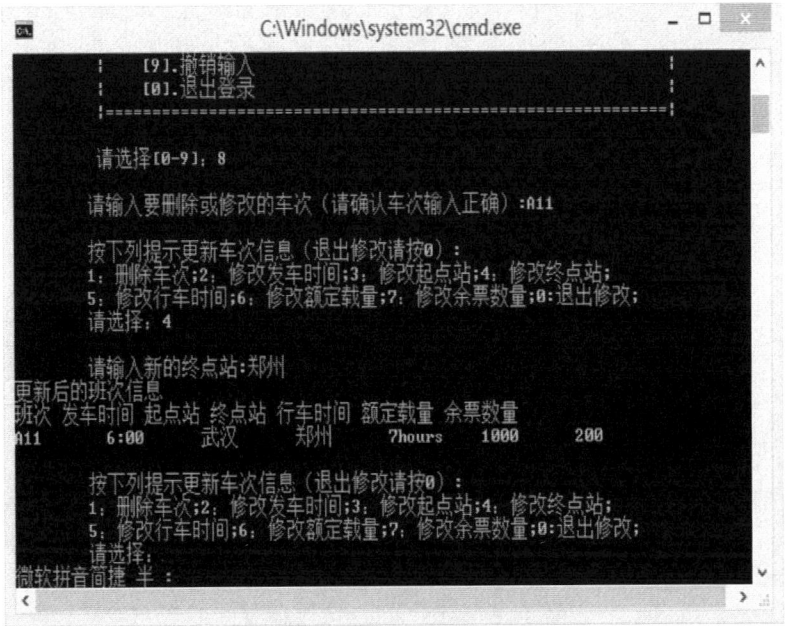

附图 7.20 修改终点站并退出